AF569225

Versuch´s mal mit Gelassenheit

Die geniale **Anti-Stress-Formel** für sofortigen Stressabbau!

Wie Sie die Ruhe in Person werden und in jeder Situation absolut gelassen bleiben (inkl. Übungen & Workbook)

INHALT

Einführung

EIN ÜBERBLICK ÜBER DIESES BUCH

Sicher kennen Sie diese Situation: Andere Menschen bleiben gelassen und cool, obwohl sie offensichtlich angegriffen werden, und es scheint, also würden Sie sich durch nichts aus der Ruhe bringen lassen. Wer von Ihnen möchte nicht in Situationen gelassen bleiben, auch wenn Sie noch so emotional geladen sind? Denn es wirkt sich nicht nur positiv auf die Gesundheit aus, sondern es hilft auch dabei, besser mit anderen Menschen auszukommen, und auch im Berufsleben hat es viele Vorteile. Manchen Menschen scheint dies wirklich sehr leicht zu fallen, andere werden schon nervös, wenn sie nur an bestimmte Situationen denken. Sind Ihnen alltäglicher Ärger, Stress, Angespanntheit und vielleicht sogar Wutausbrüche keine Fremdworte? Dann sollten Sie unbedingt dieses Buch lesen.

Wenn es an Gelassenheit mangelt, ist das nicht nur gesundheitsschädlich. Gerade im Gesundheitsbereich wird heute immer mehr auf die Erhaltung der Gesundheit (fachlich Salutogenese genannt) geachtet, und Gelassenheit ist dabei sicher ein essenzieller Faktor, denn er fördert die Gesundheit in vielerlei Hinsicht: Stress wird minimiert, man bekommt besser soziale Kontakte, viele Dinge, wie etwa Konzentration und Lernen, fallen leichter und vieles mehr.

Auch beruflich ist Gelassenheit in den meisten Fällen auch mehr gefragt. Ein altes chinesisches Sprichwort besagt: „Wer zornig wird, kann an einem einzigen Tag das Holz verbrennen, das man in vielen Wochen und mit viel Anstrengung vorher gesammelt hat.“ Man kann hier in einer Minute ganze Beziehungen zerstören. Wer einmal einen Wutausbruch vor Zorn erlebt hatte oder von anderen gekränkt wurde, der weiß, wie schwer es ist, das zerbrochene Porzellan wieder zu reparieren, wenn nicht unmöglich. Oft haben Beziehungen (ganz gleich, ob beruflich oder privat) dann einen Riss, der kaum zu reparieren ist.

Gelassene Menschen sind haben meist auch einen besseren Draht zu ihren Mitmenschen. Mit Ihnen ist besser auszukommen und zu arbeiten.

Die gute Nachricht ist: Gelassenheit kann trainiert werden, Sie können dabei aktiv Einfluss nehmen und lernen, besonnen zu bleiben, ganz gleich, ob im Alltag oder sogar in ganz besonders herausfordernden Situationen. In diesem Buch finden Sie dazu einige Beispiele.

ASPEKTE DER GELASSENHEIT

1. Gelassenheit fängt schon im Kopf an, denn ein gelassener Mensch hat – wie Sie sich sicher vorstellen können – eine ganz andere Lebenseinstellung. So blicken Sie ganz anders auf die eigenen Missgeschicke und Misserfolge und hinterfragen die eigenen Fehler und die Fehler der anderen. Sie lassen sich nicht aus der Ruhe bringen und behalten in allen Situationen den nötigen Überblick, um auch in schwierigen Situationen die besten Lösungen zu finden. Konflikte lösen Sie fair und gelassen und berücksichtigen dabei auch

die Nöte und Bedürfnisse der anderen Menschen. Für gelassene Menschen ist jede Krise eine Chance, die ihre Kreativität fördert.

2. Jeder sollte sich am besten jeden Tag in Gelassenheit üben. Es reicht nicht, diese Übungen einmal zu machen, sondern sie sollten regelmäßig geschehen.

In diesem Buch werden noch einige Übungen dazu erläutert.

• Eine ganz einfache und sehr wirksame Übung zu mehr Gelassenheit ist das tiefe, ruhige Atmen. Dazu legen Sie eine Hand auf den Bauch und atmen bewusst ganz tief und fest durch die Nase ein. Atmen Sie dann langsam durch den leicht gespreizten Mund aus. Man nennt das die sogenannte „Lippenbremse". Wenn Sie das mehrmals tun und genau darauf achten, hilft das schon zu mehr Gelassenheit.

• Nutzen Sie auch Wartezeiten – etwa beim Arzt oder auf dem Weg zur Arbeit oder zu Freunden und Familie – zu Gelassenheitsübungen. Gönnen Sie sich auch da einen kleinen Moment für sich.

• Versuchen Sie, gelassener zu fahren. Das fängt schon damit an, dass Sie bei Terminen möglichst früher losfahren und einen Puffer einplanen, um nicht zu spät zu kommen. Denken Sie auch hier mit und lassen Sie sich nicht aus der Ruhe bringen, wenn Sie beispielsweise einmal an der Ampel warten müssen oder jemand Ihnen den Parkplatz wegnimmt.

3. Auch die Kommunikation dient dazu, Situationen zu entlasten. Wer gelassen mit anderen kommuniziert, lernt nicht nur sich selbst, sondern auch andere Menschen viel besser kennen.

• Vielleicht haben Sie schon von dem „Vier-Ohren-Modell" von Friedemann Schulz von Thun gehört. Jede Botschaft, die wir an andere Menschen absenden, hat 4 Ebenen: Die (beschreibende) Sachebene, die Appellebene (Mach bitte mal!), die Beziehungsebene und die Selbstoffenbarungsebene. Überlegen Sie sich daher bei jedem Satz: Worum geht es in der Sache? Was ist Ihre Beziehung zum Gegenüber? Was wünscht sich Ihr Gesprächspartner von Ihnen und was gibt er Ihnen mit den Aussagen von sich selbst preis? Auch wenn Sie antworten, erreichen Sie Ihr Gegenüber auf den vier Ebenen.

• Lernen Sie, aktiv zuzuhören, achten Sie also aufmerksam auf die Körpersignale Ihres Gegenübers, schauen Sie Ihm in die Augen und konzentrieren Sie sich in dem Augenblick ganz auf Ihr Gegenüber.

• Nehmen Sie Kritik nicht persönlich, sondern versuchen Sie, daraus zu lernen und es das nächste Mal besser zu machen. Fragen Sie ruhig nach und lassen Sie sich die Kritik mit Beispielen belegen. Wenn Sie andere einschätzen sollen, ist es gut, erst mit dem Positiven zu beginnen und nicht gleich alle negativen Aspekte aufzuzählen.

4. Gelassen sein bedeutet auch, aktiv auf Ihre eigene Gesundheit zu achten. Gelassenheit fördert Entspannung und senkt den Stresslevel erheblich. Körperabwehr und Immunsystem werden ebenfalls gestärkt. Hormon- und Stoffwechselhaushalt bleiben bei gelassenen Menschen außerdem im Gleichgewicht und sorgen für ein erfüllteres Sexualleben.

Burn-out- Ausfälle werden oft verhindert und die geistige Gesundheit bzw. die emotionale Stabilität wird ebenfalls gestärkt.

5. Sie werden sehr wahrscheinlich gelassener sein, wenn Sie Dinge aufmerksam und bewertungsfrei wahrnehmen, die in Ihrem Körper und in Ihrem Geist passieren. Überlegen Sie sich Ihre Gefühle, Ihre Gedanken, Ihre Empfindungen und die Eindrücke Ihrer Sinne. Akzeptieren Sie Dinge, wie sie sind. Dies wird eine große Last von Ihnen nehmen. Indem Sie den achtsamen und besonnenen Beobachter spielen, lernen Sie sich auch gleich selbst kennen. Gleichzeitig lernen Sie, loszulassen und Dinge so anzunehmen, die sich eben nicht ändern lassen. Ein besonnener Mensch beobachtet, bewertet jedoch nicht.

Auch Achtsamkeit kann man im Alltag üben. Hierzu gibt es in diesem Buch auch noch geeignete Übungen.

- Essen Sie mit Achtsamkeit und nehmen Sie sich ruhig ein paar Minuten Zeit, um richtig zu essen. Versuchen Sie, beim Essen die einzelnen Geschmacksrichtungen zu erkennen (süß, sauer, bitter, salzig...).

- Setzen Sie sich achtsam hin – am besten so, wie es ergonomisch sinnvoll ist. Versuchen Sie dabei, die Füße auf dem Boden, jeden anderen Muskel einzeln und Ihren Herzschlag bewusst wahrzunehmen. Sind die Schultern angespannt? Wo sind die Arme? Welche Temperatur herrscht gerade, wo ist Ihr Kopf und wo sind Ihre Schultern?

- Gehen Sie achtsam und achten Sie dabei bewusst auf die Wahrnehmungen Ihrer Sinnesorgane und Ihrer Umgebung (Helligkeit, Temperatur, Luft...). Was machen Ihre Muskeln und Gelenke beim Gehen? Wie empfinden Sie einen Barfußgang auf dem Boden?

6. Wer wirklich erfolgreich gelassener werden möchte, sollte ein Gelassenheitsbuch führen. Hier können Sie sich Ihr persönliches Trainingsprogramm zusammenstellen, denn jeder Mensch ist anders, jedem fallen andere Dinge leichter oder schwerer. Schreiben Sie sich alle Ihre Ziele auf und überprüfen Sie Ihren Erfolg regelmäßig. Überlegen Sie sich, welche Übungen Ihnen besonders viel Freude bereiten. Denn dann ist die Chance größer, dass Sie auch „am Ball" bleiben. Überlegen Sie selbst einmal, wann Sie weniger gelassen reagieren und wie Sie diese Situationen souveräner meistern. Und wenn Sie wirklich mal wieder in alte Verhaltensweisen verfallen – nicht schlimm, nehmen Sie es als Chance für einen Neubeginn.

All diese Dinge soll Ihnen dieses Buch noch näherbringen. In manchen Situationen sind Sie sicher angespannter als in anderen Situationen und nicht jeder Mensch ist von einer Situation gleichermaßen gestresst. Darüber sollten Sie sich im Klaren sein und diese Kapitel sollten Sie sich besonders gut anschauen. Natürlich müssen Sie auch wirklich bereit sein, etwas ändern zu wollen. Da Sie aber dieses Buch lesen, wird es Ihnen sicher auch nicht schwerfallen. Klar ist auch, dass unsere Zeit kostbar ist, daher sind viele der Tipps in diesem Buch leicht und mit nur wenig Zeitaufwand gut zu bewerkstelligen.

Überlegen wir uns jetzt als Erstes einmal, warum uns Gelassenheit so im Alltag helfen kann.

Warum Ihnen Gelassenheit im Alltag hilft

Wenn Sie sich vorgenommen haben, in Zukunft gelassener zu sein, werden Sie merken, dass dies gar nicht so einfach ist wie Sie vielleicht denken. Man kann nicht einfach sagen: „So, jetzt schalte ich einmal den Schalter um und übe mich mal in Gelassenheit“. Wichtig, um gelassener zu sein, ist es, das Sie verstehen, dass Gelassenheit eine Kopfsache ist, denn unsere Gedanken legen den Grundstein für unser tatsächliches Verhalten.

Um gelassener zu werden, müssen Sie auch erst einmal verstehen,
• was Gelassenheit ausmacht,
• warum man Sie erlernen kann,
• was mit uns emotional und körperlich passiert, wenn wir uns aufregen oder aus der Haut fahren,
• warum manche Menschen weniger gelassen sind und welche Ursachen dies haben kann,
• warum es so ratsam ist, immer souverän zu bleiben und sich unter Kontrolle zu haben.

WAS BEDEUTET GELASSENHEIT?

Um zu verstehen, was Gelassenheit bedeutet, hier einmal zwei Beispiele, die Sie sicher so aus dem Alltag auch kennen:

• Ein Kollege hat mal wieder die ganze Arbeit auf Sie abgetreten und sie müssen seine Aufgaben miterledigen. Natürlich sagt er Ihrem Chef nichts davon, dass Sie all die Arbeit verrichtet haben. Sie sind darüber sehr verärgert. Am nächsten Tag können Sie sich kaum dazu durchringen, mit ihm zu reden.
• Sie wurden von Ihrem Chef zu Unrecht kritisiert, und das auch noch vor der ganzen Belegschaft. Am Abend kommen Sie nach Hause und finden auch noch das ganze Wohnzimmer unaufgeräumt vor und Ihre Tochter ruft Sie, damit Sie ihr bei den Hausaufgaben helfen. Sie werden laut und schreien Ihre Tochter an, dass Sie nicht für Sie verantwortlich sind. Ihre Tochter weint daraufhin und verbarrikadiert sich in ihrem Zimmer…

Das sind nur zwei Beispiele, solche Situationen gibt es in Ihrem Alltag sicher auch noch viel mehr. Es wird Ihnen da sicher noch einiges einfallen. Emotionen kochen in diesen Situationen über und blockieren unser objektives Denken und unseren Verstand (Sie wissen eigentlich: Die Tochter zu Hause kann ja nichts dazu, dass Sie keinen so schönen Arbeitstag hatten.). Sie empfinden Enttäuschung und Wut und handeln und reden unüberlegt. Dabei scheint die normale Kontrollinstanz, die Sie an Konventionen, Regeln und gute Erziehung erinnert, auszufallen. Wenn es ganz schlimm kommt, ticken Sie aus und fragen sich später, „War ich das wirklich?“.

Wenn Menschen gelassen sind, handeln sie anders: Die Situationen lassen sich viel positiver lösen. Gelassen sein, das heißt vor allem Folgendes:

- Ordnung und Ruhe im Kopf:

Dauerhafter Druck auf der Arbeit, Überforderung, Probleme in der Familie oder Menschen, die man nicht leiden kann – all dies sind Gründe, die Menschen aus dem Gleichgewicht bringen können. Wenn man Stress, Ärger oder Angst empfindet, ist es schwer, gelassen zu bleiben. Menschen, die gelassen sind, schaffen es hier leichter, schnell wieder zu einer realistischen Einschätzung der Lage zu kommen und wieder ruhiger zu werden. Gelassenheit schafft im Kopf Ordnung. Das bedeutet nicht nur die Abwesenheit von Stress, sondern auch Angstfreiheit und Souveränität. Sie stehen über den Dingen. Man erlangt Zuversicht und ist sich gewiss, auch schwierige Hürden und Situationen im Leben gut meistern zu können. Gelassenheit verhindert, dass man sich in bestimmte Emotionen hineinsteigert, und sorgt dafür, dass man besonnen denken, handeln und auch kommunizieren kann.

- Das, was man nicht ändern kann, anzunehmen und zu akzeptieren (wenn man bestimmte Voraussetzungen nicht hat, dann ist das eben so):

Wie Sie vielleicht schon gemerkt haben, beinhaltet das Wort Gelassenheit auch das Wort „lassen". Andere Menschen zu ändern ist schwer. Sie sind einfach so mit ihren Ecken und Kanten und das muss jeder akzeptieren. Auch bestimmte Dinge passieren, ohne dass wir sie ändern können, auch wenn wir sie schrecklich finden (wie etwa Naturkatastrophen, man hat einen Unfall, verfährt sich...).

Versuchen Sie aber, Dinge, die Sie mögen, gerne zu tun. Vielleicht können Sie sich Arbeitsschritte auch durch andere Arbeitstechniken oder neue Geräte erleichtern und sich so entlasten? Suchen Sie hier nach Lösungsstrategien, denn das können Sie ändern.

- Mit sich und anderen respektvoll und maßvoll umgehen:

Wer selbst ausgeglichen ist, der wirkt auch auf andere Menschen ausgeglichener und verhält sich dementsprechend. Gelassen meistert er jede Situation, auch wenn sie noch so schwierig ist. Gelassene Menschen beherrschen die Lage und finden viel leichter und eher Lösungswege.

- Sich (der Situation) angemessen zu verhalten:

Immer dann, wenn Sie Alarmsignale erkennen und sie wahrnehmen, bevor die Stimmung umschlägt, können Sie aktiv dagegen steuern und sich in andere hineinversetzen. Dadurch schaffen Sie es, viel zielstrebender zu handeln. Denn unser Gehirn entscheidet in der „Schaltzentrale" immer über die nächste Handlung. Daher ist es so wichtig, die Situation vorher richtig einzuordnen. Sieht man die Situation dann mit anderen Augen, werden wir so vor unangemessenem Handeln bewahrt. Denn in der Regel bedauert man Unüberlegtes und Aussetzer.

Entscheidend für die Gelassenheit ist die Handlungsfähigkeit: Sind Sie der Meinung, dass Sie ein Problem gut lösen können? Wenn Menschen denken, dass sie von Schwierigkeiten nur so überrannt werden, fühlen sie sich ohnmächtig. Sie denken, dass sie in die Situation nicht wirklich eingreifen können. Menschen fühlen sich dadurch Situationen häufig ausgeliefert und greifen dann zu archaischen Mitteln wie Kampf und Flucht zurück, es steckt einfach noch in uns Menschen.

Kampf und Flucht mögen zwar in der frühen Geschichte der Menschheit angemessen gewesen sein, aber nicht mehr heute. Daher gilt, wenn man gelassen bleiben möchte, dass man sich der eigenen Fähigkeit, Dinge zu lösen, bewusst wird. Je mehr Lösungsstrategien Menschen erkennen und wahrnehmen, desto besonnener sind sie, und je gelassener man an eine Aufgabe herangeht, umso mehr Handlungsspielraum gibt es.

Die gute Nachricht ist: Gelassenheit lässt sich erlernen, auch wenn Menschen ganz unterschiedliche Persönlichkeiten haben. Manche Menschen lassen sich scheinbar durch nichts aus der Ruhe bringen. Sie sind weniger schnell emotional, besitzen ein ruhigeres Temperament und haben geringere Ansprüche. Diese Menschen sind zufrieden mit dem, was ist, ja, manchmal sind sie sogar gleichgültig und träge. Andere Menschen sind da ganz anders: Sie sind aktiv, ehrgeizig, engagiert und zuverlässig. Oft sind sie sogar sehr sensibel, emotional und neigen zu Perfektionismus. Dadurch sind diese Menschen leider auch schneller aus der Ruhe zu bringen und sie reagieren oft weniger gelassen, wenn etwas nicht nach Ihrem Willen geschieht.

Auch die Erziehung, genetische Faktoren und das äußere Umfeld spielen sicher eine große Rolle dabei, ob jemand gelassen ist oder nicht. Trotzdem: Jeder und jede von uns kann sich ganz individuell und in eigenem Tempo in Gelassenheit üben, so temperamentvoll er oder sie auch sein mag.

Auf Ihrem Weg zu mehr Gelassenheit sollten Sie sich im Klaren sein, dass Sie dies nicht von heute auf morgen erreichen werden. Wer heute unausgeglichen war, wird morgen nicht ein Vorbild an Gelassenheit mit Dalai-Lama-Qualitäten sein. Wer so viele Jahre anders gehandelt hat, wird sein impulsives Handeln nicht gleich abstellen können und sicher noch oft in alte Verhaltensmuster verfallen. Das ist normal, sehen Sie dies nicht als Niederlage, sondern als Ansporn an, sich immer wieder in Gelassenheit zu üben. Bedenken Sie: Jeder kleine Schritt zu mehr Gelassenheit ist ein Erfolg. Wenn Sie Gelassenheit wirklich erlernen wollen, sind Sie auf einem guten Weg.

WARUM ES MANCHMAL AN GELASSENHEIT FEHLT

Ursachen, warum Menschen nicht gelassen bleiben können und aus der Haut fahren, gibt es viele. Immer sind jedoch Emotionen und Spannungen im Spiel, die sich aber immer unterschiedlich auswirken, je nach Temperament und Situation. Wenn Menschen ihre Fassung verlieren, so äußert sich dies dann ebenfalls auf ganz unterschiedliche Art und Weise und auch unterschiedlich stark. So schreien und brüllen manche Menschen, andere geben sich beleidigt, jammern und weinen. Menschen sind nicht mehr besonnen, sondern in einer Art Abwehrhaltung.

Meist kann man gar nicht sagen, was in der Situation genau passiert. Man ist in einer emotional angespannten Lage, Gefühle treten stark hervor und viele unterschiedliche Gedanken gehen einem durch den Kopf. Dies zeigt sich auch körperlich: Man zittert, hat Angst und Schweißausbrüche und sämtliche Muskeln sind angespannt. Dabei empfindet man Hilflosigkeit, Frust, Verwirrung, Unsicherheit, Wut und Ohnmacht, Kontroll- und Zielverlust sowie andere negative Gefühle, die überlegtes Handeln dann überlagern. Das Gehirn erwägt sich in einer Gefahrensituation, vergleichbar etwa den Jägern und Sammlern in der Steinzeit, wenn sie angegriffen wurden. Der Körper macht keinen Unterscheid, wodurch der Stress ausgelöst wurde. Stress ist für ihn Stress. Daher verhalten wir Menschen uns in Stresssituationen – auch wenn es eine andere Form von Stress ist und eben nicht mehr die, dass wir direkt angegriffen werden – eben noch genauso und der Körper setzt dieselben Stresshormone frei, die dazu führen, dass wir kämpfen oder fliehen. In dieser Situation kann jedoch niemand einen klaren Gedanken fassen, denn der Körper steckt all seine Reserven in die Durchblutung der Muskeln (zum „Kämpfen“ oder „Fliehen“) und nicht ins Gehirn. Ein Mensch, der gerade dabei ist, aus der Haut zu fahren, wird daher schwer zu belehren und immun gegen logische Argumente sein.

Daher geht es in diesem Buch darum, aus diesem Hamsterrad auszubrechen und sich jeden Tag aufs Neue in Gelassenheit zu üben. Die Frage ist nun: Was lässt uns so ausrasten? Meistens schreiben wir dies einem einzigen Erlebnis zu. Dieses ist tatsächlich aber so gut wie nie der Fall. Man verliert in der Regel die Fassung nach und nach, merkt es aber nicht immer sofort. Immer mehr Spannung baut sich in uns auf, bis auf einmal der Tropfen auf den heißen Stein das berühmte Fass zum Überlaufen bringt.

Die Grundhaltung unserer Gedanken sorgt dafür, dass wir, wie es scheint, plötzlich von einem auf das andere Mal dann unsere Fassung verlieren. In Wahrheit hat sich der Konflikt jedoch schon viel länger angebahnt. Bewertet das menschliche Gehirn Ereignisse negativ, so staut sich dort immer mehr Druck und Angst. Irgendwann sind Angst und Druck dann so groß, dass die Menschen tatsächlich ausrasten. Druck empfindet jeder Mensch anders. Dennoch gibt es Dinge, die jedem Menschen unangenehm sind, wie etwa:

- Wenn andere Menschen in die Privatsphäre eindringen.
- Wenn die eigene Person angegriffen wird und Werte in Frage gestellt werden.
- Wenn gesellschaftliche Normen nicht eingehalten werden.

Immer, wenn jemand andere Menschen hier verletzt, empfinden die verletzten Menschen Ungerechtigkeit, sie fühlen sich schlecht behandelt, missbraucht und betrogen. Insbesondere, wenn Integrität und Identität verletzt werden (wie etwa bei unberechtigten Anschuldigungen), führt dies zu einem immensen inneren Druck, der ein Ventil braucht.

Außerdem haben uns bestimmte Erfahrungen gelehrt, wie Dinge ablaufen sollen und welche Konsequenzen Entscheidungen normalerweise nach sich ziehen. Es war z. B. eben so, dass man als Kind bei guten Leistungen in der Schule gelobt wurde. Also erwartet man, dass dies nun auch im Beruf so ist, und ist enttäuscht, wenn man kein Lob für gute Arbeit (aber vielleicht sogar die Kollegin!) bekommt. Wenn es nun anders kommt, als es allgemein erwartet wird (man wird nicht für gute Arbeit gelobt, es herrscht Chaos in der Wohnung statt Ordnung), so bringt dies das persönliche Ordnungsempfinden und die innere Stabilität auseinander. Wir fragen uns, „Wieso passiert mir dies?“. Dann reagieren wir gestresst, was wieder unsere Emotionen hochfahren lässt, weil unser Weltbild gleichsam auf den Kopf gestellt wurde.

- Reaktion statt Action -

Das sogenannte „Reaktive Modell“ hilft uns ebenfalls dabei, menschliches Verhalten bei Stresssituationen besser zu verstehen und zu erklären, warum sich dies so auf die Gelassenheit auswirkt. Werden Sie angegriffen, so werden Sie sich sicherlich auch zur Wehr setzen wollen und es irgendwann auch tun, wenn die Geduldsschwelle überschritten ist. Wenn Sie auf der Arbeit z. B. ungerecht behandelt werden, werden Sie sich immer zur Wehr setzen wollen. Sie agieren dabei nicht mehr selbst, sondern reagieren auf das

Verhalten Ihrer Arbeitskollegen. Ihre Kollegen agieren dabei und geben Ihnen nicht die Möglichkeit, selbst ins Geschehen einzugreifen und zu bestimmen, was als Nächstes passieren wird. Werden Sie dadurch nun unsicher, aktivieren Sie körperliche und physische Warnfunktionen. Der Reiz – in dem Fall das Verhalten Ihrer Kollegen – löst die Reaktion aus.

– In der Stressspirale –

Abwehr- und Alarmsituationen bauen nun immer mehr ungünstigen Druck, Angst und Unruhe bei Ihnen auf. Sie fragen sich: Was werden meine Kollegen nun als Nächstes über mich sagen bzw. machen? Ist die Hemmschwelle dann überwunden, ist es leider so, dass Sie sich zu Dingen hinreißen lassen, die Sie später bereuen. Erkennen Sie sich hier wieder?

Leider führt Ihre unbedachte Reaktion dann zu immer mehr Problemen und der Stress und die Angst steigen. Alles schaukelt sich hoch. In dieser Situation ist es aber sehr schwer, auf Fakten zu reagieren oder nach möglichen Lösungswegen zu suchen. Nachdenken ist dann quasi unmöglich und so geraten Sie in einen Teufelskreis, aus dem Sie dann immer schwieriger aussteigen können.

– Immer das Gleiche –

In diesem Teufelskreis werden Sie sich immer einseitiger verhalten: Etwas passiert und Sie reagieren. Das Fatale daran ist aber leider, dass Sie sehr wahrscheinlich dann immer auf die gleiche Art und Weise reagieren werden, obwohl Sie das natürlich nicht zum Ziel bringt – das Gegenteil ist sogar der Fall, es entfernt Sie von Ihrem Ziel. Sie verhalten sich dabei wie der Pawlow'sche Hund: Sie tun etwas, das Sie immer tun, auch wenn Sie sich dabei verletzen. Tritt der gewünschte Effekt nicht ein, verstärken wir unser Verhalten – so, wie es Hunde dann auch tun. Erst werden Sie mit jemandem reden, der nicht auf Sie eingeht. Dadurch wird Ihre Stimme zuerst (in der Regel von Ihnen unbemerkt) lauter und schließlich nachdrücklicher und irgendwann brüllen Sie regelrecht.

Ändert man nichts an dem Verhalten, kommt man nicht aus dem Hamsterrad, in dem wir gefangen sind, heraus. Hier mal zwei Beispiele:

- *Mutter und Tochter schaffen es nicht mehr, richtig miteinander zu reden. Immer wenn die Mutter ihre Tochter um einen kleinen Gefallen bittet, bockt sie und reagiert nicht auf Ermahnungen. Immer schneller erreicht die Mutter den Punkt, wo sie nicht mehr bittet, sondern die Tochter anschreit. Die Tochter schreit daraufhin zurück oder redet nicht mehr mit der Mutter. Die Mutter ist der Meinung, sie hat sich die Reaktion der Tochter ja nicht ausgesucht. Die Tochter fühlt sich gestresst, wenn die Mutter schreit.*

- *Immer wenn Herr A. Frau B. sieht, stehen ihm die Haare zu Berge. Er sagt, diese Frau regt ihn schon auf, wenn sie einfach nur dasteht und zu sprechen beginnt. Beide kommen zusammen einfach nicht klar und es kommt immer zu Streitereien.*

Auch wenn diese Menschen wissen, dass es ihnen nichts einbringt und dass dieses Verhalten nicht förderlich ist, so ändern sie es doch nicht. Die Mutter versucht erstmal nicht, auf die Tochter einzugehen, und Herr A. wird es auch schwer finden, sich mit Frau B. auszusprechen. Diese Menschen wissen instinktiv, dass sie das nicht weiterbringt, und dennoch handeln sie so, lassen sich immer wieder reizen und regen sich auf. Aktiv auf die Situation Einfluss zu nehmen, das kommt ihnen nicht in den Sinn. Man teilt die Welt auf in Verursacher und Opfer, wobei sich die gestressten Menschen immer in der Rolle des Opfers fühlen.

– Die Opferrolle –

Opfer ist immer der Mensch, der anderen die Schuld an seiner Situation gibt. Schuld sind immer die anderen Personen oder die jeweilige Situation. Über das eigene Verhalten denkt man hier nicht nach, es wird kaum reflektiert und auch nicht verändert. Man selbst ist und bleibt das arme Opfer. Die anderen Menschen bringen die vermeintlichen Opfer dabei aus der Fassung. Wie auch soll man gelassen bleiben, wenn die anderen einen ständig nerven, einen auf die Palme bringen und einfach tun und lassen, was sie möchten? Dann entsteht der Eindruck, dass ein Leben in Gelassenheit nur möglich ist, wenn die anderen Menschen oder die Umstände es erlauben. Diese Gelassenheit ist aber sehr unsicher, denn sie kann durch jedes unvorhergesehene Ereignis aus dem Gleichgewicht gebracht werden. Es ist einfach zu sagen, „Es sind die anderen“, denn dann muss man ja nicht über das eigene Verhalten nachdenken.

Ein Beispiel: An der Arbeit betreut Frau C. mehrere Projekte und kümmert sich auch noch um die Materialausgabe und organisiert die wöchentlichen Zusammenkünfte. Aber anstatt ihr zu helfen, delegieren Kollegen immer mehr Aufgaben an sie, der Stress nimmt zu und so manche Termine kann sie durch den Zeitdruck nicht einhalten. Zu allem Übel reden die Kollegen auch noch schlecht über sie beim Chef, anstatt sie zu entlasten. Wie kann sie da noch mit Gelassenheit glänzen?

Frau C. erwartet hier etwas von ihren Kollegen, nämlich, dass diese sie aktiv unterstützen müssen. Und genau das ist der Denkfehler: Frau C. kommt nicht auf die Idee, das Thema bei den Kollegen oder beim Chef einmal aktiv anzusprechen oder auch einmal „Nein“ zu sagen, wenn andere Kollegen mit noch mehr Aufgaben auf sie zukommen.

Sind also die anderen wirklich schuld? Ob wir gelassen reagieren oder nicht, das bestimmen wir selbst. Wir können nur eine Bitte äußern, ob die anderen unsere Erwartungen erfüllen, das können wir nicht beeinflussen.

– Die typischen Reaktionen in der Opferrolle –

Werden Angst, Stress und Ärger zu viel, müssen sie einmal rausgelassen werden. Man muss sich von Zeit zu Zeit einfach einmal abreagieren. Dabei gibt es zwei Alternativen:

1. Die Offensive, bei der man sich schlagartig wehrt: Der Frust und der über längere Zeit angestaute Ärger muss einfach mal rausgelassen werden, wenn das Fass zum Überlaufen gebracht wurde, und man holt zum Rundumschlag aus. Jeder, der nicht aus der „Schusslinie“ geht, bekommt dann etwas ab. Das kann auf den Tisch hauen, Türen schlagen, mit rot angelaufenem Kopf brüllen etc. sein.

Ein Beispiel: An der Arbeit kommen Mitarbeiter immer zur Abteilungsleiterin, obwohl diese ihnen gesagt hat, dass sie Probleme möglichst erst mit den direkten Vorgesetzten bereden sollen. Dadurch gerät sie unter Zeitdruck, da sie ebenfalls einen dicht gepackten Zeitplan hat. Sie sagt, dass sie gleich die nächste Telefonkonferenz hat, und dennoch reden die Mitarbeiter unaufhörlich und nehmen darauf keine Rücksicht, dass die Abteilungsleiterin jetzt keine Zeit hat. Sie fährt dadurch aus der Haut und sagt Worte, die ihr nachher leidtun. Dadurch fühlt sie sich im Augenblick zwar entspannter, aber auch schlecht, da sie sich selbst nicht beherrschen konnte. Sie sagt sich, dass es sie wütend macht, dass die Mitarbeiter sie immer dazu bringen, dass sie aus der Haut fährt. Sie hat ihnen schließlich schon so oft gesagt, dass die unmittelbaren Vorgesetzten zuerst angesprochen werden sollen, was die Mitarbeiter aber nicht zu verstehen scheinen.

2. Die Defensive, bei der man die Situation still erträgt:

Hier lernen Menschen, ihnen unangenehme Situationen oder Begegnungen still hinzunehmen, ohne etwas dazu zu sagen. Ungerechtigkeit und Ärger fressen diese Menschen in sich hinein. Auch wenn es sie noch so sehr verletzt, so umgehen sie Konflikte und fressen ihre Enttäuschung über ungerechte Behandlungen und Unverschämtheiten in sich hinein. Die Schuld suchen diese Menschen bei sich selbst und sie tolerieren so einiges über einen längeren Zeitraum wie Stress, Nervosität, Anspannung bis hin zu psychosomatischen Erkrankungen, die entstehen können, wenn man das Stressventil nicht öffnet.

Ein Beispiel: Herr D. hat zum ersten Mal die Projektleitung übertragen bekommen und war glücklich, befördert zu werden. Um pünktlich fertig zu werden und es allen recht zu machen, umgeht er Konflikte. Die Folge: ein mehrmonatiges Burn-out. Denn er fuhr auch an Wochenenden in die Firma, litt unter dem Zeitdruck und der Tatsache, dass alle Vorgesetzten mit ihren Problemen zu ihm kamen. Zum Schluss bekam er auch noch Vorwürfe und Unterstellungen zu hören, obwohl er es jedem recht machen wollte.

– Das Verhalten rechtfertigen –

Wenn Menschen dann ihre Fassung verloren haben, rechtfertigen sie es oft mit dem Satz, „Das bin ich eben. Das ist mein Temperament und damit bin ich geboren. Ich kann nichts dazu, dass mir dieses Verhalten so in die Wiege gelegt wurde".

Wer so argumentiert, der denkt, dass sein Verhalten gottgegeben ist und das man daran sowieso nichts ändern kann. Das Verhalten und das Empfinden haben also nichts mit dem Menschen selbst zu tun. Das ist aber nicht so, denn jeder kann an seinem Verhalten etwas ändern! Da man hier den Fokus beim Betrachten der Situation nicht auf sich selbst setzt, hat man auch keinen Einfluss auf die Situation und keinen Zugang zu den Möglichkeiten, wie man brenzlige Situationen lösen könnte.

Dabei sollte sich jeder im Klaren sein: Niemand muss sich in irgendetwas hineinsteigern und nicht mehr dort herauskommen. Niemand muss andere anschreien und wertvolles Porzellan zertrümmern. Jeder Mensch ist selbst in der Lage, zu entscheiden, was er in den einzelnen Situationen macht. Es gibt ein schönes Sprichwort: *„Die Freiheit des Menschen ist nicht, das zu tun, was er will, sondern das nicht zu tun, was er nicht will." (Jean-Jaques Rousseau)*

Für unser Verhalten müssen wir uns selbst eine Art Basis schaffen. Man wartet also nicht darauf, dass der andere etwas unternimmt, sondern bestimmt selbst, welche Handlungsmöglichkeit man nun in der jeweiligen Situation wählt. Sie werden schnell merken, dass sich Ihnen dann viel mehr Chancen und Möglichkeiten auftun. Sie haben die Wahl, wie Sie sich in der Situation entscheiden, nur Sie allein legen dies mit Ihrer Selbstwahrnehmung, Ihrem Gewissen, Ihrer Vorstellungskraft und Ihrem freien Willen fest. Zwei Beispiele, wie dies im Alltag aussehen könnte:

- *Frau E. weiß, dass sie schnell in Wut gerät und dass sich die Gespräche gerne in die Länge ziehen. Daher legt sie nun immer eine maximale Gesprächsdauer fest. Da dies alle wissen, kommt es kaum noch vor, dass sich Gespräche in die Länge ziehen und Frau E. bleibt gelassen.*

- *Herr F. muss nicht warten, bis er sich körperlich und seelisch verausgabt hat und nicht mehr seinen Job erledigen kann. Er kann Warnsignale erkennen und rechtzeitig „unwichtige" Aufgaben an andere delegieren und sich mehr Zeit für sich selbst nehmen. Er kann seine Arbeitskraft so einsetzen, damit er nie überarbeitet ist und er seinen Job ordentlich erledigen kann.*

Jetzt betrachten wir die Hauptgründe, warum wir gelassener leben sollten.

WIE SIE DURCH GELASSENHEIT PROFITIEREN UND WEITERKOMMEN

Gelassener durch das Leben gehen, das steigert unsere Lebensqualität in erheblichem Maße. Gelassene Menschen leben gesünder und machen sich weniger Sorgen. Sie sind insgesamt gesehen viel ausgeglichener und zufriedener in ihrem Leben und grübeln weniger.

– Gesund bleiben –

Wer immer im „Kampf und Flucht“- Modus ist, kann viel schlechter entspannen oder schlafen. Schafft man es nicht, zu entspannen, dann bekommt man auch nicht die verbrauchte Energie zurück, man kann die Batterien nicht aufladen. Dies ist aber bitter nötig, um sein Leben gut zu meistern.

Permanent überlastet und gestresst zu sein macht krank, das wissen wir schon sehr lange. Es kann zu massiven gesundheitlichen Einschränkungen führen, wie Bluthochdruck, Herz-Kreislaufbeschwerden, Pulsrasen, psychische und psychosomatische Erkrankungen und vieles mehr. Das verdeutlichen schon Sprichworte wie,

- „Das geht mir an die Nieren“
- „Ich habe eine große Wut im Bauch.“
- „Ich habe einfach zu viel am Hals.“
- „Ich habe einen Buckel voller Probleme.“
- „Das habe ich mir zu sehr zu Herzen genommen.“

Daran sieht man schon, woran die Personen leiden und wozu mangelnde Gelassenheit führen kann. Gelassene Menschen achten auf ein angemessenes Verhältnis zwischen Arbeit und Freizeit bzw. den privaten Interessen. Beides steht hier im Einklang. Ausgeglichene und gelassene Menschen haben mehr Spaß am Leben, sie fühlen sich wohler und haben gute zwischenmenschliche Beziehungen. All das stärkt die Gesundheit, denn es gibt diesen Menschen Widerstandskraft gegen Krankheiten und Stressoren. Was diese Stressoren sein können, darauf gehen wir später noch genauer ein.

– Weniger Angst und Stress –

Stress führt in der Regel zu Angst. In Studien wurde erwiesen, dass körperliche und psychische Stresssituationen oft zu Angst führen können bzw. sie Angst auslösen können. Auf Stress folgt Angst bzw. auf Angst folgt Stress. Die Erregung im Körper nimmt dabei immer mehr zu. Gelassene Menschen leiden weniger unter Stress und haben somit auch nicht so viel Angst und können so sowohl Alltags- als auch besondere Situationen besser bewältigen. Sie haben meist einen kühleren Kopf, mehr Lebensfreude und sind erholter.

– Bessere Entscheidungen –

Da gelassenere Menschen sich nicht so unter Druck setzen, treffen sie oft viel bessere Entscheidungen. Sie handeln ruhiger und besonnener und nicht so vorschnell. Ihre Entscheidungen sind in der Regel wohl überlegt und durchdacht. Entscheidungen, die nicht im gelassenen Zustand gefällt werden, sind oft nicht die besten Entscheidungen. Fast jeder kennt auch hier das Sprichwort, „Lass uns nochmal eine Nacht darüber schlafen."

Entscheidungen werden leider oft durch unsere Gefühle beeinflusst, daher ist es oft so, dass impulsive Menschen ihre Entscheidungen nicht richtig überdenken und nicht alle Argumente bei ihren Entscheidungen berücksichtigen. Im gelassenen Zustand denkt man mehr über alle Argumente nach und die Entscheidungen sind durchdachter.

- Kreativität und Konstruktivität –

Gelassene Menschen sind oft viel erfolgreicher, da sie die Situationen mit Anstand und aus der Ferne heraus betrachten. So können sie bessere und klügere Entscheidungen fällen. Dieser sogenannte Helikopterblick erweitert das Sichtfeld dieser Menschen und sie können die Dinge aus verschiedenen Perspektiven betrachten und alle Meinungen und Argumente mit in ihre Entscheidungen einbeziehen.

Stress bedeutet, dass Menschen nur in eine Richtung denken, was sicherlich nicht kreativ ist und neue Lösungsansätze eröffnet. Man nennt dieses „in eine Richtung Denken" konvergentes Denken.

Wenn sich durch dieses „in eine Richtung Denken" keine Lösung auftut, gerät man noch mehr in Stress und Panik. Druck, Anspannung und Stress nehmen zu und man ist quasi in einer Sackgasse, aus der man nicht mehr herauskommt.

Gelassene Menschen sind kreativer, sie haben mehr Lösungsansätze und nutzen auch mal neue Wege zur Lösungsfindung. Man nennt dieses „in viele Richtungen Denken" divergentes Denken. Ungewohnte Wege führen eben oft eher zum Ziel, sie brauchen aber mehr Geduld und Zeit. Gelassene Menschen nehmen sich diese und kommen so zu besseren Lösungen. Kommen sie nicht weiter, suchen sie nach neuen Wegen, auch wenn es erst einmal länger dauert.

– Mehr Produktivität –

Ruhige Menschen schaffen mehr. Wer schon morgens erschöpft ist, der wird sicher über den Tag auch nicht so viel schaffen. Gelassene Menschen haben eine positive Energiebilanz, sie setzen ihre Reserven mit Bedacht ein. Sie verstehen, wann sie sich entspannen müssen, damit dieses Gleichgewicht nicht aus dem Takt gerät.

Durch ihre Kreativität und Lockerheit schaffen es diese Menschen, auch in schweren Situationen produktiver zu sein. Gelassenheit macht diese Menschen belastbarer und sie können dadurch auch viel besser arbeiten.

– Ausgeglichenheit –

Ausgeglichenheit – also ein gesundes Verhältnis von Anspannung und Entspannung – ist nötig, damit wir kreativ, schöpferisch und produktiv sind. Wenn dabei mal Stress aufkommt, ist das auch nicht schlimm. Sogenannter „positiver Stress" (auch Eustress genannt) treibt Menschen sogar an und kann zu Höchstleistungen führen. Hier gehen

Menschen mit Vitalität, Optimismus und Enthusiasmus ans Werk, die an der Arbeit viel produktiver und auch insgesamt zufriedener sind. Positive Herausforderungen stärken die Ressourcen. Man hat das Gefühl, die Situation voll kontrollieren zu können. Der Eustress darf aber nicht dauerhaft sein, ein gewisses Maß an Spannung und Entspannung sollte vorhanden sein, um kreativ arbeiten zu können. Dabei ist es wichtig, auf den eigenen Körper zu achten, um zu sehen, wann dieser eine Entspannung braucht. Modern wird dies „Work-Life-Balance“ genannt.

– Mehr Selbstbewusstsein –

Selbstbewusstsein ist uns nicht angeboren, sondern es entwickelt sich im Laufe unseres Lebens durch positive Erfahrungen. Wer schwierige Aufgaben und Probleme einmal erfolgreich gelöst hat, der glaubt auch mehr an sich. Selbst schwierige Aufgaben, an denen andere verzweifeln würden, sind für ihn dann kein Hindernis.

Gelassene Menschen mit gesundem Selbstbewusstsein wissen daher, was sie können, und wollen ihr Leben nicht von anderen bestimmen lassen. Sie fällen ihre Entscheidungen bewusst und in eigenem Interesse.

– Mehr Akzeptanz und Vertrauen bei anderen Menschen –

Nervösen, hektischen und planlosen Menschen schenkt in der Regel niemand viel Vertrauen. Die Wirkung des eigenen Verhaltens prägt auch unser Verhältnis zu anderen Menschen. Menschen, die souverän und gelassen Entscheidungen fällen, akzeptiert man auch eher als unbesonnene Menschen. Man vertraut gelassenen Menschen auch eher, da man denkt, dass diese einen eher zum Ziel führen werden. Dies gilt sowohl für unser Privatleben als auch für unsere berufliche Laufbahn. Hier werden größere Projekte auch meist besonneneren Menschen übertragen.

Das nächste Kapitel soll Ihnen verdeutlichen, dass Gelassenheit eine Lebenseinstellung ist, an der Sie gut arbeiten können.

Gelassenheit ist eine Lebenseinstellung!

Hier geht es darum, dass Sie erfahren, warum im Alltag Gelassenheit so wichtig ist. Dies gilt tatsächlich für alle Lebensbereiche und die unterschiedlichsten Lebenssituationen. Gelassenheit ist eine wichtige Ressource für unsere Gesundheit, sowohl seelisch als auch geistig. Spannung und Anspannung bestimmen unser Leben. Um Gelassenheit zu erlangen, müssen Sie sich mit Ihrer Persönlichkeit beschäftigen und herausfinden, was genau Sie da aus dem Gleichgewicht bringt. Auch die Kommunikation trägt sehr zur Gelassenheit bei.

DIE AUSGEWOGENHEIT ZWISCHEN STRESS UND ANSPANNUNG FINDEN

Gelassen sein bedeutet sicher für jeden Menschen etwas anderes, wie etwa Besonnenheit (nichts wirft einen aus der Bahn), Souveränität (professionelles Handling aller Situationen), Ausgeglichenheit, Ruhe und Abgeklärtheit. Aber eines ist wohl allen Attributen, die dem Wort Gelassenheit zugeschrieben werden, gemein: Es ist positiv und beschreibt einen Gemütszustand, den Menschen gerne erreichen wollen. Und ja – in dem Wort steckt „lassen", das bedeutet also auch loslassen, gehen lassen, geschehen lassen, sein lassen und zulassen.

Um Gelassenheit zu erlangen, muss man sich auch trennen. Trennen muss man sich von Annahmen, die nicht genug reflektiert sind, von Grundsätzen, die uns im Alltag und im Berufsleben lähmen und von Einflüssen, die einen negativen Einfluss auf uns haben. Menschen mit Gelassenheit richten Ihren Blick auf Situationen und Menschen. Ihnen geht es darum, immer Informationen zu sammeln, um einen Überblick zu haben. Dabei verlieren sie auch ihr Gleichgewicht nicht und lassen sich durch nichts stören.

Da Gelassenheit auch Gesundheit fördert, dient sie zur Prävention und hilft dabei, auch die schwierigsten Situationen zu meistern. Im Alltag kommt es darauf an, die richtige Balance zwischen Anspannung und Entspannung zu finden.

Zenon von Kition, ein griechischer Stoiker, beschrieb das Prinzip der Gelassenheit bereits im 3. Jahrhundert v. Chr. Von ihm kam der Satz, dass uns die Natur nur einen Mund, aber zwei Ohren gegeben hat. Daher sollte man lernen, mehr und öfter richtig mit dem Ohr zuzuhören. Man sollte dabei nicht nur anderen zuhören, sondern auch seiner eigenen inneren Stimme. Denn jeder Mensch fühlt tief in seinem Inneren, ob er mit sich, mit den anderen Menschen und seiner Lebenssituation zufrieden ist. In manchen Lebenssituationen hat man – durch Stress oder vielleicht andere ungünstige Umstände – jedoch leider den Blick zur eigenen Mitte verloren und hört nicht auf die Signale der inneren Stimme. Aber genau dies ist so wichtig, wenn man tatsächlich mehr Gelassenheit erreichen möchte.

Tipp: Überlegen Sie sich einmal, was genau für Sie persönlich Gelassenheit bedeutet: Gelöstheit? Souveränität? Ruhe? Situationen beherrschen? Besonnenheit? Langmut? Ausgeglichenheit? Entspannung? Fassung? Unerschütterlichkeit? Ausgewogenheit? Oder vielleicht sogar noch etwas anderes? Schreiben Sie sich dies auf einen Zettel und heften Sie ihn dahin, wo Sie ihn täglich sehen, etwa an den Spiegel, an den Kühlschrank, ans schwarze Brett...so verlieren Sie Ihr persönliches Ziel zu mehr Gelassenheit nicht aus den Augen. Oder seien Sie digital: Sie nehmen es als Hintergrund für Ihren Desktop, als Notiz im Handy etc....es gibt viele Möglichkeiten, seine Ziele nicht aus den Augen zu lassen und sie immer wieder in Erinnerung zu rufen!

Loslassen oder festhalten – die richtige Balance macht's!

In der Natur sind Schilfrohr und Bambus sehr gute Beispiele für Gelassenheit. Sie biegen sich mit dem Wind und auch ein großer Sturm kann ihnen nichts anhaben. Diese Pflanzen haben genau das Gleichgewicht zwischen Festhalten und Loslassen erreicht: Ihre Wurzeln sind fest in der Erde, aber oberhalb der Erde bewegen Sie sich frei im Wind, sie lassen sich von der aktuellen Windrichtung leiten, verlieren dabei aber weder ihre Größe noch ihre Gestalt.

Im Alltag ist dieses Gleichgewicht zugegebenermaßen nicht immer leicht. Grundsätze und Werte zu haben und sich danach zu richten, ist eines der Grundbedürfnisse des Menschen. Ihnen sollte man immer treu bleiben, um gestärkt aus dieser Position heraus andere Menschen zu beobachten und verschiedene Situationen einschätzen zu können.

Gelassenheit entfaltet sich immer genau dann, wenn Sie im Einklang mit sich selber sind und Sie das Gefühl haben, „Herr der Lage" zu sein, also selbst Einfluss auf gewisse Situationen nehmen zu können. Dann werden Sie auch in schwierigen Situationen nicht Ihre Wurzeln verlieren.

Um mehr Gelassenheit zu erlangen, sollten Sie sich als Erstes Ihrer Ressourcen bewusst werden. An was sollten Sie festhalten, was bestärkt Sie dabei, gelassener zu werden? Am besten schreiben Sie sich dies auf und heften es dorthin, wo Sie es täglich sehen. Werden Sie sich bewusst,

- was Sie alles erlebt und durchgestanden haben – es gibt sicher einige Dinge, auf die Sie stolz sein können,
- wer Sie unterstützt und wer Sie vielleicht nur ausnutzt. Ist die Beziehung einseitig, sollten Sie diese vielleicht besser überdenken,
- welche Kraftquellen Sie haben,
- auf was und wen Sie sich wirklich verlassen können,
- was Ihre näheren Ziele („Etappenziele") und Ihre Fernziele sind – sind Sie auf dem richtigen Weg dahin?,
- was Ihnen wirklich wichtig ist, was Sie im Leben möchten,
- wann es Ihnen richtig gut ging und was Sie dafür tun mussten,
- wann Sie sich mal so gefühlt haben, dass Sie leben.

Wenn Sie dafür Antworten gefunden haben, wird dies Ihnen helfen, Ihre Aufmerksamkeit zu fokussieren und die eigenen Kräfte da einzusetzen, wo Sie diese am besten gebrauchen können.

Rheinhold Niebuhr sagte um 1943 in der englischen Fassung, Theodor Wilhelm alias Friedrich Oettinger übersetze es dann im Jahr 1951 ins Deutsche:

Drei Wünsche:

Herr, gib mir die Gelassenheit, Dinge hinzunehmen, die ich nicht ändern kann,

den Mut, Dinge zu ändern, die ich ändern kann,

und die Weisheit, das eine von dem anderen zu unterscheiden.

Nein, dieses Gebet kam nicht von Franz von Assisi, aber es sagt genau das aus, um das es bei Gelassenheit geht: Nämlich seine Kräfte und Ressourcen richtig einzusetzen, damit man auch schwierige Situationen und Schicksalsschläge gut meistern kann.

Wer gelassen eine Situation – selbst, wenn sie noch so unangenehm ist – analysiert, der stellt sich immer einige Fragen:

- Gibt oder gab es solche oder ähnliche Situationen schon einmal?
- Welche Personen handeln in der Situation und aus welchen Motiven heraus handeln sie?
- Warum stört diese Situation? Was macht die Situation mit mir und warum löst sie solche Gefühle bei mir aus?
- Welche Unterschiedlichen Handlungsmotive habe ich und was sind die Konsequenzen?
- Schaffe ich es, die Situation so anzunehmen, wie sie ist? Kann ich sie vielleicht sogar beeinflussen? Was bedeuten die einzelnen Handlungen für mich und andere?

Wenn Sie sich diese Fragen stellen, dann werden Sie auch schwierigere Situationen besser meistern.

Unser Handeln wird durch persönliche und gesellschaftliche Werte, Erfahrungen und Traditionen geprägt. All dies macht uns zu dem, was wir sind. Manche dieser Handlungen stammen sogar aus der Steinzeit. Wir wissen beispielsweise instinktiv, dass Raubtiere gefährlich sind oder Giftpilze tödlich sein können und halten uns von ihnen fern. Auch wissen wir wahrscheinlich, dass wir genug Wasser brauchen, dass Obst gesund ist etc.

Die Gesellschaft prägt uns in besonders großem Maße. Denn eine Industriegesellschaft wird immer andere Werte haben, als man sie z. B. im Busch in Afrika findet. Wir bekommen diese Werte von klein auf durch unsere Erziehung vermittelt. Das sind zuerst unsere Eltern, später aber noch im immer größeren Maß andere Institutionen, wie Kindergarten, Schule, Sportvereine, Nachbarschaft, Glaubensgemeinschaften, Arbeit etc.

Aber natürlich hat jeder Mensch immer noch individuelle Werte. Der Mensch bestimmt die Lebensform (z. B. vegane Lebensweise) oder seine eigenen Prioritäten im Leben mehr oder weniger selbst.

Wichtig: Dieses individuelle Wertesystem bestimmt, was Menschen zu einem bestimmten Handeln motiviert. Wenn Sie dies erkennen, ist dies ein erster Schritt, die eigene Handlungsweise einmal zu überdenken und im Zweifel auch einmal anders zu handeln. Sie sollten sich auch Ihrer eigenen Bedürfnisse bewusst sein, denn auch daraus leiten sich Motivatoren ab. Wenn Sie sich bewusst werden, dass Sie z. B. eine gewisse Ordnung brauchen, werden Sie Ihrem Nachbarskind besser erklären können, warum es nicht über Ihr Blumenbeet laufen oder in der Mittagspause so laut spielen soll. Ein Kind, dem Sie dann erklären, dass Sie Ruhe brauchen, wird dies eher verstehen, als wenn Sie es nur anschreien.

Vielleicht haben Sie schon einmal von der Bedürfnispyramide des amerikanischen Psychologen Abraham Maslow gehört. Menschen haben hier sowohl „Defizitbedürfnisse" als auch „Wachstumsbedürfnisse". Wachstumsbedürfnisse stehen ganz unten auf dem Boden der Pyramide. Es sind die Bedürfnisse, die Menschen – und auch Tiere – unbedingt zum Leben brauchen, wie etwa Nahrung oder Wärme. Ohne diese Dinge können wir nicht am Leben sein. Es folgen Sicherheitsbedürfnisse, die zweite Stufe der Bedürfnispyramide. Menschen wollen geschützt sein. Den Übergang zu den Wachstumsbedürfnissen stellen die sozialen Bedürfnisse – also Liebe und Zugehörigkeit – dar. Sie sind die dritte Stufe. Nun kommen an der Spitze der Pyramide die Wachstumsbedürfnisse, die nur Menschen und nicht die Tiere haben, wie Wertschätzung und Anerkennung auf der vierten und Selbstverwirklichung auf der fünften Stufe.

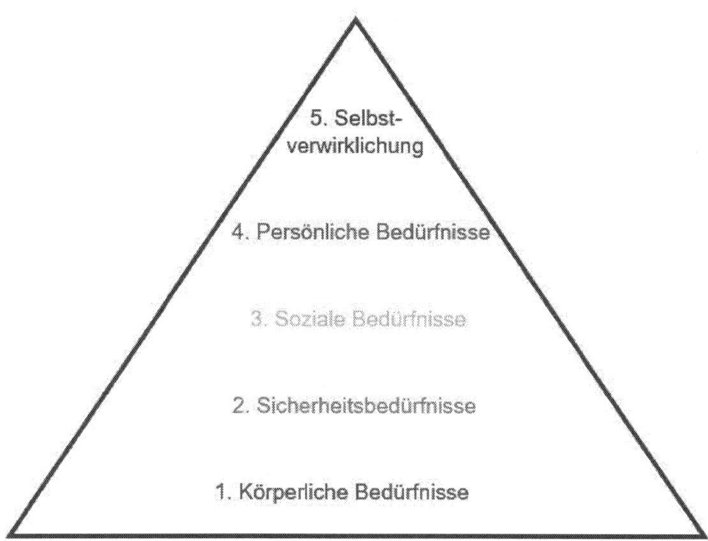

Diese Pyramide ist wichtig, wenn man gelassener werden möchte. Denn wenn Sie gelassener werden möchten, sollten Sie

- Ihre Bedürfnisse kennen und wissen, wie diese befriedigt werden können,
- Ihre Werte kennen und auch umsetzen können,

- Ihre Motivatoren kennen und wissen, wie Sie ihnen folgen oder sie auch ändern können, wenn es sein muss.

Wie Sie dies genau hinbekommen, das wird hier in den nächsten Kapiteln und Abschnitten erklärt. Es spielen aber nicht nur Werte, Bedürfnisse und Motivatoren eine Rolle, wenn es darum geht, eine gelassene Lebenseinstellung zu bekommen, sondern auch Glaubenssätze, die uns meist schon in der Kindheit beigebracht werden, wie etwa:

- Erst die Arbeit, dann das Vergnügen.
- Ich werden nur dann geliebt, wenn ich auch etwas leiste.
- Was nichts kostet, ist nichts wert.
- Ohne Fleiß kein Preis.
- Geld macht glücklich.
- Ich bin sowieso ein Pechvogel/Glückskind.
- Ich ziehe das Unglück magisch an.

Diese Glaubenssätze machen uns leider unfrei, denn sie engen uns ungeheuer in unserem Handlungsspielraum ein. Daher sollten Sie sich auch dieser Glaubenssätze bewusst sein, wenn Sie gelassener werden wollen. Auch dies wird hier immer wieder angesprochen werden. Denn nur derjenige, der sich der eigenen Glaubenssätze bewusst ist, schafft es, diese zu durchbrechen und hier etwas zu ändern.

Wie sich Stress und Anspannung auf Ihre Gesundheit auswirken und warum Gelassenheit Ihr Wohlbefinden so beeinflussen kann

Dass dauerhafter Stress krank macht, haben Sie sicher auch schon mitbekommen. Studien zeigten, dass Dauerstress viele Krankheiten im Herzkreislauf-Bereich, Diabetes, Krebs oder auch Depressionen auslösen kann. Denn hier kann der Körper die Stresshormone nicht mehr kontrollieren, die dann das Immunsystem hemmen.

Menschen brauchen, um gesund zu bleiben, ein richtiges Maß an Spannung und Entspannung, Arbeit und Erholung, Stress und Ruhe. Gelassenheit soll uns die Möglichkeit bieten, genau dieses richtige Maß zu finden. Leider gibt es hier erst einmal kein wirkliches Patentrezept, denn jeder Mensch ist anders und hat ganz verschiedene Fähigkeiten. Wenn etwas für den einen Menschen herausfordernd ist, dann kann dies für einen anderen Menschen schon ein unüberwindbares Hindernis sein. Manche Menschen sehen etwas als Ruhepol an, für die anderen ist dies schlicht und einfach nur langweilig. Wissenschaftler reden daher von „Eustress“ – dem als positiv empfundenen Stress, der motivierend wirkt – und von „Disstress“ – dem als negativ empfundenen Stress –, der Menschen hemmt, sie quasi handlungsunfähig macht und sie dann einen sogenannten „Blackout“ erleben lässt. Diese Reaktionen finden bei Stress im menschlichen Körper statt:

So gut wie alle Reaktionen des menschlichen Körpers stammen aus der Entwicklungsgeschichte. Alle Verhaltensweisen, die für Steinzeitmenschen von Vorteil waren, sind heute noch in unseren Genen verankert. Denn nur, wenn Hunger, Kälte, Angriffe von Tieren oder schwere Krankheiten überstanden wurden, konnten sich die Menschen in der Steinzeit fortpflanzen und ihr Genmaterial weitergeben.

In der Steinzeit hatten die Menschen früher zwei Möglichkeiten: Entweder sie kämpften oder sie flohen. So oder so, um sich für den Kampf oder die Flucht vorzubereiten, musste der Körper sehr schnell – in Bruchteilen von Sekunden – in den „Alarmzustand" umschalten, also aus der Ruhe in die Anspannung. Im Körper erweitern sich die Blutgefäße, der Puls steigt an und die Pupillen werden größer. Außerdem spannen sich die Muskeln an und die Atemfrequenz steigt. In der Medizin nennt man dies „Sympathische Reaktion", da sie von dem Teil des vegetativen Nervensystems kontrolliert wird, der Sympathikus genannt wird. Der Gegenspieler heißt Parasympathikus und sorgt für Entspannung und Ruhe. Hier werden dann z. B. Speisen verdaut, das Immunsystem aktiviert, das Blut also mehr in die Körpermitte gelenkt.

Mit der sympathischen Reaktion werden im menschlichen Körper auch Stresshormone ausgeschüttet. Dazu gehören z. B. die Glucocorticoide (vor allem das Cortisol) und die Katecholamine (vor allem das Adrenalin). Sie sorgen dafür, dass der Organismus so schnell wie möglich zum Kämpfen oder fliehen bereit ist. Lebenswichtige Organe werden durch diese Hormone besser durchblutet und die Verdauung wird heruntergefahren, Blutzucker wird als Energiequelle in die Blutbahn freigesetzt und allgemein steigt auch die Aufmerksamkeit. Wenn Sie sich erschrecken, werden Sie heute noch merken, wie diese Vorgänge in Ihrem Körper ausgelöst werden. In der Regel sind diese Vorgänge auch gewollt und völlig angemessen, wenn es gilt, eine schwierige Situation zu meistern.

War man in früheren Zeiten auf der Flucht und hat die Gefahr überstanden, so wurden die Stresshormone wieder heruntergefahren und man ruhte sich aus. Schließlich muss sich jeder Körper von der Anstrengung erholen. Gelingt dies nicht und man ist im Dauerstress, so schadet dies der Gesundheit nachhaltig.

Im Gleichgewicht ist ein menschlicher Körper, wenn sich sympathische (also „Flucht und Kampf") Reaktionen und Ruhepausen abwechseln. Geht dieses Gleichgewicht verloren und werden zu viele Stresshormone im Körper gebildet, beeinflusst das den Hormonspiegel ungemein. Dies ist auch heute noch so. Der erhöhte Hormonspiegel beeinflusst natürlich auch das Immunsystem, das eigentlich für die Abwehr von Krankheiten da ist. Folglich kommt es zu mehr Herz-Kreislaufkrankheiten und Nervenkrankheiten und auch die Zahl an Krebserkrankungen und Infektionen erhöht sich.

Zum Glück ist es möglich, mit Gelassenheit Dauerstress vorzubeugen und sich so vor den drohenden Folgen zu schützen. Überlegen Sie sich einmal, wie eine Situation anders als mit „Kampf und Flucht" beendet werden kann. Muss man immer vor der Situation „fliehen" oder kann man sich nicht auch – in richtiger und der Situation angemessener Manier – mal der Situation stellen? Wie kann die Situation ohne Flucht bewältigt werden? Vielleicht ist es ja bei Konflikten mit anderen Personen hilfreich, die Hilfe einer neutralen Person einzuholen, um die Kommunikation zwischen den Parteien zu verbessern und wieder aktiv zuzuhören?

All dies lässt sich nicht im „Flucht und Kampf"-Modus, sondern nur mit Gelassenheit herausfinden. Gelassenheit stärkt also Körper und Seele und fördert unseren Weitblick, indem sie neue Lösungsmöglichkeiten aufzeigt, auf die niemand sonst kommen würde. Die Kaskade der Stresshormone wird so unterbrochen und die Gesundheit wird gefördert.

Was Sie selber durch Gelassenheit bewirken können und welche Dinge weniger beeinflussbar sind

Das Wichtigste beim Thema Gelassenheit ist, dass jeder Mensch dafür selbst die Verantwortung trägt. Niemand kann diese auf andere übertragen denn, „Man kann keinen Menschen ändern außer sich selbst."

Oft denkt man, dass man gar nicht gelassen sein kann. Diese Situation kennen Sie sicher auch. „Das treibt mich noch in den Wahnsinn", sagt ein bekanntes Sprichwort. Man ist scheinbar einer Situation (der „Ungelassenheit"), die nicht zu ändern ist, schutzlos ausgeliefert. Hier muss man es schaffen, den Weitblick zu behalten und auf die eigene Verantwortung zu schauen. Man muss sich bewusst werden, inwieweit man selbst zu der Situation, wie sie nun mal ist, beigetragen hat. Welchen Anteil an der Situation hat man? Ist es vielleicht sogar der Löwenanteil? Gelassene Menschen denken nun darüber nach, was sie tun können, um die Situation zu entschärfen und den Stress abzubauen. Gibt es vielleicht Warnsignale, die anzeigen, dass das innere Gleichgewicht gestört ist, und wie geht man damit am besten um? Ihnen fallen sicher spontan schon viele Situationen aus dem Alltag ein, wo das innere Gleichgewicht gestört ist. Denken Sie einmal darüber nach und schreiben Sie auf, welche Situationen Ihnen da in den Sinn kommen. Einige typische Situationen werden auch hier genannt werden. Handeln Sie nach dem Leitsatz, „Ich warte nicht darauf, dass andere Menschen sich ändern oder bis die Situation sich entspannt hat - ich handle selbst!".

- Wie Gedanken Berge versetzen können -

Schon in der Bibel heißt es, dass der Glaube Berge versetzen kann. Aber man muss dazu nicht unbedingt religiös sein. Wie viel Einfluss Gedanken und Wünsche auf das menschliche Verhalten haben, das hat sicher jeder schon einmal bemerkt. Gedanken bewirken, dass wir bestimmte Bilder vor unserem inneren Auge haben (z. B. eine Spinne - wir ekeln uns!) und unser Körper sich verändert (das berühmte „hochrote" Gesicht).

Wichtig zu wissen ist, dass das menschliche Gehirn nur „positiv" denken kann. Wenn Sie also vor einem Picknick oder einer Wanderung denken, „Hoffentlich gibt es keine Schauer", dann sehen Sie vermutlich einen Himmel mit grauen Wolken und viel Regen vor sich. Sagen Sie sich aber, „Hoffentlich wird es heute beim Grillen draußen sonnig", so sehen Sie sicher schon die Sonne und den klaren, blauen Himmel vor sich.

Auch bei unseren Wünschen ist das so. Wenn Sie sich beispielsweise vornehmen, etwas an einem Tag zu schaffen oder unterwegs einen Parkplatz zu finden, so ist Ihr Sinn dafür geschärft. Sie konzentrieren sich jetzt auf nichts anderes, nur darauf, die Situation zu beobachten, damit Sie schnell einen Parkplatz ergattern. Und das kann helfen.

Manchen Menschen hilft es sogar, auf Zetteln eine „Bestellung an das Universum" zu schreiben, so eigenartig dies vielleicht auf den ersten Blick klingt.

Interessant ist es vielleicht, dass es kaum möglich ist, nicht nicht an etwas zu denken. Wenn Ihnen jemand sagt, „Denken Sie jetzt einmal an eine lila Kuh", werden Sie diese mit Sicherheit sofort vor Ihrem inneren Auge sehen. Gedanken haben also eine ganz schöne Macht über Sie.

Genau diese Macht der Gedanken kann auf dem Weg zu mehr Gelassenheit nützlich sein. Dies wird hier noch weiter unten thematisiert werden.

– Botschaften richtig senden und empfangen –

Um Situationen zu entschärfen und Stress zu vermeiden ist es auch sehr wichtig, wie man seine Aussagen dem Gegenüber vermittelt. Auch das trägt sehr dazu bei, Situationen gelassener gegenüberzustehen.

Wie eine Situation von dem Gegenüber eingeschätzt wird, hängt sehr stark von der inneren Einstellung ab, mit der man den Menschen und der Situation begegnet.

Um zu verstehen, wie sich Kommunikation tatsächlich auf die Gelassenheit auswirkt, sollte man sich diese Kommunikationstheorien, die Axiome von Paul Watzlawick und das 4-Ohren-Modell von Friedemann Schulz von Thun, einmal genauer ansehen.

Paul Watzlawick, der in Österreich geboren wurde und in den USA starb, stellte die These auf, dass niemand „nicht nicht kommunizieren kann". Das bedeutet im Klartext, dass jede Begegnung mit einem anderen Menschen schon Kommunikation und Austausch von Botschaften bedeutet. Denn es macht einen Unterschied, ob ich jemanden freundlich ansehe oder ihm einen verachtenden Blick zusende. Für Watzlawick hatte jede Botschaft, die ein Mensch aussendet, einen inhaltlichen Aspekt und einen Beziehungsaspekt.

Der deutsche Wissenschaftler Friedemann Schulz von Thun hat dies noch einmal erweitert. Er sieht in jeder Botschaft vier Seiten: 1. Die Seite des rein sachlichen Inhalts; 2. Eine Aussage über die Beziehung zwischen Sender und Empfänger; 3. Den Appell vom Sender an den Empfänger und 4. die Selbstoffenbarung des Senders. Schulz von Thun ist der Meinung, dass jede Botschaft „mit mehreren Mündern gesprochen und mit mehreren Ohren gehört" werden kann. Immer, wenn die Ebenen verwechselt werden, entstehen sowohl bei Watzlawick als auch bei Schulz von Thun Missverständnisse.

Für die Gelassenheit bedeutet dies: Immer dann, wenn diese Missverständnisse bei der Kommunikation entstehen, führt dies zu Stress und Anspannung – sowohl beim Sender als auch beim Empfänger. Gute, gelungene Kommunikation fördert jedoch das gegenseitige Verständnis und führt so zu einem gelasseneren Umgang miteinander.

Ein Beispiel für eine misslungene Kommunikation:

Herr A. fragt seine Frau: „Hast du meine Lieblingshose gewaschen?"

Frau A. antwortet: „Schau doch im Schrank nach."

Herr A sagt: „Da habe ich sie aber nicht gesehen."

Frau A. antwortet: „Dann ist sie wohl noch in der Wäsche."

Herr A. sagt: „Aber du kennst mich doch und weißt, dass ich die Hose so gerne anziehe."

Frau A. antwortet: „Weißt du überhaupt, was ich gerne anziehe?"

Herr A. sagt darauf: „Was hat das denn mit meiner Hose zu tun?"

Frau A. antwortet daraufhin: „Du weißt nicht, was ich gerne anziehe und ich soll deine Wäsche immer sofort waschen und fertig machen. Ich habe mit Sicherheit noch andere Dinge zu tun, aber wenn ich Stress habe, ist dir das ja egal. Hauptsache deine Sachen sind gewaschen!" Und schon sind das Missverständnis und der Krach da, obwohl es eigentlich nur darum geht, ob die Hose gewaschen wurde oder nicht. Es geht hierbei dann plötzlich auch um Wertschätzung, Arbeitsteilung und gegenseitiges Interesse.

Wenn der Sender und der Empfänger sich über die Beziehungs- und Inhaltsebene einig sind, können Konflikte vermieden werden und es kommt weniger oft zu Spannungen. Man kann besser und gelassener miteinander reden und kommunizieren und so auch im Alltag gelassener sein. Jeder kann lernen, die Botschaften der anderen zu analysieren und danach zu handeln. Dies soll in diesem Buch herausgearbeitet werden.

- Körperlich und geistig zu mehr Gelassenheit finden -

Angespannt kann man auf allen menschlichen Ebenen, also sowohl mit dem Körper als auch mit dem Geist sein. Auch eine gelassenere Haltung wirkt sich auf beide Ebenen - Körper und Geist - aus. Ist der Körper angespannt, wirkt sich das auf den Körper mit diesen Symptomen (körperlich und psychisch) aus:

Körperlich:

- Höherer Blutdruck und Puls
- Schmerzen
- Anfälligkeit für Infekte

Psychisch:

- Innere Unruhe
- Gedankenkreisen
- Angstzustände
- Grübeln
- Selbstentwertung

Um auf allen Ebenen mehr Gelassenheit zu erreichen, heißt es: Üben, üben, üben. Gelassenheit lernt man nicht von heute auf morgen, es ist ein längerer, manchmal auch mühsamer Weg. Übung macht hier den Meister und wie eine Fremdsprache, so lernt man auch Gelassenheit immer besser, wenn man sie auch anwendet. Viele Übungen werden hier vorgestellt, wie etwa Yoga, Autogenes Training, Meditation oder Muskelentspannung (PMR) als körperliche Übungen und Reframing, Gedankenkreisen, Autosuggestion und Imaginationsübungen als geistige Übungen. Auch die Tatsache, dass man ein Hobby hat, wo man Raum und Zeit vergessen kann, kann ein Weg zu mehr Gelassenheit sein.

- Menschen und Situationen so annehmen, wie sie sind -

Um gelassener zu werden, muss man nicht nur „loslassen" können, sondern Menschen auch so sein lassen, wie diese nun mal sind. Wenn man selbst viele Ressourcen zur Verfügung hat, fällt einem das natürlich auch sehr viel leichter, als wenn man selbst in einer schwächeren Position ist. Einen starken Baum wirft so schnell nichts um, denn er ist fest verwurzelt. Oft verwenden Menschen einfach zu viel Energie, um andere Menschen ändern zu wollen, was natürlich nicht geht und sie dann frustriert. Überlegen Sie lieber, was Sie ändern können, damit die Begegnungen mit den Menschen besser verlaufen. Vielleicht hat Ihr Nachbar ein verborgenes Problem und ist deswegen oft so schlecht gelaunt? Versuchen Sie, selbst gut gelaunt zu sein und andere Menschen damit anzustecken.

Wie eine gelassene Einstellung auf andere Menschen und Situationen wirkt

Man sagt, dass gelassene Menschen „Felsen in der Brandung" sind. Sie verlieren scheinbar nie die Ruhe, sie bleiben immer freundlich, sie werden nicht hektisch und unbedachte Äußerungen wird man von gelassenen Menschen kaum hören. In jeder Situation behalten die Menschen den Überblick. Diese Menschen können ein sehr großes Vorbild für andere sein, denn wenn sie ruhig und bedacht sind, dann überträgt sich diese Ruhe oft auch auf die Menschen in ihrer Umgebung. Manchmal wird eine gelassene Haltung mit Desinteresse oder Überheblichkeit verwechselt, aber gelassene Menschen bringt auch dies nicht aus der Ruhe. Niemand lebt allein, alle Menschen sind Teil einer Gesellschaft. Die Gesellschaft kann noch einmal untergliedert werden in Familie, Nachbarschaft, Arbeitsgruppen, Vereine, Religionsgemeinschaften etc. Immer wird die Einzelperson von anderen beeinflusst. Wenn sich in der Gesellschaft etwas ändert, verändert sich auch die einzelne Person. Diese Theorie stützt sich auf den „systemischen Ansatz", den man in der Psychotherapie, in der Beratung und beim Coaching nutzt.

Wenn Sie sich nun entscheiden, immer gelassener zu sein, dann wirkt sich das auch auf Ihre Umgebung aus: Im Idealfall bemerken es die Menschen und werden durch Ihre Gelassenheit selbst ruhiger.

Ein Beispiel: In einer Werbeagentur geht es darum, Abgabetermine einzuhalten. Immer, wenn ein Abgabetermin für eine Kampagne naht, werden alle Mitarbeiter hektisch und arbeiten Tag und Nacht durch. Als der Chef der Agentur erkrankt und nach einem monatelangen Genesungsprozess wieder in die Agentur zurückkommt, verhält er sich plötzlich anders: Er arbeitet nicht mehr durch, sondern nur eine gewisse Stundenzahl und nimmt sich auch mal Zeit für sich. Die Mitarbeiter wundern sich erst, übernehmen dieses Verhalten aber dann. Und siehe da: Die Abgabetermine werden auch so eingehalten, die einzelnen Mitarbeiter arbeiten sogar noch effektiver und mit mehr Engagement. Fehler werden vermieden und der Umsatz der Agentur steigt plötzlich. Die Agentur hat also deutlich von der Gelassenheit des Chefs profitiert, der nun ganz anders arbeitet.

– Einfach mal lächeln! –

Machen Sie doch einfach mal den Alltagstest und versuchen Sie, andere mal anzulächeln, auch wenn Sie Ihnen nicht gleich freundlich gegenübertreten. Das bedeutet nicht, dass Sie nun ständig grinsen sollen, denn das könnte das Gegenteil bewirken. Es geht einfach darum, anderen Menschen zu zeigen, dass man an ihnen interessiert ist, ohne sie gleich zu bedrängen. Sie werden sehen: Das Lächeln wird mehr als zwei- bis dreifach zu Ihnen zurückkommen. Das liegt daran, dass auch wir Mensch sogenannte „Spiegelneuronen" haben. Diese wurden zuerst bei Affen entdeckt und sind auch noch nicht so lange bekannt. Diese Neuronen sorgen dafür, dass sich Menschen in andere Menschen hineinversetzen und für diese Empathie empfinden können. Wenn Sie jetzt von einem Menschen beim Lächeln beobachtet werden, dann wird bei Ihrem Gegenüber in der Regel das gleiche Aktivitätsmuster oder die gleiche Empfindung ausgelöst. Ihr Gegenüber beginnt auch, zu lächeln, denn durch die Empfindung werden bei Ihrem Gegenüber auch gleich die entsprechenden Gesichtsmuskeln aktiviert. So kann erklärt werden, warum Lächeln, aber auch schlechte Laune sich so schnell auf Ihr Gegenüber übertragen. Diesen „Ansteckungseffekt" können gelassene Menschen wunderbar nutzen, um Ihre Umgebung (positiv) zu beeinflussen.

Ihr ganz persönliches Konzept, um gelassen zu bleiben

Sie haben nun eine Ahnung, was Gelassenheit theoretisch bedeutet und warum Sie davon profitieren. Aber die Frage ist, was bedeutet Gelassenheit lernen genau für Sie persönlich? Für jeden bedeutet es etwas anderes, denn jeder Mensch hat Lebensbereiche, die einem leichter fallen als andere. Auch hat jeder Mensch andere Situationen, die bei ihm Stress auslösen. Daher sollten Sie sich die Zeit nehmen und aufschreiben, was genau Ihre persönlichen Ziele in Bezug auf Gelassenheit sind.

– Innere Gelassenheit –

Sie beginnt „innen“ und wird dann „außen“ für andere Menschen sichtbar.

Innere Gelassenheit bedeutet:

- Offen auf Menschen zugehen und Ihnen zuhören, auch wenn diese Sie kritisieren oder Sie sogar herabwürdigen.
- Konflikte souverän lösen.
- Ruhig und gelassen sein.
- Ziele im Auge behalten.
- Auch in schwierigen Situationen einen kühlen Kopf behalten.
- Heiter und entspannt sein.
- Aufgeschlossen sein und Probleme annehmen, auch wenn diese unlösbar scheinen.
- Sich leistungsfähig und gesund fühlen.
- In allen Situationen verschiedene Handlungsalternativen im Blickfeld haben.
- Unangenehme Situationen ohne Verlust des Gesichts beenden.
- Wissen, was man wert ist.

Äußere Gelassenheit bedeutet:

- Gelassene Menschen halten Blickkontakt und können „aktiv zuhören“, d. h., sie wenden sich ihrem Gegenüber uneingeschränkt und ohne Ablenkung zu und beobachten auch dessen Körpersprache.
- Richtig zuhören und nachdenken, bevor man antwortet.
- Andere Menschen ausreden lassen.
- Nachfragen, wenn man etwas nicht verstanden hat, und sich rückversichern („Habe ich das jetzt richtig verstanden, dass...)
- Verschiedene Lösungen anbieten, wenn andere fragen.
- Sich für die eigenen Standpunkte stark machen.
- Zugewandt sein (also auch die richtige Körperhaltung einnehmen. Sie wissen ja selbst: Wer gebeugt vor anderen Menschen spricht, der wirkt nie so sicher wie jemand, der gerade steht. Für die anderen wirkt er unsicher.)
- Einen entspannten Gesichtsausdruck haben.
- Interessiert und engagiert sein und immer den Überblick behalten.

Vielleicht haben Sie schon ein Idealbild von Ihnen vor Ihrem inneren Auge. Je klarer Sie Ihre Ziele formulieren, umso besser. Schließlich können Sie dann auch leichter daran arbeiten. Wenn Sie dann Erfolge erzielen und diese Ziele erreichen, wird Sie das besonders motivieren. Manchmal hilft es auch, eigene Ziele in Nah- und Fernziele zu unterteilen, um sie so besser im Blickfeld zu haben.

– Die persönliche Checkliste –

Mit einer Checkliste können Sie Ihre persönlichen Gelassenheitsziele definieren und auch kontrollieren. Sie können die Checkliste sowohl für Familie und Freizeit als auch für den Beruf oder für Grenzsituationen erstellen.

Am besten erstellen Sie hierzu eine Tabelle mit unterschiedlichen Spalten. Die erste Spalte beschreibt die Situation, in der Sie gelassener sein wollen.

Die zweite Spalte enthält die beteiligten Personen und in die dritte Spalte schreiben Sie, wie Sie sich dabei fühlen und wie Sie auf diese Gefühle reagieren. In die vierte Spalte schreiben Sie Ihr Gelassenheitsziel und in die fünfte Spalte eine Priorität, beispielsweise zwischen 1 und 10 (1 = nicht so wichtig; 10 = ganz wichtig, höchste Priorität).

Gelassenheit in der Familie: Auch wenn die meisten Menschen zu Hause oder in der Freizeit recht entspannt sind, so gibt es auch hier Potential für Konflikte. Wo verlieren Sie hier Ihre Geduld? Was stört Sie in der Partnerschaft, im Umgang mit Verwandten und Freunden, im Haushalt, in der Nachbarschaft, bei Vereinen, in der Kindererziehung etc.? Schreiben Sie es auf!

Gelassenheit im Beruf: Hier gibt es sicher auch bei Ihnen viele Situationen, in denen Sie angespannt, verärgert und gekränkt sind. Situationen im Team, im Umgang mit Vorgesetzten, Mitarbeitern, Kollegen, Kunden, Lieferanten, Behörden etc. sind nur einige Beispiele. Auch bei den Themen Verantwortlichkeiten, Projekte, Schichtdienst, Mehrarbeit, Leistungsbeurteilung, Urlaubsplanung etc. kann es zu angespannten Situationen kommen. Hierfür können Sie ebenfalls eine solche Tabelle anlegen!

Gelassenheit in Grenzsituationen: Besonders in Krisensituationen (Verlust, Trennung, Krankheiten…) ist es schwer, Gelassenheit zu bewahren. Schreiben Sie auf, wovor Sie sich fürchten (z. B. Einsamkeit, Arbeitslosigkeit, Geldsorgen…) und wie Sie damit umgehen möchten. Auch die Priorisierung darf nicht fehlen.

Hier einmal ein paar Beispiele:

Situation	Beteiligte Personen	Gefühle und Reaktionen	Mein Gelassenheitsziel	Priorität
Komme ich nach der Arbeit heim, ist nie aufgeräumt, kein Geschirr gewaschen und Kleider und Spielzeug liegen auf dem Boden.	Mein Partner, meine Kinder	Ich fühle mich ausgenutzt und bin wütend, weil nur ich das Chaos wahrnehme.	Ich möchte, dass sich andere an den Arbeiten im Haushalt beteiligen und mehr Zeit für die Familie haben.	8 (Ziemlich wichtig)
Auf dem Weg zum	Andere Autofahrer	Ich fühle mich genervt und	Ich möchte beim	5 (mittelmäßig wichtig)

Fitnessstudio sind alle Ampeln rot und ich finde keinen Parkplatz.		würde am liebsten wieder nach Hause fahren. Ich zeige anderen Autofahrern einen Vogel.	Fitnesstraining gute Laune haben und den Sport genießen.	
Der Chef stellt mich in der Teamsitzung bloß und unterbricht mich ständig.	Chef, Kollegen	Ich versuche, mich zu verteidigen, und bekomme einen roten Kopf. Ich spreche schnell und unverständlich und kann mich nicht konzentrieren. Am liebsten würde ich meinem Chef die Meinung sagen, ich traue mich aber nicht.	Souveräne Präsentation meiner Ziele in der Teamsitzung, Rückfragen kompetent beantworten.	9 (sehr wichtig)
Die Sachbearbeiterin beim Arbeitsamt hat Ihre Ansprüche falsch berechnet und überweist dem Vermieter zu wenig Geld. Der Vermieter droht mit Kündigung.	Sachbearbeiterin beim Arbeitsamt, mein Vermieter	Ich möchte die Sachbearbeiterin eigentlich gar nicht kontaktieren, da mir schon schlecht wird, wenn ich nur an das Amt denke. Ich bin wütend auf meinen Vermieter, weil er mir gleich mit Kündigung droht, obwohl ich nichts dafür kann. Ich gehe ihm aus dem Weg.	Ich möchte meine Wohnung behalten und für meine Rechte eintreten.	10 (allerhöchste Priorität)

So oder so ähnlich könnten Ihre „Checklisten“ ausschauen.

GELASSENHEIT FÖRDERT IHRE GESUNDHEIT!

Wenn Menschen immer unter Anspannung stehen, werden sie krank. Sie brauchen regelmäßige Entspannungsphasen, um gesund und leistungsfähig zu bleiben. Ständiger Stress und dauerhafter Druck wirken sich sehr auf unseren Köper und unseren Geist aus. Wie hier schon erwähnt wurde, wirkt sich auch Gelassenheit auf unsere Gesundheit aus, denn Gelassenheit ist aktive Gesundheitsprävention. Ein gelassener Mensch wirkt auf andere sympathisch, man hat gerne mit ihm Umgang und er kommt gut bei anderen Menschen an. In dem Körper eines gelassenen Menschen wirkt jedoch vor allem der Parasympathikus. Das ist der Nerv, der für die Entspannung zuständig ist. Er sorgt dafür, dass

- das Herz gleichmäßig und langsam schlägt,
- die Atmung tief und ruhig ist,
- die Verdauung angekurbelt wird,
- die Muskeln entspannt sind,
- der Organismus sich regeneriert,
- die Blutgefäße in den Sexualorganen besser durchblutet werden und so die Sexualfunktion ermöglicht wird.

Der Parasympathikus – oft als „Ruhenerv“ bezeichnet – unterliegt nicht der Steuerung des menschlichen Willens und des Bewusstseins, dennoch kann er durch autogenes Training beeinflusst werden. Wie, das lernen wir jetzt später. Fest steht – im Zustand der Gelassenheit, also wenn eine gewisse innere Ruhe und Ausgeglichenheit im Körper herrscht, lebt man gesünder, man kann klarer denken, unsere Sinne nehmen Dinge besser wahr und die Laune gelassener Menschen ist besser.

Warum uns Stress so krank macht

In unserem Leben wechseln sich Anspannung und Entspannung ab. Ein gewisses Maß an Stress braucht der Mensch. Das fördert die (körperliche und geistige) Leistung. Sowohl Unter- als auch Überforderung sind nicht fördernd für die Leistungsfähigkeit der Menschen. Am leistungsfähigsten sind wir Menschen, wenn ein mittleres Maß an Anspannung vorliegt. Ist die Aktivierung durch Stress zu niedrig, so bleibt der betreffende Mensch unter seinen Möglichkeiten zurück, ist der Stresslevel zu hoch, dann sinkt die Leistung des Menschen wieder ab. Bei welchem Stresslevel die persönliche Höchstleistung ist, das ist ganz unterschiedlich, denn jeder Mensch empfindet Stress auch unterschiedlich und reagiert in Stresssituationen anders.

Bei Stresssituationen ist es entscheidend, dass es danach immer wieder zur Entspannung kommt, damit die Stresshormone wieder abgebaut werden können und der Körper so wieder zur Ruhe kommt. Sind diese Ruhephasen zu kurz, dann kommt es zu dauerhaftem Stress. Der Hormonspiegel steigt, da die Hormone nicht abgebaut werden, was sich auch auf den Körper und die Gesundheit auswirkt. Das Immunsystem ist gehemmt, der Verdauungsapparat und die Geschlechtsdrüsen funktionieren nicht mehr richtig und die Regenerations- und Zellwachstumsprozesse werden gehemmt. Zuerst haben wir dann Verspannungen wie etwa Rücken- und Kopfschmerzen. Schließlich gerät die Verdauung durcheinander, was zu Sodbrennen, Magenschmerzen, Durchfall und Blähungen führen kann. Es folgen Ess- und Schlafstörungen und andere nervöse Beschwerden, wie Zähneknirschen in der Nacht, Stimmungsschwankungen und Konzentrationsstörungen oder gar Depressionen. Am Ende führt Stress zu Herz-Kreislauf- und Nervenerkrankungen, Allergien, Stoffwechselstörungen, zu chronischen Entzündungsbeschwerden und Burn-out-Leiden.

Unter dem Begriff „Stress" verstehen wir im Alltag alles, was uns im negativen Sinn belastet. Im wissenschaftlichen Sinne ist Stress eine bestimmte Reaktion des Körpers, die dazu führen soll, dass wir Menschen in kritischen Situationen auf Kampf und Flucht umschalten. Dies ist sowohl bei Menschen als auch bei Tieren so, denn dies sicherte in früheren Zeiten das Überleben. Aber diese Form von Stress sollte nie ein Dauerzustand sein, da dies dann krank macht.

Heute nimmt man an, dass besonders die subjektive Bewertung einer Situation ausschlaggebend für die Entstehung von Stress ist. Stress entwickelt sich also nicht in der Situation, sondern entsteht im Kopf. Um dies zu verstehen, ist das Modell des amerikanischen Psychologen Richard Lazarus von 1974 sehr hilfreich. Man bewertet nach diesem Modell zuerst einmal die Situation, in der man gerade ist. Hat sie keine Bedeutung oder ist sie positiv bzw. angenehm, so braucht man sich nicht anpassen. Man kann die Situation entweder ignorieren oder einfach genießen.

Gibt das Gehirn aber das Signal, dass die Situation potentiell gefährlich ist, so suchen wir in Bruchteilen von Sekunden nach Möglichkeiten, diese zu beseitigen bzw. aus der Situation herauszukommen. Man fragt sich: Wie sieht es mit meinen materiellen, sozialen, psychologischen und körperlichen Ressourcen aus? Kann ich die Situation damit entschärfen? Besonders wichtig ist dabei auch die Erwartung der Selbstwirksamkeit des Menschen – also die Antwort auf die Frage, ob man es sich zutraut oder nicht, die schwierige und unangenehme Situation selbst zu beenden bzw. in der Situation Einfluss auf den Verlauf der Dinge nehmen zu können.

Je nachdem, wie die Situation dann bewertet wird, ist es entweder positiver Stress, auch Eustress genannt (Diese Herausforderung schaffe ich locker!) oder eben negativer Stress, auch Dystress genannt (Die Situation kann ich nicht ändern, ich habe keinen Handlungsspielraum und schaffe das nicht!). Dies kann bei einem positiven Verlauf eine Art „Kompetenzkreislauf" hervorrufen. Bei ähnlichen Herausforderungen reagiert man dann mit einem ähnlichen Muster. Im negativen Fall führt es dazu, dass man sich hilflos fühlt. Hier einmal das Bewertungsmodell von Richard Lazarus in einem Schaubild zusammengefasst:

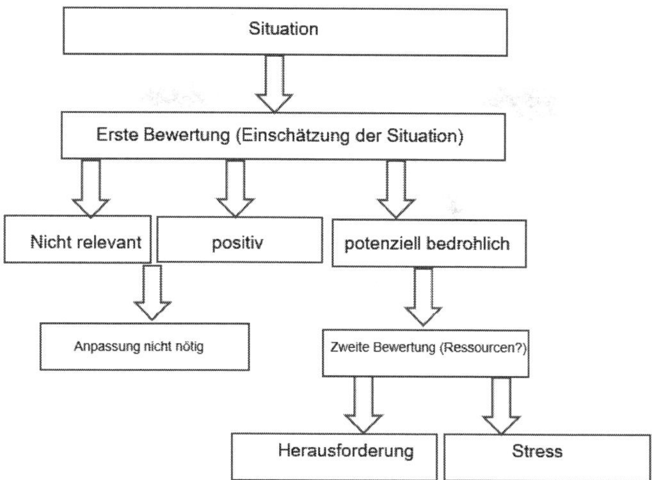

Umgang mit dem Kopfkino bei Stress
Stellen Sie sich einmal eine Situation vor, die für Sie stressig ist. Machen Sie sich einmal bewusst, was Sie genau denken, wenn Sie unter Stress stehen. Sicher denken Sie dann, „Das macht mich fertig!“, „O nein, nicht schon wieder!“, oder so ähnlich. Jetzt fragen Sie sich einmal bewusst:

- Was passiert hier gerade?
- Was genau ist für mich hier unangenehm und stressig?
- War ich schon einmal in einer solchen oder einer vergleichbaren Situation?
- Wenn mir die Situation bekannt ist: Wie habe ich dann reagiert und wie ist die Situation ausgegangen?
- Was kann ich aus der Situation lernen, damit ich den gleichen „Fehler“ nicht noch einmal mache.
- Habe ich nun andere Ressourcen, kann ich mir Unterstützung und Hilfe holen?
- Welche anderen Handlungsmöglichkeiten habe ich noch in einer solchen Situation?

Indem Sie darüber nachdenken, durchbrechen Sie den „antrainierten“ Stresskreislauf und Sie können besser darüber nachdenken, welche Handlungsmöglichkeiten Sie sonst noch haben. Sie begeben sich dadurch sozusagen in die Vogelperspektive. Die Wahrscheinlichkeit ist sehr groß, dass Sie in einer solchen Situation dann viel gelassener sind und sich der Situation auch besser gewachsen fühlen.

Diese beim Durchbrechen der unreflektierten Gedanken- und Verhaltensmuster neu gewonnene Distanz zu der empfundenen Situation erlaubt Ihnen einen viel größeren Überblick.

Auf die Warnsignale des Körpers hören

Wie schon in dem Buch festgestellt wurde, braucht jeder Mensch ein gewissen Stresslevel, damit er leistungsfähig bleibt. Es wird aber problematisch, wenn Unausgewogenheit und Stress nicht durch Ruhephasen ausgeglichen werden. Unter dauerhaftem Stress geht der Hormonspiegel des Körpers nicht herunter, die Hormone bleiben dadurch im Blut und halten die Stressreaktion des Körpers (Kampf und Flucht) aufrecht. Dies hat zur Folge, dass die körperlichen und geistigen Kraftreserven des Körpers aufgebraucht werden. Es ist nicht mehr möglich, abzuschalten, und der Körper steht ständig unter Strom. Dies wirkt sich dann auch auf die Gesundheit aus und kann zu

- Magen-Darm-Erkrankungen,
- Herz-Kreislauf-Beschwerden,
- Anfälligkeit für Infekte,
- Schlafstörungen,
- Depressionen und Burn-out

führen. Auf diese Körpersignale sollten Sie hören, denn es zeigt Ihnen, dass Sie doch anders mit Ihrem Körper umgehen sollen.

– Erste, frühe Symptome bei Stress –

Oft bemerkt man gerade am Anfang nicht, dass bestimmte körperliche Leiden auf Stress zurückzuführen sind. Wenn man sich einfach nur schlapp und ausgezerrt fühlt, denkt man vielleicht erst einmal an eine Erkältung. Kopfschmerzen könnten von der Menstruation kommen oder Probleme mit der Verdauung durch „falsches" Essen. Oft kann dies sogar zutreffen, aber in nicht wenigen Fällen ist dies auch auf Stress zurückzuführen.

Unser Körper sendet uns schon recht früh Warnsignale. So deuten z. B. Muskelanspannungen und die Schmerzen auf Stress hin. Auch andere sogenannte „Ticks" können auf Stress hindeuten: Ziehen Sie beispielsweise die Schultern hoch bis zu den Ohren? Klappern Sie ungeduldig mit dem Stift auf den Tisch? Beißen Sie die Zähne dauerhaft zusammen? Knirschen Sie in der Nacht mit den Zähnen und wachen mit Kaumuskelkater auf? Ballen Sie Ihre Hände zu Fäusten? Verschränken Sie Ihre Arme und lassen Sie nicht mehr los? Spannen Sie Ihre Fußmuskeln an? Sitzen Sie verkrampft und schlagen dabei die Füße übereinander? Oder machen Sie eventuell sogar einen Knoten in die Beine? Wenn Sie diese Signale frühzeitig erkennen und dann eventuell Entspannungsübungen machen, dann schaffen Sie es wahrscheinlich, schneller aus der Stressspirale herauszukommen.

– Späte Symptome bei Stress –

Immer dann, wenn Sie Infekte einfach nicht loswerden, wenn Sie nachts kaum oder gar nicht mehr schlafen können, wenn Ihre Haut juckt, rot oder schuppig ist, wenn Sie einfach keinen Antrieb haben und sich niedergeschlagen fühlen, sollten Sie daran denken, dass dies durch Stress ausgelöst sein könnte. Sie sollten natürlich andere körperliche Ursachen von Ihrem Arzt ausschließen lassen. Findet der aber keine Ursachen, kommen die Symptome wahrscheinlich vom Stress.

Nehmen Sie die Beschwerden auf jeden Fall ernst, denn je früher Sie die Stresskaskade unterbrechen, desto einfacher ist es, gelassener zu werden. Versuchen Sie, zu verstehen, was da in Ihrem Körper vor sich geht. Das können Sie schon an der Sprache feststellen, wie etwa:

- Kopfscherzen: Ich bekomme den Kopf nicht frei.
- Atemnot: Der Stress schnürt mir die Kehle zu/die Luft ab.
- Herzrhythmusstörungen: Das nehme ich mir sehr zu Herzen.
- Verdauungsprobleme: Der Stress schlägt mir auf den Magen.
- Kreislaufprobleme: Der Stress haut mich um.
- Bluthochdruck: Das bringt mich auf die Palme.
- Übelkeit: Das finde ich zum Kotzen.
- Hautjucken und Ausschlag: Ich fühle mich nicht wohl in meiner Haut.
- Probleme beim Wasserlassen: Der Stress geht mir an die Nieren.
- Niedergeschlagenheit, Stimmungsschwankungen: Mich zieht die ganze Situation runter.

Wie können wir dem aber durch Gelassenheit vorbeugen?

Gelassenheit zum Vorbeugen von Stress
Stress bewältigen wir auf insgesamt vier unterschiedlichen Ebenen.

1. Die Ebene der Situation, die den Stress auslöst: Damit Stress hier nicht weiter entsteht, muss der Entstehung entgegengewirkt werden.

2. Ebene der Gefühle und Gedanken: Um Stress zu minimieren, müssen hier kurzfristig die Gedanken verändert werden, die zu Stress führen. Langfristig gilt es, stressverstärkende Gedankenmuster zu verändern und Gefühle wie Wut und Ärger angemessen zu äußern, ohne anderen dabei weh zu tun.

3. Körperliche Ebene: Regelmäßige Bewegung, Hobbies, die Spaß machen, und Schlaf führen auch zu weniger Stress. Auch Entspannungsübungen können bei der Stressbewältigung helfen.

4. Ressourcenebene: Seien Sie sich Ihrer Ressourcen bewusst, pflegen Sie Ihre Kontakte, sorgen Sie für mehr Lebensqualität, nehmen Sie Hilfe an und sorgen Sie für eine gute Work-Life-Balance. Das wird Ihnen helfen, Stress zu bewältigen.

Damit stressige Situationen „entschärft" werden, sollten Sie die betreffenden Situationen gut analysieren und versuchen, andere Handelsalternativen zu finden. Sicher fallen Ihnen auch spontan sehr viele Situationen ein, bei denen Sie unter Druck geraten und sich gestresst fühlen. Denken Sie einmal genau darüber nach und überlegen Sie sich, warum genau diese Situation bei Ihnen Stress auslöst. Vielleicht ist es der Zeitdruck? Dann könnte ein alternatives Zeitmanagement helfen, den Stress zu minimieren. Sind vielleicht andere Menschen an der Entstehung von Stress beteiligt? Dann könnte es helfen, die offenen oder unterschwelligen Konflikte mit diesen Menschen zu klären. Vielleicht sind Ihnen bestimmte Situationen peinlich und lösen daher bei Ihnen Stress aus? Dann könnte es helfen, genau diese Situation in Zukunft zu vermeiden.

Stress bewältigen bedeutet auch, Gefühle und Gedanken in stressigen Situationen in Worte zu fassen und die Situation, wenn möglich, zu verändern. Kann man die Situation nicht unmittelbar verändern, dann aber doch wenigstens die Wahrnehmung und Bewertung der Situation. Fragen wie, „Wie würde ich in einem Jahr darüber denken?", „Was wäre das Schlimmste, was mir passieren kann?", oder, „Wie könnte ein Unbeteiligter die Situation einschätzen?", helfen dabei, das stressauslösende Geschehen in ein anderes Licht zu rücken. Man nennt dieses Umdeuten von Situationen „Reframing". In diesem Buch wird uns das noch begleiten. Manchmal reicht es auch schon, seine Gefühle einfach mal zum Ausdruck zu bringen und laut loszuschreien (das muss ja nicht vor anderen sein...). Dies kann unter Umständen den Stress schon sehr mindern. Körperliche und geistige Übungen und das Erkennen und Bewusstwerden der eigenen Ressourcen bewirken ein Übriges.

– Gelassenheit macht sich im Körper bemerkbar –

Je gelassener man ist, desto weniger Stress empfindet man im Leben. Wenn man Herausforderungen gelassen meistern kann, können alle Ressourcen und Handlungsmöglichkeiten gut abgerufen werden und man erlebt mehr Eustress als Dysstress. Die Entspannung ist eines der Hauptmerkmale der gelassenen Lebenseinstellung. Diese Entspannung sorgt gemeinsam mit der gesunden Anspannung dafür, dass man körperlich gesund bleibt. Denn der menschliche Organismus regeneriert sich in den Phasen der Entspannung: Krankheitserreger werden vom Immunsystem bekämpft und krankhaft veränderte Zellen im Körper werden ausfindig gemacht und abgetötet. Stoffwechselprozesse verlaufen ohne Störung, so dass alle Körperzellen genug Sauerstoff und Energie zur Verfügung haben. Der Hormonhaushalt ist im Gleichgewicht, so dass Wachstumsprozesse ungestört ablaufen können.

Ist der Körper angespannt, so kann kaum Sex stattfinden. Im entspannten Zustand jedoch werden die Geschlechtsorgane gut durchblutet und befriedigender Sex ist möglich. Dies führt dazu, dass man wieder viel gelassener ist.

– Im Kopf beginnt Gelassenheit! –

Im Zustand der Alarmbereitschaft arbeitet die Großhirnrinde, die für unser bewusstes Denken verantwortlich ist, im menschlichen Gehirn auf Hochtouren. Dies ist schon sinnvoll, schließlich soll es ja zur Flucht- und Kampfreaktion kommen. Diese Reaktionen im Körper verlaufen instinktiv, also quasi im Unterbewusstsein. Dabei würde Denken nur stören und die Reaktionen auf die Gefahrensituation verzögern.

Ist man entspannt, so ist konstruktives und reflektierendes Denken möglich und auch sinnvoll. Gelassenheit wirkt also nicht nur auf den Körper, sondern auch auf den Kopf, also auf das Denken und die Verarbeitung aller Sinneseindrücke. Nur wer gelassen ist, hat gute Ideen, kann Situationen analysieren und Handlungsmöglichkeiten gegeneinander abwägen. Wer denkt, braucht Ruhe und Zeit!

Auch unsere Emotionen sind abhängig vom Anspannungsgrad des Körpers. Wer gelassen ist, ist positiver gestimmt, ha mehr Humor und ist beziehungs- und bindungsfähiger. Dadurch werden die eigenen sozialen und emotionalen Ressourcen gefördert, was den Dysstress mindert.

GELASSENHEIT UND IHRE EIGENE PERSÖNLICHKEIT

Wie Menschen mit Stress umgehen, hängt sehr von der Persönlichkeit ab. Introvertierte Menschen richten Druck eher nach innen und implodieren, wenn der Druck zu groß wird, d. h., sie zerbrechen innerlich an dem Stress. Extrovertierte Menschen geben den Druck eher nach außen ab und können sehr schnell explodieren.

Es ist nicht immer leicht, Menschen verschiedene Persönlichkeitsmerkmale zuzuordnen, und meist wird dabei sehr vereinfacht. In der Umgangssprache gibt es aber sehr viele Gegensatzpaare, mit denen man Menschen in „Schulbladen“ einteilt, wie etwa:

- ✓ temperamentvoll und ruhig
- ✓ unempfindlich und sensibel
- ✓ mutig und feige
- ✓ risikofreudig und sicherheitsliebend
- ✓ extrovertiert und introvertiert
- ✓ unternehmungslustig und abwartend

All diese Eigenschaften sollen Menschen beschreiben und ihre Reaktionen eher vorhersehbar machen. Für die Gelassenheit macht es einen großen Unterscheid, ob ein Mensch introvertiert oder extrovertiert ist, denn introvertierte Menschen gehen mit Spannung und Druck ganz anders um als extrovertierte Persönlichkeiten.

Extrovertiert versus introvertiert

Introversion und Extroversion kann man als Endpunkte auf einer Skala sehen, auf der sich Persönlichkeiten einordnen lassen. Es gibt aber in der Realität kaum einen Menschen, der nur und in jeder Lebenssituation extrovertiert oder nur introvertiert ist. Allerdings hat jeder Mensch introvertierte und extrovertierte Anteile seiner Persönlichkeit, wobei die Ausprägung der einzelnen Anteile ganz verschieden sein kann. In den meisten Fällen überwiegt dann doch recht eindeutig der introvertierte oder der extrovertierte Anteil.

Carl Gustav Jung prägte 1921 die Einteilung der Persönlichkeitsmerkmale in Intro- und Extroversion. Demzufolge unterscheiden sich die Persönlichkeiten vor allem in der Art der Energiegewinnung. Um die „inneren Batterien“ zu laden, brauchen introvertierte Menschen eher Ruhe und Einsamkeit, während extrovertierte Menschen eher den Kontakt zu anderen Menschen brauchen. Im sozialen Austausch benötigen introvertierte Menschen also zusätzliche Energie, während extrovertierte Menschen dadurch mehr Energie erhalten.

Untersuchungen zeigten, dass bei introvertierten Menschen und bei extrovertierten Menschen die Konzentration der Botenstoffe unterschiedlich groß ist. Bei introvertierten Menschen überwiegt der Botenstoff Acetylcholin, das für Gedächtnis, Konzentration und Lernen zuständig ist und das vor allem unseren Ruhenerv, den Parasympathikus, zur Übertragung der Signale nutzt. Bei extrovertierten Menschen ist der Botenstoff Dopamin in einer höheren Konzentration vorhanden, der für Neugier, motorischen Antrieb, Erwartung einer Belohnung und Suche nach Abwechslung steht. Dies beeinflusst die Kommunikation:

Introvertierte Menschen legen mehr Wert auf genaueres Hinsehen und Hinhören, bevor sie irgendwie handeln. Sie denken lieber erst nach, sind selten offensiv und vermeiden Konflikte. Extrovertierte Menschen dagegen empfinden intensiver Gefühle wie Freude, Überschwang, Euphorie und Aufregung, sie haben in der Regel eine Kämpfernatur und nehmen eher Risiken in Kauf. Vor Publikum fühlen sie sich wohl.

Sowohl die Gene als auch die Umwelt bestimmen die Persönlichkeit eines Menschen. Ob jemand also eher in sich gekehrt und ruhig oder eher kontaktfreudig und nach außen orientiert ist, hängt sowohl von den Umweltfaktoren als auch von der genetischen Ausstattung ab. Auch die Kultur, in der ein Mensch lebt, beeinflusst seine Persönlichkeit.

Die Gene steuern den Hirnstoffwechsel und somit also auch die Hormone, die Sympathikus und sein Gegenspieler Parasympathikus benötigen. Sie bestimmen das Gleichgewicht zwischen dem Ruhe- und dem Aktivitätsnerv. Überwiegt die Aktivität des Sympathikus, ist der Mensch extrovertiert, überwiegt die Aktivität des Parasympathikus, ist er introvertiert.

– Extrovertierte Menschen: Action gefällig! –

Extrovertierten Menschen fallen Small Talk mit fremden Menschen, das Knüpfen neuer Kontakte, angeregte Gespräche, Reden vor vielen Menschen und rasche Entscheidungen leicht. Sie laden dadurch sogar ihre Inneren Akkus auf und haben Freude daran, im Mittelpunkt zu stehen. Extrovertierte Menschen fühlen sich nur in Gegenwart anderer Menschen wohl und entspannen nur dann, wenn um sie herum viel los ist. Bei lauten Konzerten, großen Partys und Unternehmungen mit viel Action fühlen sich extrovertierte Menschen wohl. Auch Risikosportarten sind bei extrovertierten Menschen sehr beliebt.

Extrovertierte gelten in unserer Gesellschaft eher als „Macher" und Menschen, die gerne im Mittelpunkt stehen. Sie vertreten ihre Interessen mit allen Mitteln. Nach außen hin können diese Menschen aufdringlich, laut, distanzlos und übergriffig wirken. Introvertierte Menschen langweilen einen Menschen mit extrovertierter Persönlichkeit meist schnell. Natürlich brauchen auch extrovertierte Menschen ihre Ruhe, ganz besonders im Alter, wenn Menschen sowieso gemächlicher und ruhiger sind.

Wenn extrovertierte Menschen Druck verspüren, dann machen sie diesem meist gut nach außen sichtbar und hörbar Luft. Extrovertierte Menschen benötigen Gefühlsäußerungen, plötzliche Ausbrüche und dramatische Stimmungen. Oft regen sie sich aber auch schnell wieder ab und vergessen, worüber sie sich aufgeregt haben.

– Introvertierte Menschen: Möglichst viel Ruhe! –

Introvertierte Menschen haben eher ruhigere Aktivitäten. Gespräche führen sie lieber mit nur einem Gegenüber. Ihre Zeit verbringen diese Menschen lieber mit sich selbst oder in kleiner Runde mit ihnen bekannten Menschen. Ihre Hobbies sind meist Angeln, Lesen, Wandern, Basteln oder Musizieren. Viele Reize empfinden sie als belastend und oft sogar als überfordernd. Diese Menschen haben jedoch ein reiches Innenleben und können sich sehr gut in andere Menschen hineinversetzen. Dingen gehen sie gerne ganz gezielt auf den Grund. Nach außen kann dies eigenbrötlerisch, langweilig, verschlossen oder sogar egozentrisch wirken. Von extrovertierten Menschen fühlen sie sich oft eingeschüchtert, überfahren und bedrängt.

Unter Druck ziehen sich introvertierte Menschen eher zurück, fressen Frustrationen in sich hinein und machen möglichst alles mit sich selbst aus. Zwischenmenschliche Auseinandersetzungen versuchen diese Menschen, tunlichst zu meiden, und bei einem lauten Krach leiden sie sehr. Kränkungen vergeben sie vielleicht, vergessen sie aber nicht.

– Zentrovertierte Menschen: Die goldene Mitte! –

Meist überwiegt schon die introvertierte oder die extrovertierte Persönlichkeit, manche Menschen liegen auf der Skala mit den Endpunkten „introvertiert“ und „extrovertiert“ aber genau in der Mitte. Diese Menschen kann man „zentrovertiert“ nennen. Druck verarbeiten sie mal mit Angriff und mal mit Rückzug, je nach Situation. Wohl fühlen sie sich sowohl in großen als auch in kleinen Gruppen. Bei Konflikten sind diese Persönlichkeiten meist der Vermittler zwischen introvertierten und extrovertierten Menschen, denn sie können sich in beide Persönlichkeiten hineinversetzen.

Welche Persönlichkeit sind Sie?

Der größte Unterschied zwischen intro- und extrovertierten Menschen ist der, wodurch sie ihre Kraft schöpfen. Auch die Reizverarbeitungsmechanismen sind bei introvertierten und extrovertierten Menschen ganz unterschiedlich. Außerdem fühlen sie sich unterschiedlich wohl in bestimmten sozialen Konstellationen. In welche Richtung sie tendieren, können sie mit diesen Schlüsselfragen herausfinden.

1. Wie geht es Ihnen, wenn um Sie herum sehr viel los ist (laute Musik, Stimmengewirr, bunte Farben, grelles Licht, fröhliches Chaos)? Ist es Ihnen schnell zu viel (introvertiert) oder fühlen Sie sich dann eher wohl (extrovertiert)?

2. Was benötigen Sie, damit Sie wirklich entspannen können? Alleinsein, Ruhe und Schlaf (introvertiert) oder Anregung, Abwechslung, Kommunikation und Bewegung (extrovertiert)?

3. Wie treffen Sie Entscheidungen? Sammeln Sie so viele Informationen wie möglich, überlegen Sie gründlich und entscheiden Sie erst nach Abwägung aller Möglichkeiten (introvertiert) oder entscheiden Sie eher aus dem Bauchgefühl heraus (extrovertiert)?

4. Wie fühlen Sie sich bei Menschenansammlungen, besonders, wenn Sie niemanden kennen und reden sollen? Meiden Sie solche Situationen und finden Sie diese schwer erträglich (introvertiert)? Oder gehen Sie eher auf Menschen zu und sprechen sie an, knüpfen leicht neue Kontakte und suchen das Rampenlicht (extrovertiert)?

Unter www.intros-extros.com/online-test/ finden Sie einen detaillierteren Test, um Ihre Persönlichkeit zu bestimmen. Für das Erreichen von Gelassenheit kann dies entscheidend sein.

Gelassenheit bei extrovertierten Personen: Öfter mal loslassen statt explodieren!

Gelassenheit bei extrovertierten Personen bedeutet loslassen statt explodieren! Extrovertierte Menschen orientieren sich nach außen. Regelmäßiger Austausch mit anderen Menschen ist für sie wichtig, denn daraus ziehen sie ihre Kraft. Sie benötigen Abwechslung und ihre Hobbies sind eher mit Aktion geladen. Stehen diese Menschen unter Druck und empfinden unerträglichen Stress, so entladen sie diesen ebenfalls nach außen hin. Sie brüllen, toben, laufen rot an, knallen Türen, werfen Gegenstände usw. Kurz: Sie explodieren, und in diesem Fall geht man extrovertierten Menschen besser aus dem Weg und lässt sie sich austoben.

Denn es dauert meist nicht lange und der extrovertierte Mensch hat sich beruhigt, er hat einmal tief durchgeatmet und geht wieder gerne auf andere Menschen zu. Oft haben extrovertierte Menschen dann sogar vergessen, warum sie so zornig waren und was sie gerade so aufgeregt hat, denn der Druck ist ja weg. Aber im Zorn wird gerne Porzellan zerschlagen, was so schnell nicht wieder repariert werden kann. Introvertierten Menschen fällt es oft sehr schwer, diese Gefühlsausbrüche zu akzeptieren, sie fühlen sich von der „Druckentladung“ einfach nur überfordert. Aber auch die Gesundheit der extrovertierten Menschen leidet: So leiden sie z. B. oft an Bluthochdruck.

Wichtig ist für extrovertierte Menschen, die gelassener sein möchten, die Situationen herauszufinden und zu analysieren, wo sich der Druck entlädt. Sind Sie eher extrovertiert, fragen Sie sich:

- *Was reizt mich besonders?*
- *Mit welchen körperlichen oder seelischen Reaktionen kündigt sich solch eine „Druckexplosion“ an? Wie merke ich das?*
- *Welche Menschen bringen mich auf die Palme und womit?*
- *Woran erkenne ich, wann es quasi kein Zurück mehr gibt und ich einfach explodiere? Wann ist bei mir dieser „Point of no Return“ erreicht?*

Es kann hier helfen, eine Tabelle – wie oben im Buch schon einmal aufgelistet – zu führen oder noch besser ein „Wut-Tagebuch“ zu führen und mit etwas Distanz dann darüber nachzudenken, was Sie in dieses Tagebuch geschrieben haben. So finden Sie leicht Antworten auf diese Fragen.

Auch extrovertierte Menschen brauchen Ruhepausen und es gestaltet sich mitunter sehr schwer, diese gut und passend auszufüllen. Denn oftmals überschreiten extrovertierte Menschen ihre Grenzen und merken nicht, dass sie eigentlich eine Ruhepause benötigen. Loslassen ist für sie schwer, denn es gibt ihnen den Kick, den sie brauchen, um das Leben spannend zu gestalten. Allerdings ist das Loslassen hier gerade der Schlüssel zur Gelassenheit und auf lange Sicht ist das ständige Explodieren doch ein hoher Preis für das bisschen Spannung.

Gelassenheit bei introvertierten Personen: Öfter mal loslassen statt implodieren!
Introvertierte Menschen orientieren sich nach innen („intro“). Sie horchen in sich hinein und beschäftigen sich auch gerne und intensiv mit ihren eigenen Gedanken. Reden tun sie erst dann, wenn sie sich sicher sind, was sie sagen wollen. Lieber arbeiten sie allein als in Teams und hören gerne zu. Wenn sie sich in einem geschützten Raum befinden, geht es ihnen gut. Sie brauchen ein sicheres und angenehmes Gefühl und viel Ruhe. Unter Druck werden sie unsicher, nervös und befangen. Angriffe nehmen sie gleich persönlich und mit Kritik und Konflikten können sie nicht gut umgehen. Introvertierte Persönlichkeiten reagieren oft passiv und suchen weniger Klärung oder Konfrontation. Konflikte leugnen sie und ziehen sich zurück. Wenn es hart auf hart kommt, bekommen introvertierte Menschen ein regelrechtes Blackout. Sie nehmen dann kaum mehr wahr, was um sie geschieht. Zwischenmenschliche Beziehungen können darunter sehr leiden, da das Umfeld meist gar nicht mitbekommt, dass diese Menschen so gekränkt sind. Die

gesundheitlichen Folgen für den introvertierten Menschen sind meist Depressionen oder Schlafstörungen.

Der richtige Umgang mit Rückzug oder Flucht bei introvertierten Persönlichkeiten:

Nach außen hin wirken introvertierte Menschen oft viel gelassener, als sie eigentlich sind. Einfach nur, weil sie ruhiger sind. Aber introvertierte Menschen sind sensibel und spüren natürlich die Anspannung und wollen damit umgehen können.

Introvertierte Menschen, die Gelassenheit lernen wollen, sollten sich diese Fragen stellen:

- *Wovor genau habe ich bei Konflikten Angst und was würde im allerschlimmsten Fall passieren?*
- *Was fühle ich im Moment und kann ich diese Gefühle auch zulassen?*
- *Fokussiere ich mich vielleicht zu sehr auf ein Detail (etwa auf eine kritische Bemerkung eines Kollegen) und verliere dabei das Wesentliche aus den Augen? War es vielleicht nur konstruktive Kritik, die mir helfen soll, mich und meine Leistung zu verbessern?*
- *Was sind die Auswirkungen meiner Konfliktvermeidung? Sind die Folgen auf lange Sicht gesehen sogar schlimmer, als einen kleinen Konflikt auszutragen?*

Um ihre Ängste, Gefühle und Kränkungen zu äußern, brauchen introvertierte Menschen viel Sicherheit. Aber unser Miteinander funktioniert leider nicht, ohne dass wir uns gegenseitig öffnen. Haben Sie – wenn Sie eine introvertierte Persönlichkeit haben – etwas Mut, mehr Selbstvertrauen fördert die Gelassenheit und das sollten Sie so oft es geht stärken. Machen Sie sich bewusst, dass Sie Stärken haben, und setzen Sie diese mit Bedacht ein.

Als introvertierter Mensch ist es wichtig, den Blick nach außen zu richten, auch wenn man sich eigentlich selbst genug ist. Um gelassener zu werden, ist dies für introvertierte Menschen unvermeidlich. Sie müssen lernen, Konflikte zu akzeptieren (es gibt sie eben – na und?) und auszutragen. Dies in der gewohnten ruhigen Weise zu tun, kann für die Außenwelt sehr hilfreich und konfliktschlichtend sein. Extrovertierte Menschen kommen dadurch leichter zur Ruhe und schaffen es, einen Konflikt besser zu thematisieren, was beiden am Konflikt beteiligten Seiten hilft, ihn besser zu lösen.

WIE SIE IHRE PERSÖNLICHE HALTUNG ÄNDERN UND GELASSEN REAGIEREN

Gelassenheit ist eine Lebenseinstellung, ja, sogar eine Grundhaltung. Es bedeutet, Menschen leben zu lassen, Dinge geschehen zu lassen, seinen eigenen Weg zu gehen und sich nicht (für andere) zu verbiegen oder sogar sich brechen zu lassen. Dazu muss man sehr gut seine eigenen Werte kennen und in ihnen verankert sein. Auch Flexibilität ist von Nöten und ein uneingeschränkter Blick auf schwierige Situationen.

Hat man einmal diese Lebenseinstellung, ist der Lohn groß: Gelöstheit, Entspanntheit, Heiterkeit und Gesundheit. Bei vielen Situationen kann durch eine andere Sichtweise Stress abgebaut werden. Daher ist es wichtig, Situationen umzudeuten, um gelassener zu werden. Darum geht es in diesem Abschnitt.

In angespannten Situationen einen kühlen Blick behalten
Jede einzelne Situation im Leben kann auf eine ganz unterschiedliche Weise interpretiert und genutzt werden. Wenn eine Situation Sie bisher besonders gestresst hat, sollten Sie diese besonders betrachten, damit sie künftig entschärft ist.

Ein Beispiel: Frau Schneider muss zu einer dienstlichen Besprechung, ist aber aufgrund des Verkehrs viel zu spät dran und findet schließlich keinen Parkplatz, so dass sie mehrfach um den Block fahren muss. Dann muss sie ganz schnell zur Besprechung, das Handy schon in der Hand, das ihr dann auch noch auf den Boden fällt und so beschädigt wird, dass es nicht mehr funktioniert. Völlig aufgelöst kommt sie bei der Besprechung an und bekommt überhaupt nichts mit. Die Aufgaben, die ihr übertragen werden, nimmt sie kritiklos an, obwohl sie diese und die dafür benötigten Kontakte und Nummern noch nicht mal auf dem Smartphone speichern kann. Dem Chef wird dies sicherlich nicht gefallen! Frau Schneider würde am liebsten vor eine Eisenbahn rennen...

Manche privaten und beruflichen Situationen bringen auch die ruhigsten Menschen auf die Palme. Besonders mit dem Wissen, dass alles noch viel schlimmer kommen kann. Frau Schneider muss sich hier mit dem Chef auseinandersetzen, die gespeicherten Daten wieder besorgen bzw. das Handy reparieren lassen und die übernommene Arbeit erledigen. Da wäre sie an dem Tag am besten wohl gar nicht aufgestanden. Um in solchen Situationen gelassener zu sein, sollten Sie sich immer diese Fragen stellen:

- Wie habe ich selbst die Situation erlebt und sie bewertet? Was habe ich dabei empfunden?
- Wo habe ich bei der Situation etwas ändern können?
- Wie gehe ich mit den Konsequenzen der Situation um?
- Kann ich ähnliche Situationen besser oder anders gestalten?
- Kann ich der Situation auch positive Aspekte abgewinnen bzw. etwas aus der Situation lernen?

Frau Schneider hat sich hier sicher irgendwie als Opfer gefühlt, es scheint, als hätte sich die ganze Welt gegen sie verschworen und sie muss machtlos zusehen. Natürlich ist sie nicht vor die Bahn gerannt, aber ihre Reaktion ist verständlich.

Die Selbstwirksamkeitserwartung ist eine sehr wichtige Ressource im Leben. Man fragt sich: Wie gehe ich mit Hindernissen und Konflikten um? Wie überwinde ich Schwierigkeiten? Ein Kernsatz lautet: „Was auch immer passiert, ich werde zurechtkommen!“

– Analyse der Situation und über Handlungsalternativen nachdenken –

Die Analyse der Situation soll nicht anderen oder sich selbst Schuld zuweisen. Es geht dabei auch nicht darum, sich selbst im Nachhinein kluge Ratschläge zu geben, frei nach dem Motto, „Ach hätte ich doch...“. Denn die Situation kann man ja nicht mehr ändern. Aber man kann sich fragen, ob es andere Reaktionsmöglichkeiten auf die Situation gegeben hätte und was dann passiert wäre.

Denken Sie noch einmal an Frau Schneider: Sie hatte die Opferrolle schon auf dem Weg zur Besprechung eingenommen. Sie hätte es da schon darauf ankommen lassen können und anrufen können, dass sie sich wahrscheinlich etwas verspätet. Das hätte die Situation entschärft. Sie hätte aber auch früher losfahren können und einen Puffer in ihren Zeitplan einbauen können. Da sind also schon zwei andere Handlungsmöglichkeiten, die sie beim nächsten Mal anwenden könnte. Aus dieser Situation kann sie also trotz der misslichen Lage viel lernen.

Aufgrund des Zeitdrucks und in der Hoffnung, doch noch pünktlich zu sein, hat Frau Schneider das Handy aus der Freisprechanlage gezogen und in die Hand genommen. In der anderen Hand hatte sie die Aktentasche. Sie hätte das Handy auch in die Aktentasche stecken können. Das wäre eine Zeitinvestition von wenigen Sekunden gewesen, die sich aber gelohnt hätte und was ihr Ärger und ein kaputtes Smartphone erspart hätte. Sie hätte einfach aus dem Auto steigen, einmal kurz durchatmen und das Smartphone in die Tasche packen können. Die anderen Teilnehmer wussten ja, dass sie noch kommt.

Tipp: Tief durchatmen kann in jeder Situation sehr hilfreich sein. Sich einfach einmal ein, zwei Sekunden auf die Atmung zu konzentrieren ist eine wunderbare Übung zur Gelassenheit. Es schützt auch vor vorschnellen Antworten, Fragen, Kritik, Anschuldigungen und Vorwürfen.

Es ist sicher dennoch für fast jeden Menschen eine Herausforderung, zu akzeptieren, dass das Smartphone hingefallen und beschädigt ist. Aber was kann man in der Situation noch tun? Man kann versuchen, es reparieren zu lassen. Vielleicht sind die Daten ja auch in der Cloud gesichert? Und ja, es ist teuer und vielleicht lassen sich nicht alle Daten und Kontakte wiederherstellen, aber man muss es dann halt einmal akzeptieren. Missgeschicke passieren nun mal. Da hilft es, sich einmal vorzustellen, was sonst noch alles hätte passieren können, auch wenn es vielleicht nicht so wahrscheinlich ist. Frau Schneider hätte z. B. auf einer Bananenschale ausrutschen können und sich das Bein brechen können, sie hätte von einem Auto angefahren werden können oder oder oder...

Schließlich in der Besprechung angekommen, hätte Frau Schneider von ihrem Missgeschick berichten können. Wahrscheinlich hätten die anderen sogar mit ihr gefühlt und – wer weiß – ihr vielleicht einen Tipp geben können, wo sie das Smartphone reparieren lassen kann. Vielleicht wäre Frau Schneider auch einfach nur auf Verständnis gestoßen und man hätte die Entscheidungen über die Annahme der Aufgaben vertagen können. Frau Schneider hätte auch aktiv sagen können, „Ich möchte die Entscheidungen bitte noch einmal überdenken. Bitte geben Sie mir bis morgen Zeit. Ich gebe Ihnen dann Bescheid". Vermutlich hätte jeder der Beteiligten dann Verständnis dafür gehabt.

– Umgang mit den Konsequenzen der Situation –

Bleibt man hier nochmal bei Frau Schneider: Im Büro angekommen, ist es für sie sicher nicht einfach. Sie muss dem Chef erklären, warum sie so viele Aufgaben übernommen hat, für die doch gar keine Zeit da ist. Falls ihr Verhältnis zum Chef gut ist, hätte sie das Missgeschick einfach schildern können. Wahrscheinlich hätte der Chef das dann verstanden. Oder sie hätte von sich aus gleich sagen können, dass sie zu viel übernommen hat, zusammen mit einem Vorschlag, wie Arbeiten eventuell an andere Mitarbeiter übertragen werden können. Aber was kann Frau Schneider sonst noch tun?

Denkt man über sein eigenes Handeln oder eine Situation und die Konsequenzen nach, lenkt dies den Blick auf die Zukunft. Was könnte passieren? Es macht Sinn, über die aktuelle Situation und den aktuellen Konflikt hinauszuschauen und nach vorne zu blicken, um alle Konsequenzen zu überblicken. Fragen bezüglich der Konsequenzen sind hier vor allem: Was möchte ich tatsächlich? Was sollte aus meiner Sicht nun am besten passieren bzw. was nicht?

Das Ergebnis des Arbeitstages ist für Frau Schneider sicher nicht befriedigend. Das ist Smartphone kaputt, sie viel zu viel Arbeit übernommen und der Chef ist sauer. Ein neues Smartphone zu bekommen, ist wahrscheinlich noch nicht mal das größte Problem, vielleicht gibt es da sogar eine Versicherung. Aber die ganzen übernommenen Arbeiten zu sortieren, auf andere zu delegieren und den Chef zu besänftigen, das kann für Frau Schneider schwieriger werden. Aber vielleicht nutzt Frau Schneider diese Chance ja, ihre eigenen Arbeitsweisen zu hinterfragen und ein neues Konzept zur Verteilung der Aufgaben vorzulegen. Vielleicht kann sie auch den Verlauf der Projekte an den anderen Orten schildern und Vorschläge machen, um das Projektmanagement zu verbessern. So zeigt sie, dass sie konstruktiv mit der Situation umgeht und gewillt ist, daraus zu lernen.

Frau Schneider hätte vor allem ihre Selbstwirksamkeit wieder erlebt, denn sie hätte zumindest Teile des Handelns selbst übernommen und wäre der Opferrolle entkommen. Vielleicht hätte sie zuhause auf dem Sofa dem Tag doch noch etwas Gutes abgewinnen können, beispielsweise, dass sie schon lange ein neues Smartphone wollte.

Sie sehen: Es ist wichtig, selbst aktiv zu werden und die Situation zu beeinflussen bzw. seinen eigenen Blickwinkel zu erweitern, um gelassener zu werden.

Ärgernisse als Chance zur Veränderung sehen

Wer Gedanken und Gefühle in Stresssituationen genau benennen und vielleicht verändern kann, hat schon viel dazu beigetragen, Stress zu mindern. Denn nicht immer kann man eine Situation beeinflussen, sondern nur die eigene Wahrnehmung und die Bewertung der Situation. Fragen wie, „Was ist eigentlich so schlimm daran?“, „Was könnte mir im schlimmsten Falle blühen?“, oder, „Wie werde ich in ein paar Monaten darüber denken?“, können helfen, Ereignisse in ein anderes Licht zu rücken. Man nennt dies „Reframing“, ein Begriff, der weiter oben im Text schon einmal verwendet wurde.

– Wahrnehmung der eigenen Gefühle –

Erst einmal sollte man wahrnehmen, wie man eine Stresssituation erlebt hat:

- Wer war an der Situation beteiligt?
- Wie stehe ich zu den Personen, die daran beteiligt waren?
- Wie war der Situationsverlauf und ab wann wurde es für mich unangenehm?
- Gab es Auslöser, Reizworte, Blicke, Gesten, die als Vorwurf, Kritik oder Druckausübung interpretiert wurden?
- Welche Körperreaktionen gab es?
- Wie ging es weiter, wer sagte was?
- Was ergab die Situation für mich? Und was für die anderen Beteiligten?

So analysiert man die Situation genau und beschreibt die eigenen Gefühle und Gedanken, aber auch mit den Körperreaktionen nimmt man eine Beobachterposition ein. Man geht dadurch in die Vogelperspektive und beobachtet. Der nächste Schritt ist die Bewertung der Situation, der eigenen Rolle und der Rolle der anderen Beteiligten. Fragen Sie sich:

- Wie habe ich die Situation selbst erlebt?
- Welche Rolle habe ich eingenommen und welche Rolle die anderen Beteiligten?
- Habe ich eine ähnliche Situation schon einmal erlebt – beispielsweise in meiner Kindheit?
- Wie bewerte ich das Ergebnis der Situation? Bin ich erschöpft, niedergeschlagen, mutlos, verletzt oder wütend? Wie fühle ich mich körperlich?

So wird die Situation auf eine emotionale Ebene gebracht. Hier geht es darum, zu erkennen, welches Spiel gespielt wurde, welche Erinnerungen durch die Situation bei Ihnen wieder hochgekommen sind und welches Gefühl Sie am Ende der Situation hatten. All dies wird Ihnen dabei helfen, die eigene Situation besser zu verstehen und die eigenen Gefühle klarer ordnen zu können. Einfach zu sagen, „Ich fühle mich nicht gut“, wird Ihnen nicht helfen, aber, „Ich fühle mich nicht gut, weil…“, hilft Ihnen schon sehr, selbst Initiative zu ergreifen. Als Letztes erfolgt dann das Reframing, also das Umdeuten. Dabei helfen diese Fragen:

- Was hätte in der Situation noch viel schlimmer sein können?
- Wenn ich die Situation als Unbeteiligter anschaue, wie könnte ich sie beschreiben?
- Wie denke ich vielleicht in einem Jahr über die Situation?
- Gab es Reaktionen, die ich in der Situation nicht gesehen habe, die ich nun aber aus der Vogelperspektive sehen kann?
- Mit welchen Konsequenzen muss ich eventuell rechnen?

So schafft man für die Situationen einen anderen Rahmen, wechselt die Perspektive und lässt die bisherige Bewertung los. Dies baut Stress ab und fördert Gelassenheit.

– Nehmen Sie eine andere Haltung ein! –

Einige Haltungen machen es leider sehr schwer, wenn nicht unmöglich, bei Stress gelassen zu bleiben. Dazu gehört zum Beispiel:

- Die Opferhaltung: Alles hat sich gegen Sie verschworen und geht schief.
- Die Eremitenhaltung: Niemand hilft mir, alles muss ich alleine machen.
- Die Paranoiahaltung: Jeder redet nur über mich, will mir etwas Böses. Vertrauen kann man niemandem.
- Die Pessimistenhaltung: Früher war alles immer viel besser, jetzt wird alles immer schlechter.
- Die Chamäleonhaltung: Alles soll jedem recht gemacht werden, man schwimmt mit dem Strom und gibt die eigene Meinung nicht preis.

So wird man schnell isoliert und erwartet grundsätzlich immer Schlechtes. Und da sich Prophezeiungen oft selbst erfüllen, tritt dies dann oft sogar ein – zumindest sieht man nur das Negative und gerät in die Stressspirale.

Wer offen ist, der ist in der Regel auch gelassener, denn er lässt alles auf sich zukommen und ihn kann tatsächlich nichts aus der Ruhe bringen. Diese Menschen nehmen die Dinge so an, wie sie sind, und bewerten sie nicht gleich vor. Sie erwarten weder Gutes noch Böses und übernehmen Verantwortung für das eigenen Handeln. Mit dem Vertrauen auf die Selbstsicherheit können Sie sich in jeder Situation gelassen stellen.

Was uns antreibt

Das Handeln der Menschen wird durch verschiedene Motivatoren bestimmt. Man hofft, dass durch unsere Arbeit die Bedürfnisse befriedigt werden, die wir haben. Die Erwartungen, die wir haben, die Werte und Hoffnungen, auch unsere unbewussten Verhaltensweisen, die uns seit frühester Kindheit begleiten, bestimmen unser Handeln. Es gibt viele Theorien darüber, was uns antreibt, z. B. die Bedürfnispyramide von Maslow. Für die Gelassenheit ist die Transaktionsanalyse sehr wichtig. Daher wird diese auch oft in der Psychotherapie angewendet.

Die Transaktionsanalyse befasst sich mit der Kommunikation der Menschen untereinander und geht auf den amerikanischen Psychiater Eric Berne (1910 bis 1979) zurück.

Laut Berne können Menschen in drei verschiedenen Ich-Zuständen kommunizieren.

1. Im Kindheits-Ich (die kindliche Erlebniswelt)

2. Im Erwachsenen-Ich (Erlebniswelt der Gegenwart)

3. Eltern-Ich (Übernommene Erlebniswelt von Bezugspersonen).

Konflikte entstehen immer dann, wenn die Beteiligten sich auf unterschiedlichen Ebenen befinden, beispielsweise ein Beteiligter den anderen auf der Ebene des Erwachsenen-Ichs anspricht, der andere Beteiligte jedoch auf der Ebene des Kindheits-Ichs antwortet.

Laut der Transaktionsanalyse sind dies typische Motivatoren:

- Sei perfekt!
- Sei stark!
- Beeil Dich!
- Mach es allen recht!
- Strenge dich an!

Natürlich sind diese Antreiber nicht schlecht, denn sie sorgen dafür, dass wir etwas erreichen. Sie repräsentieren Unabhängigkeit, Leistungsbereitschaft, Willenskraft, Umgänglichkeit und Effizienz. Schwer wird es jedoch, wenn daraus unreflektierte Glaubenssätze werden wie:

- Sei perfekt: Man liebt mich nur, wenn ich etwas leiste.
- Sei stark: Man muss immer mit dem Schlimmsten rechnen, kann niemandem vertrauen.
- Beeil dich: Alles muss sofort erledigt werden, ohne Ruhepause.
- Mach es allen recht: Man liebt mich nur, wenn ich anderen das Leben angenehm mache.

• Streng dich an: Man muss immer bis zum Äußersten gehen und seine ganze Kraft einsetzen denn: Ohne Fleiß kein Preis!

Gerät man unter Druck, greift man gerne auf diese Sätze zurück und lässt sich einengen. Es fördert die Bereitschaft zur Leistung, wenn man die Motivation kennt, aber sie in Schacht hält. Ja, man muss etwas leisten, darf sich aber selbst dabei nicht vergessen. Harmonie ist auch wichtig, aber man muss sich dennoch treu bleiben.

– Glaubenssätze können geändert werden! –

Gelassenheit kann antrainiert werden. Dabei muss den unreflektierten Glaubensätzen etwas entgegengesetzt werden, das entlastet. Nur so können neue Dinge ausprobiert werden. Kennt man seine Antreiber, so geht dies sehr gut folgendermaßen:

Antreiber	Merkmale der Persönlichkeit	Negative Auswirkung	Entlastung
Sei perfekt!	korrekt, effizient	Perfektionismus	Auch Fehler sind erlaubt.
Sei stark!	stark, autonom	Gefühlsarmut, Eigenbrötlerei	Man darf auch von anderen Menschen Hilfe annehmen.
Beeil dich!	zielstrebig, schnell	Hektik	In der Ruhe liegt die Kraft!
Mach es allen recht!	mitfühlend, ausgleichend	Selbstaufgabe	Wenn man „Ja“ sagen kann, kann man auch „Nein“ sagen.
Streng dich an!	gründlich ausdauernd	Selbstausbeutung	Auch Arbeit darf Spaß machen und Pausen sind wichtig.

:

Wie Ihre Erwartung die Wahrnehmung beeinflusst

Wenn man denkt, dass an einem Tag etwas schief geht, so wird dies sehr wahrscheinlich auch so geschehen. Denn man denkt ja sowieso gleich, „Alles ist schlecht!“. So finden Sie in jeder Begegnung und jeder Situation etwas Schlechtes. Man nennt dies selbsterfüllende Prophezeiung.

Das klappt auch im positiven Sinne – auch ohne eine rosarote Brille. Geht man positiv an eine Sache heran, dann wird es wahrscheinlich auch gut laufen. Sind sie positiv gestimmt, dann werden Ihnen auch mehr positive Erlebnisse passieren.

Ein Beispiel für die selbsterfüllende Prophezeiung wäre:

Ein Mann hat abends auf einsamer Straße eine Autopanne und muss einen Reifen wechseln, aber er hat keinen Wagenheber. Er sieht Licht in einem Haus in der Ferne und überlegt sich, ob er dort danach fragen sollen. Aber wie wird man da auf die Bitte reagieren, wenn er da mitten in der Nacht klingelt? Wird man die Türe zuschlagen oder die Polizei holen? Er klingelt und es öffnet verschlafen ein Mann. Der Mann fragt nach einem Wagenheber, aber der Hausbesitzer schreit ihn sogleich an „Stecken Sie Ihren Wagenheber an den Hut!“

Jeder Mensch denkt erst einmal, er sei der Mittelpunkt der Welt und bezieht alles auf sich. Alles um ihn herum hat mit ihm zu tun, was ja auch stimmt. Denn jeder beeinflusst mit seinem Handeln und seinen Worten seine Umgebung. Aber die Sache hat bei Begegnungen einen Haken: Jeder bringt seinen eigenen, persönlichen Mittelpunkt mit, der mit dem jeweils anderen zusammengebracht werden muss. So kann man verstehen, dass mehrere Personen beispielsweise bei einem Ereignis dabei waren, es aber ganz unterschiedlich erzählen. Der Zuhörer denkt sogar, es sind verschiedene Ereignisse.

Subjektive Wahrnehmung bildet nie ganz die Realität ab. Menschen nehmen Dinge um sie herum nur selektiv war, eben nur das, was in ihr Weltbild passt. Man nennt dies „Rashomon-Effekt“, frei nach dem japanischen Film „Rashomon – das Lustwäldchen“, in dem vier Personen von einem Verbrechen aus unterschiedlichen Perspektiven berichten.

Was aber heißt das für Gelassenheit? Wer gelassen ist, schafft es, offen auf andere Menschen zuzugehen und auch den Welten anderer Menschen Raum zu geben. Das schafft ungeahnte Erfahrungen.

Wenn man sich dafür öffnet, dass zu jedem Zeitpunkt unvorhergesehene Dinge passieren können, die man auch nicht erwartet oder vorhergesehen hat, schafft man es, viel gelassener zu sein. Denn nicht alles hat mit einem selbst zu tun, im Gegenteil: Meistens ist dies sogar gar nicht der Fall. Das Wissen kann mich ungeheuer entlasten. Ist die Verkäuferin z. B. unfreundlich, dann ist nicht ihr Gesichtsausdruck daran schuld, sondern vielleicht die Tatsache, dass ihr Kind krank ist. Wenn der Chef unzufrieden ist, dann liegt das vielleicht daran, dass sein Sohn in der Schule nicht so gut ist etc....

– Aus Situationen Botschaften herauslesen –

Wie man eine Situation einschätzt, das hängt vor allem mit der eigenen, selektiven Wahrnehmung zusammen. Warum nimmt man eine Situation als kränkend, verwirrend oder bedrohlich wahr? Was genau kränkt dann oder verwirrt?

Was sagt das über den Menschen selbst aus? Es gilt, den Fokus auf die eigene Handlung zu legen und zu agieren. Wenn Sie wissen, warum der Kollege so schlecht gelaunt ist, können Sie ihn auch leichter verstehen. Der Kollege ist vielleicht schlecht gelaunt, weil ihm bei dem Projekt, an dem Sie beide arbeiten, alles aus dem Ruder gerät und sich nach hinten verschiebt. Das hat aber nichts mit der eigenen Person zu tun. Wenn Sie sich dessen bewusst sind, dann werden Sie auch agieren können. Sie brauchen das Verhalten des Kollegen dann nicht mehr auf sich zu beziehen und Versagensängste zu haben. Stattdessen können Sie sich z. B. darauf konzentrieren, ein Konzept zu finden, wie man effizienter arbeiten kann. Sie können gelassen auf den Kollegen zugehen und zusammen Lösungen erarbeiten.

SELBSTERKENNTNIS IST DER ERSTE WEG ZUR BESSERUNG!

Es gibt Menschen, die wirklich nichts aus der Ruhe bringen kann. Es ist Teil ihrer Persönlichkeit und wurde ihnen vielleicht sogar als Kind so beigebracht. Diese Menschen leben bereits Gelassenheit und brauchen es nicht zu lernen. Wer aber von Natur aus keine solche Seelenruhe besitzt, der sollte Gelassenheit lernen.

Der erste Schritt, um gelassener zu werden, ist die Selbsterkenntnis. Ja, zu oft verlieren Sie Ihre Gelassenheit und ärgern sich immer wieder über dieselben Dinge bei Menschen. Ja, oftmals sind Sie in Situationen sehr angespannt und reagieren unangemessen. Gelassenheit kann jedoch erlernt werden und es ist gar nicht mal so schwer! Dazu gehören vor allem Geduld, Selbsterkenntnis, Aufrichtigkeit und Reflexion über sich selbst.

Weniger Erwartungsdruck und innerer Ballast

Man ist immer dann gelassen, wenn man Dinge und Menschen so sein lassen kann, wie sie eben nun mal sind. Das beginnt damit, dass man lernt, sich selbst zu akzeptieren. Oft haben Menschen viel zu hohe Ansprüche an sich selbst. Erfüllen sie diese Ansprüche nicht, so werten sie sich selbst ab und reagieren mitunter sogar mit Selbsthass. Wer eine solche Attitude hat, kann schwer gelassen sein, denn immer wieder fällt einem ein, was nicht gut läuft, was noch zu tun ist etc. Man steht quasi unter Dauerspannung, kann nicht loslassen und der Druck auf sich selbst wird noch größer.

– Die Soll-Ist-Analyse: Hinterfragen des eigenen Wunschbildes –

Als Erstes sollten Sie erkennen, dass man Sie unter Druck setzt. Sie sollten erkennen, dass es Ihnen an Gelassenheit fehlt und Sie zu hohe Ansprüche haben. Am besten können Sie das mit einer Soll-Ist-Analyse. Zuerst überlegen Sie sich die Bereiche, bei denen Sie am ehesten Ihre Gelassenheit verlieren: Das kann der Alltag, die Kindererziehung, die Partnerschaft, der Beruf, der Freundeskreis, der Umgang mit den Verwandten, Urlaub, Finanzen oder sonst etwas sein.

Fragen Sie sich:

- Wer möchte ich gerne sein?
- Wie möchte ich gerne auf andere wirken?
- Was sind meine Vorbilder?
- Was möchte ich gerne erreichen?

und machen Sie dann eine Soll-Ist- Analyse:

- Wie verhalte ich mich tatsächlich?
- Welches Feedback bekomme ich von anderen Menschen?
- Was empfinde ich in der Situation?
- Was erreiche ich tatsächlich?
- Wer oder was sorgt dafür, dass ich aus der Haut fahre, und warum?
- Wie gehe ich nach der Situation mit mir selbst um, was denke ich über mich? Mache ich mir Vorwürfe?

Vergleichen Sie nun Ihr Wunschbild („Soll“) mit Ihrem eigentlichen Verhalten („Ist“). Wie weit liegen diese nun auseinander? Ist das, was Sie sich wünschen, überhaupt realistisch? Was möchten Sie von Ihrem Wunschbild unbedingt erreichen und was ist nicht so wichtig? Sind Sie mit sich und Ihnen und Ihrem Verhalten zufrieden und wenn nicht, warum?

Was sind Ihre Vorbilder? Haben Sie besonders große Ängste? Hat Ihr Verhalten nicht auch gute Seiten, die Sie vielleicht noch gar nicht gesehen haben?

Wahrscheinlich stellen Sie beim Vergleich fest, dass Ihre Erwartungen an sich selbst zwar sehr hoch waren, Ihr verhalten aber doch gar nicht so schlecht. Vielleicht kommen Sie schon sehr nahe an Ihr Vorbild heran. Oder Sie haben mittlerweile andere Vorbilder und sind auf dem guten Weg, Ihnen entgegenzueifern.

– Schließen Sie Frieden mit sich selbst! –

Versuchen Sie, alles, was Sie schon sehr lange, vielleicht sogar schon über Jahre hinaus, belastet, von sich zu werfen. Fragen Sie sich:

- Kann ich mein Vorbild überhaupt erreichen bzw. will ich es überhaupt noch erreichen?
- Prägen unreflektierte Glaubenssätze mein Wunschbild und wie schränkt mich dies ein?
- Entsprechen die Erwartungen, die ich an mich stelle, überhaupt meinem Wesen und meinen Werten?
- Habe ich für einen Menschen in der gleichen Situation eventuell mehr Verständnis, als ich es für mich selbst habe? Halten mich die anderen vielleicht gar nicht für so schlimm, verwerflich, unprofessionell oder peinlich, wie ich mich selbst in der Situation einschätzen würde?

So könnte eine Ist-Soll-Analyse aussehen:

Lebensbereich	Soll (Wunsch)	Ist (mein tatsächliches Verhalten)	Vergleich Ist-Soll	Abwerfen des Ballasts
Partnerschaft	Verlässlich, liebevoll, großzügig, Vorbild: Tante Erna. Meine Ehe soll lebenslang sein.	Bei Konflikten bin ich jähzornig und kleinlich, im Alltag vergesse ich viele Dinge und ärgere mich dann, dass ich so vergesslich bin. Mein Mann sagt, ich interessiere mich nicht für ihn und ich denke, seine Ansprüche sind einfach zu groß. Ich habe Angst, dass mein Mann sich eine jüngere Frau sucht.	Ich möchte, dass es meiner Familie gut geht, und umsorge meinen Mann. Wir unternehmen viel zusammen und lachen über die gleichen Dinge, haben ein erfülltes Liebesleben.	Ich bin nun mal nicht Tante Erna, habe andere Stärken. Das Vorbild ist überholt. Ich kann z. B. viel besser Handwerken als sie und habe einen wunderbaren Garten. Wenn wir in der Partnerschaft Probleme haben, gibt es Hilfe. Kleinigkeiten bringen uns nicht aus der Fassung.
Beruf		Ich lasse ich oft unter Druck setzen und	Ich möchte meine Ausgaben im Beruf	Ich lasse mich nicht so schnell aus der Fassung

		mache gerade dann Fehler.	richtig machen und mit den Kollegen gut auskommen.	bringen. Wenn ich zu gestresst bin, erldige ich zuerst die eiligen Aufgaben ohne Ablenkung und gebe die weniger wichtigeren an andere ab.
Kindererziehung		Ich bin beim Lernen mit den Kindern oft zu ungeduldig und wenn die Kinder nicht aufgeräumt haben, schreie ich sie gleich an.	Ich möchte, dass meine Kinder gut in der Schule sind und dass ihr Zimmer aufgeräumt ist.	Geduld ist nicht meine Stärke, das weiß ich. Dennoch sehe ich ein, dass ich meine Kinder nicht unter Druck setzen darf. Wenn die Aufgaben nicht ganz richtig gelöst sind und das Zimmer nicht aufgeräumt ist gerate ich nicht aus der Fassung.Ich

Immer dann, wenn Sie für andere Menschen viel mehr Verständnis haben als für sich selbst, dann sollten Sie sich von Teilen Ihres Wunschbildes verabschieden, denn dann haben Sie zu hohe Ansprüche an sich selbst. Genügen andere Menschen diesen Ansprüchen nicht, werten Sie diese auch nicht gleich ab. Mehr noch: Sie beginnen, das Verhalten der anderen Menschen einzigartig und liebenswert zu finden. So schaffen Sie es, selbst gelassener zu sein und auch Ihre eigenen vermeintlichen Unzulänglichkeiten zu akzeptieren. Das hilft dabei, dass Sie insgesamt entspannter und gelassener sind und sich selbst akzeptieren können. Denn jeder ist einzigartig. Sie werden sehen: das nimmt Ihnen einen gewaltigen Druck!

Nobody is perfekt – niemand muss überall glänzen!

Perfekt sein und alles richtig machen: Wer möchte das nicht? Perfektionisten wollen immer alles richtig machen, in vollkommener Qualität und ohne einen einzigen Fehler. Aber dieses Streben nach Perfektion führt zu Stress und Frustration. Gerade Unvollkommenheit kann aber ein Reiz im Leben sein.

– Auch unvollkommene Menschen sind wertvoll! –

Perfektionisten wissen genau, wie etwas laufen soll, wie sich Menschen zu benehmen haben und wie etwas getan werden muss. Läuft es anders, kommt es zur Enttäuschung. Aber das Leben hat so viel mehr zu bieten, als man auf den ersten Blick denkt!

Ein Beispiel: Anna wünscht sich den perfekten Mann, der sie auf Händen trägt. Sie findet einen Arbeitskollegen sehr nett, der ihr immer mal Aufmerksamkeit schenkt. Allerdings wünscht sie sich einen Märchenprinzen, der sie mit Geschenken nur so überhäuft.

Wird sie zum Essen eingeladen, ist ihr das Restaurant zu billig. Die Blumen, die er ihr schenkt, gefallen ihr nicht, denn es muss ein riesengroßer Strauß rote Rosen sein. Als er einen Wanderurlaub vorschlägt, ist Anna sehr geknickt, denn sie hat sich auf eine Kreuzfahrt gefreut. Sie gibt ihrem Arbeitskollegen keine Chance. Dabei hätten sie sich doch im Wanderurlaub sehr gut kennenlernen können. Und natürlich hat Anna selbst auch ihre Ecken und Kanten. Merken Sie etwas?

Strebt man nach Perfektion, kann das schnell frustrierend sein. Es ist besser, selbstkritisch auf eigene Fehler zu achten und daraus zu lernen. Macht man den gleichen Fehler nicht noch einmal, so ist das schon ein großer Erfolg. Sich zu bemühen ist natürlich nicht schlecht, aber wenn es den Menschen überfordert, dann ist es sicher keine gute Idee.

Menschen, die immer 150 % geben wollen, gehen daran oft kaputt. Kein Körper kann immer in Höchstform sein, da auch die Tagesform nicht immer die gleiche ist. Wer unausgeruht ist oder kränklich, der macht sicher trotz Konzentration bei der gleichen Aufgabe mehr Fehler als ein entspannter, ausgeschlafener Mensch. Für mehr Gelassenheit ist Nachsicht mit sich selbst und eine richtige Einschätzung der Leistungsfähigkeit sehr wichtig.

Menschen machen oft die gleichen Fehler nochmal und es ist oft nicht sehr einfach, aus dieser Spirale herauszukommen. Anstatt sich über die Fehler zu ärgern, sollte man sie lieber analysieren und herausfinden, warum sie passiert sind. Wenn das Auto nicht mehr anspringt, versucht man ja auch, herauszufinden, woran das liegt, und hier ist es ähnlich. Man sollte sich überlegen, wie man Fehler meidet. Dann ist man zwar nicht fehlerlos, aber man lernt dazu.

Konzentration auf das Hier und jetzt!

Wer in seinen Gedanken immer vorauseilt und an den zweiten denkt, bevor der erste überhaupt gemach wurde, lebt im Dauerstress. Auch die Menschen, die über alle Fehler grübeln und nur der Vergangenheit etwas abgewinnen können, lernen unter Druck. Denn das Vergangene lässt sich nicht ändern und oft nicht erhalten. Gelassen werden heißt, sich auf die Gegenwart zu konzentrieren.

– Eines nach dem andern! –

Heute ist Multitasking sehr in Mode gekommen. Man versucht, vieles gleichzeitig zu tun: beim Fernsehen bügeln, telefonieren beim Kochen oder Nachrichten in der Besprechung abrufen. Man glaubt, Zeit zu sparen, macht aber alles nur halbherzig und ist nicht wirklich bei der Sache. Konzentriert man sich auf eine Aufgabe, ist man in der Regel schneller fertig und macht weniger Fehler. Bedenken Sie: Auch Computer arbeiten seriell und erledigen eine Rechenoperation nach der anderen. Das alles ist der Reizverarbeitung im Gehirn geschuldet. Reize, die nicht automatisch, sondern bewusst aufgenommen werden, erregen das Frontalhirn, also die vordere Hälfte des menschlichen Gehirns. Das Gehirn kann nur einen Reiz zur rechten und einen zur linken Gehirnhälfte verarbeiten. Dabei findet die Reizverarbeitung seriell, also nacheinander, statt.

Bei mehr als zwei Dingen gleichzeitig ist unser Gehirn überlastet, denn bei der Verarbeitung wird dann ständig zwischen den Hirnhälften hin- und her geschaltet. Effizienz und Aufmerksamkeit sinken dadurch und Wichtiges kann nicht mehr von Unwichtigem unterschieden werden. Zu viele Reize verhindern schlussfolgende Denkprozesse und somit eine sinnvolle Entscheidung. Um gelassener zu sein, sollte man sich also nicht zu viel vornehmen und überfordern, sondern die Arbeit gut einteilen. Dabei sind Fehlertoleranz und Zeitmanagement auch sehr wichtig, genauso wie eine realistische Einschätzung der Ansprüche.

– Eine respektvolle Haltung! –

Wenn man Dinge gleichzeitig macht, dann heißt das eigentlich, „Alles ist gleich wichtig!“, bzw., „Alles ist gleich unwichtig!“. Wenn man sich statt Multitasking für das „Monotasking“, also zum gleichzeitigen Erledigen nur einer einzigen Aufgabe, entscheidet, dann kann man sich ganz auf die Aufgabe konzentrieren. Kommuniziert man nur mit einer Person gleichzeitig und macht dabei nichts anderes, so zollt man der Person Respekt, man hört „aktiv zu“.

Wenn man nur eine Aufgabe gleichzeitig erledigt, dann zollt man aber nicht nur sich, sondern auch anderen Menschen Respekt. Denn wenn ich beim Essen nichts anderes tue, erlaube ich meinem Körper, sich ganz auf die Nahrungsaufnahme zu konzentrieren. Man kann dabei genau wahrnehmen, wie das Essen schmeckt und wie der Körper die Nahrung aufnimmt. Das zu spüren, ist auch gleichzeitig eine Achtsamkeitsübung, auf die später noch eingegangen wird.

– Genießen Sie Angenehmes und akzeptieren Sie unangenehme Dinge! –

Im Hier und Jetzt gibt es viele Dinge, die einem guttun, und andere Dinge, die uns nicht gefallen. Versuchen Sie einfach mal, die Situation um Sie herum zu analysieren:

- Sitzen Sie bequem?
- Ist die Temperatur Ihrer Umgebung angenehm?
- Haben Sie Hunger oder Durst?
- Was denken Sie gerade?
- Wie riecht Ihre Umgebung und was bewirkt das bei Ihnen?

Sie werden wahrscheinlich merken, dass es gerade angenehme und auch unangenehme Dinge gibt, die Sie in diesem Moment denken und wahrnehmen. Überlegen Sie sich nun, was Sie tun könnten, um unangenehme Situationen zu ändern. Sie könnten die Heizung andrehen, wenn es kalt ist, oder sich etwas Warmes anziehen. Wen Sie Durst haben, dann könnten Sie etwas trinken. Wenn sich Ihre Kinder streiten, könnten Sie versuchen, den Streit zu schlichten. Sie könnten aber auch einfach weiter fernsehen und sich nicht darum kümmern, also das Unangenehme außen vor lassen.

Achtsamkeit hilft sehr in der Stressbewältigung, es senkt den Blutdruck, erhöht die Infektabwehr und verbessert die Stimmung dauerhaft. Auch viele Volkshochschulen bieten entsprechende Kurse an.

Achtsamkeit hilft, sich der eigenen Situation im Hier und Jetzt bewusst zu werden. Es hilft auch dabei, zu entscheiden, ob Dinge so unangenehm sind, dass man sie gerade ändern muss, oder ob man es nicht einfach mal akzeptieren kann, weil man vielleicht auch gerade etwas anderes, etwas Angenehmes genießt. Besonders, wenn die äußeren und inneren Anforderungen steigen und man sehr mit Druck umgehen muss, kann Achtsamkeit sehr hilfreich sein. Man lernt mit Achtsamkeit, seine Energie und Ressourcen sinnvoll einzusetzen. Man gewinnt Erkenntnis, was man ändern kann und was eben nicht, was auch sehr zur Gelassenheit beiträgt. Jede bewusste Entscheidung mit bewussten Inhalten und jedes Reflektieren unterbricht die Macht der Gewohnheiten und der unbewussten Reaktionen. Man ist nicht mehr im Hamsterrad gefangen.

Zeitmanagement – wie man besser mit seiner wertvollen Zeit umgeht!
Um Gelassenheit zu praktizieren, muss man auch lernen, wie man mit äußeren Einflüssen umgeht, die für uns Stress bedeuten. Und dazu gehören auch sicher das Thema Zeit und Energie. Denn schlechtes Zeit- und Energiemanagement raubt den Menschen Lebenszeit, was dann wieder Stress bedeutet. Überlegen Sie einmal, was Ihnen alles die Zeit stehlen könnte, wie z. B.:

- Mails durchschauen und nach Wichtigkeit sortieren.
- Versuche, Probleme zu lösen, ohne genauere Informationen zu haben.
- Die Fehler anderer Menschen zu lösen und zu korrigieren.
- Liegen gebliebene Aufgaben erledigen.
- Internet und Telefon
- Gespräche führen

Sogenannte „Energiefresser“ könnten z. B. sein:

- Der Jammerer: Er leidet und alle sollen mit ihm leiden. Ist es warm, hätte er es gerne kalt. Regnet es, ist das Wetter scheußlich usw.... Er zieht alle runter.
- Der Hektiker: Er verbreitet einfach nur Hektik und möchte am liebsten 10 Dinge auf einmal machen. Leider vergisst er in der Hektik viel und andere müssen seine Fehler korrigieren.
- Die Ungerechte: An allem hat sie etwas auszusetzen. Sie legt ihre eigenen Maßstäbe an und misst auch gerne mal mit zweierlei Maß. Was für andere gilt, gilt oft nicht für sie, und man muss sich immer gegen sie verteidigen.
- Die Quasselstrippe: Sie redet immerzu und lässt niemanden zu Wort kommen. Sie möchte die ganze Aufmerksamkeit.

Sicher kennen Sie auch Menschen, die Ihnen Energie rauben. Hat man wenig Energiereserven, bedeutet jede Herausforderung Druck. Damit man Zeit- und Energiefressern gut entgegentreten kann, muss man seine eigenen Bedürfnisse gut kennen und sich für sie einsetzen, klare Aussagen und konstruktive Vorschläge machen („Geht doch mal in den Garten!“, wenn das Kind nervt).

– Für die eigenen Bedürfnisse einstehen –

Sie müssen im Hier und Jetzt reflektieren, was Ihnen gerade guttut und was Ihnen im Augenblick besonders wichtig ist. Das hilft Ihnen bei der Beantwortung der Fragen, „Was ist gerade am wichtigsten?“, „Was ist am zweitwichtigsten und was ist gar nicht wichtig?“. Wenn Sie hier Prioritäten setzen, können Sie gegen Zeit- und Energiefresser vorgehen.

Für die eigenen Bedürfnisse einstehen heißt nicht, die Bedürfnisse anderer Menschen ganz außer Acht zu lassen. Wenn Sie nichts anderes zu tun haben, dann können Sie auch der Quasselstrippe zuhören und ihr Geltungsbedürfnis befriedigen. Wenn Sie jedoch wissen, dass etwas anderes Priorität hat, wird es Ihnen leichter fallen, die Quasselstrippe abzuwimmeln. Eigene Bedürfnisse formulieren ist im Umgang mit anderen Menschen wichtig. Da muss man ehrlich sein. Aber wenn man konkrete Alternativen vorschlägt, ist dies halb so schlimm. Beispiele wären:

- „Ich muss mich gerade auf meinen Text konzentrieren, aber ich schaue nachher bei dir vorbei."
- „Ich kann mich gerade nicht mit dir unterhalten, denn ich muss meine Aufgabe fertig erledigen."
- „Ich habe gerade großen Hunger und möchte in Ruhe essen. Wenn ich fertig bin, können wir aber gerne das Problem besprechen."
- „Ich brauche noch eine Viertelstunde für meine Recherche. Kommen Sie dann bitte noch einmal."

Diese Aussagen sind klar und schaffen Ihnen Zeit und Raum. Sie geben sich die Chance, die eigenen Bedürfnisse zu befriedigen und dennoch andere nicht vor den Kopf zu stoßen. Dann brauchen Sie kein schlechtes Gewissen haben. Wenn Sie dann noch die Zeitfresser bändigen, haben Sie vieles gewonnen. Lesen Sie E-Mails nicht, wenn Sie gerade an einem wichtigen Thema arbeiten, sammeln Sie immer erst genug Informationen, um Probleme zu lösen. Bearbeiten Sie wichtige Dinge gleich und warten Sie nicht, bis es fast zu spät ist. Einige, unwichtigere Aufgaben können Sie auf andere übertragen. Dazu später noch mehr.

– Die Konsequenzen der eigenen Handlungen –

Alles, was wir tun, wirkt sich auf andere aus, entweder sofort oder mit Verzögerung. Es hilft, gelassener zu werden, wenn man sich vorher der Konsequenzen im Klaren ist. Wenn man feststellt, dass man die Konsequenzen nicht tragen will, dann muss man es lassen bzw. sein Handeln ändern. Das klingt einfach, ist aber manchmal tatsächlich eine große Herausforderung für den eigenen Willen. Beispiele:

- Wenn ich betrunken Auto fahre, kann ich andere gefährden oder meinen Führerschein verlieren. Will ich das? Wenn nicht, lasse ich das Trinken oder nehme mir ein Taxi.
- Wenn ich meinem Chef die Meinung sage, könnte er mich auf die Abschussliste setzen. Möchte ich das? Wenn nicht, dann verpacke ich Kritik geschickt oder bleibe ruhig.
- Wenn ich ungeschützten Geschlechtsverkehr habe, könnte ich mir eine Geschlechtskrankheit holen. Ist mir der Spaß dies wert? Wenn nein, verzichte ich darauf oder benutze ein Kondom.

Natürlich überlegt man nicht immer, aber der Gedanke an die Konsequenzen hilft dabei, gelassener zu bleiben. Und die Konsequenzen sind natürlich auch nicht immer gleich. Kleinigkeiten kann man ausbügeln, einen ärztlichen Kunstfehler aber meist nicht. Jeder muss selbst herausfinden, welches Maß an Risiko er eingehen möchte.

– Vorschläge statt Vorwürfe- konstruktiv kritisieren –

Kritik kann gut und schlecht sein. Verallgemeinernde Sachen wie, „Du bist eh ein Versager", hört man nicht gerne und die bringen auch niemanden weiter. Denn der Kritisierende ist genervt und der Adressat kann damit nichts anfangen. Er weiß nicht, was er ändern soll. Wenn Sie aber Vorschläge machen, wie, „Wir könnten es ja in der Zukunft so machen", oder, „Ich mag dich wirklich sehr, aber manchmal könntest du noch ein bisschen auf mich Rücksicht nehmen" weiß die Zielperson, was genau sie ändern soll. Mit einem Vorschlag ist man mit seinem Gegenüber auf Augenhöhe und stellt die eigene Meinung zur Diskussion. Durch Vorwürfe erheben Sie sich über andere und diese asymmetrische Beziehung kann nur destruktiv sein. Wenn Sie nun wirklich gelassener werden wollen, dann können Sie mit den Gelassenheitsübungen im Alltag beginnen. Sie werden sehen, um wie viel wohler Sie sich fühlen werden.

Gelassenheit im Alltag lernen und einstudieren

Hier geht es um Grundübungen zur Gelassenheit. Diese Übungen sind körperlich und geistig und können zu Hause oder unterwegs geübt werden. Sie werden sehen, wie gut Sie Hobbys oder Routinetätigkeiten dazu nutzen können, um gelassener zu werden. Sie können sich einen Trainingsplan für Ihr ganz persönliches Gelassenheitstraining anlegen oder Tagebuch führen. Aber haben Sie Geduld: Gelassenheit lernt niemand von einem Tag auf den anderen. Das braucht Zeit. Lassen Sie sich von Rückfällen nicht beeindrucken und machen Sie weiter.

Sie fördern mit Gelassenheit sicher Ihre Gesundheit, reduzieren Stress, Druck und Anspannung und beugen Krankheiten vor, die durch Stress ausgelöst werden. Langfristig wird es Ihnen dann auch gelingen, in schwierigen Situationen bessere Lösungsvorschläge zu finden. Es wird sich auch auf Ihre Umgebung auswirken. Die Familie, die Nachbarn, Arbeitskollegen und Freunde werden auch in Ihrer Gegenwart gelassener werden.

ÜBUNGEN ZUR GELASSENHEIT FÜR JEDEN TAG

Gelassenheit üben beginnt gleich hier. Sie werden erstaunt sein, wie einfach es ist, gelassener zu werden. Dazu brauchen Sie auch keine besonderen Hilfsmittel und auch nicht besonders viel Zeit. Wichtig ist aber, dass Sie es bewusst tun.

Haben Sie schon mal Gelassenheit trainiert, seien Sie geduldig und bleiben Sie am Ball. Wenn Sie alte Schemata hinterfragen und neue Gewohnheiten bewusst einstudieren, werden Sie bald auch im Alltag viel entspannter sein.

Einfache Übungen im Alltag
Viele Menschen verlieren in ganz alltäglichen Situationen ihre innere Ruhe. Ihre Nerven liegen blank und die Luft geht ihnen aus.

Für die hier genannten Übungen braucht man nichts weiter als etwas Aufmerksamkeit:

1. Tiefe Bauchatmung

Das ruhige, gelassene Atmen ist eine wichtige Gelassenheitsübung. Das Atmen ist nicht umsonst der „Lebenshauch“. Es durchströmt den Körper, sorgt für die Entfaltung der Lungen, bringt lebensnotwendigen Sauerstoff ins Blut und transportiert Abfallstoffe ab. Tiefes Einatmen entspannt die Muskeln und fördert den Blutfluss. Atmen ist eigentlich unbewusst, jeder Erwachsene atmet etwa 16-20-mal in der Minute, wobei zu jedem Atemzug Ein- und Ausatmung zählen. Die Ausatmung dauert etwa doppelt so lange wie die Einatmung. Das menschliche Stammhirn reguliert die Atemfrequenz. Je nachdem, wie viel Sauerstoff oder Kohlendioxid im Blut ist, ist es „sauer“ oder eher „basisch“. Dies verändert dann automatisch die Atmung. Normal atmen wir geräuschlos und tief.

Unter Stress atmen viele Menschen schneller und flacher. Das wird vom Gehirn gesteuert und soll die Sauerstoffversorgung im Blut verbessern, es soll Kampf und Flucht ermöglichen und ist nicht gesund.

Zwerchfell (Bauchatmung) und Zwischenrippenmuskulatur (Brustmuskeln) sind Atemhilfsmuskeln. Die Atmung mit diesen Hilfsmuskeln sorgt für innere Ruhe. Immer, wenn Sie sich auf diese Atmung konzentrieren, verändern Sie diese schon. Daher heißt die erste Übung bewusste Bauchatmung.

Die bewusste Bauchatmung können Sie in allen Positionen ausführen, im Sitzen, Liegen oder im Stehen. Legen Sie eine Hand auf den Bauch und atmen Sie tief durch die Nase ein. Wenn sich Ihre Bauchdecke dadurch hebt, wird Ihre Hand angehoben. Atmen Sie dann langsam durch den leicht gespitzten Mund aus. Ihre Bauchdecke und somit Ihre Hand senken sich nun. Atmen Sie erst wieder beim nächsten inneren Impuls zur Atmung. Wenn Sie dies 10-mal wiederholen, wird sich ein Ruhegefühl einstellen.

Leiden Sie an Atembeschwerden, sollten Sie Ihren Arzt um Rat fragen. Auch Rauchern fällt die tiefe Bauchatmung manchmal schwer.

Am besten machen Sie die Übung dreimal am Tag, morgens, mittags und abends (geht auch prima im Büro in der Mittagspause!). Sie sollten dabei an nichts anderes denken, nur an Ihre Atmung. Fällt Ihnen das schwer, sprechen Sie dazu z. B., „Ich atme jetzt tief und ruhig ein“, und, „Ich atme jetzt langsam und tief aus“. Je öfter Sie dies manchen, umso besser!

Sie sehen: Wenn Sie sich auf Ihre Atmung konzentrieren, lassen Sie in dem Moment alle Ihre Ängste, Probleme und Sorgen los. Diese Übung ist auch ein prima Trick, um eine Reaktion auf Kritik hinauszuzögern. Sie gewinnen etwas Zeit und vermeiden vielleicht eine vorschnelle Antwort.

2. Gelassen Auto fahren

Viele Menschen sind nicht mehr gelassen, wenn sie Autofahren. Beim Autofahren muss man sich immer an Regeln halten und den Verkehr im Blickfeld behalten, damit niemand zu Schaden kommt. Man trägt Verantwortung für sich selbst und kleine Fehler können große Folgen haben, was viele Menschen sehr unter Druck setzt. Irgendwann muss der Druck dann mal raus. Je nachdem, ob der Menschen eher introvertiert oder extrovertiert ist, macht sich das auf unterschiedliche Weise bemerkbar. Achten Sie mal auf die roten Gesichter, die wilden Gesten oder die angespannten, verbissenen und verkrampften Gesichtsausdrücke anderer Autofahrer. Wie geht es Ihnen bei diesen Situationen? Was passiert, wenn Ihnen jemand den Parkplatz wegnimmt, Ihnen quasi auf der Stoßstange hängt oder Sie mit der Lichthupe bedrängt? Ärgern Sie sich nicht auch, wenn Sie mit zu hoher Geschwindigkeit geblitzt werden?

Um im Verkehr gelassener zu sein, können Sie einiges tun:

- Halten Sie sich immer an die Verkehrsregeln, auch wenn andere Autofahrer Sie bedrängen sollten.

- Fahren Sie auf der Autobahn nicht schneller als die vorgegebene Richtgeschwindigkeit und bleiben Sie möglichst auf der rechten Spur. Andere Autos überholen Sie nur, wenn es tatsächlich sein muss.

• Planen Sie immer einen Zeitpuffer ein und fahren Sie möglichst 10 Minuten früher los als unbedingt nötig.

• Lächeln Sie immer – das steckt auch andere Menschen an!

Vielleicht fallen Ihnen da auch noch andere Dinge ein, wie Sie im Auto Gelassenheit üben können.

– Wenn Sie warten müssen… –

Warten ist für viele Menschen unangenehm, denn es bedeutet, dass man die Kontrolle abgeben muss und die äußeren Umstände bestimmen, was Sie gerade tun. Ganz gleich, ob Sie beim Arzt, an der Bushaltestelle oder bei Meetings auf Kollegen warten – es ist immer unangenehm, denn an der Situation kann man im Moment nichts ändern.

Um in diesen Situationen gelassener zu sein, gibt es verschiedene Möglichkeiten. Am besten ist es, wenn Sie selbst einmal ausprobieren, was am besten zu Ihnen passt.

Eine Möglichkeit wäre beispielsweise die oben angesprochene bewusste tiefe Bauchatmung. Wenn es Ihnen hilft, sagen Sie leise vor sich hin, „Ich werde jetzt gelassen und entspannt." Oder nutzen Sie die Zeit, um an etwas Schönes zu denken und Ihre Gedanken einfach einmal abschweifen zu lassen. Denken Sie an etwas Schönes, etwa einen Urlaub, und lächeln Sie!

3. Äpfel schälen und Etiketten ablösen

Alltägliche Dinge wie das Schälen von Äpfeln und das Ablösen von Etiketten eignen sich ebenfalls wunderbar als Geduldsübungen, auch wenn dies manchen Menschen sicherlich sehr schwerfällt.

Versuchen Sie einmal, ganz ohne Hektik einen Apfel zu schälen, ohne dass die Schale abreißt. Lassen Sie sich dabei Zeit und konzentrieren Sie sich nur auf den Apfel. Reißt die Schale nicht ab, werden Sie dann eine lange Apfelschale haben. Atmen Sie dabei tief ein und genießen Sie den Apfelgeruch.

Das Ablösen von Etiketten kann auch zum Geduldsspiel werden, besonders, wenn die Etiketten sehr fest an dem Gegenstand kleben. Fangen Sie an der einen Etikettenseite an und lösen Sie das Etikett vorsichtig mit dem Fingernagel. Versuchen Sie dabei, dass das Etikett nicht einreißt und keine Klebstoff-Fäden zurückbleiben.

Es gibt sicher noch andere Möglichkeiten, im Alltag Gelassenheit zu üben (z. B. Nähen, Basteln), allerdings sollten Sie sicherstellen, dass Sie dabei immer richtig bei der Sache sind.

Körperliches Gelassenheitstraining

Die erste Übung zur körperlichen Gelassenheit haben Sie schon kennengelernt: Die tiefe Bauchatmung. Wenn Sie merken, dass Ihnen diese Übung guttut und Sie die tiefe Bauchatmung beherrschen, können Sie andere Methoden zum körperlichen Gelassenheitstraining ausprobieren. So können Sie schauen, welche der Methoden am besten zu Ihnen passt. Sie sollten aber darauf achten, dass Sie die Methoden nicht sofort hintereinander ausprobieren, damit Sie auch feststellen können, welche der Methoden am besten für Sie geeignet ist. Um die Methoden wirklich gut kennenzulernen und die Übungen richtig auszuführen, sollten Sie sich ausführlich darüber informieren.

1. Autogenes Training

Diese Entspannungsmethode, die auf Selbsthypnose basiert, ist eine der bekanntesten Techniken zur Entspannung. Sie wurde in den 1920er Jahren von dem Berliner Psychiater Johannes Heinrich Schulz entwickelt. Ihm fiel auf, dass es Menschen möglich ist, nur durch die eigene Vorstellungskraft einen Zustand der Entspannung zu erreichen. Dies lässt sich sogar messen, denn durch die verstärkte Durchblutung nimmt die Körpertemperatur zu und man spürt intensive Wärme in den Armen.

Im autogenen Training versetzt man sich mittels Selbstsuggestion in einen Zustand körperlicher Entspannung. Man geht dabei davon aus, dass ein körperlicher Ruhezustand auch die Psyche beruhigen kann. Es gibt hier drei verschiedene Stufen: Die Grund-, die Mittel- und die Oberstufe. Am besten lernt man autogenes Training z. B. durch einen Kurs an der Volkshochschule oder durch Bücher und CDs. In den Übungsstunden der Grundstufe erlernt man die ersten 6 Module:

- Erleben der Schwere
- Erleben der Wärme
- Herzregulierung
- Regulierung der Atmung
- Erleben der Bauchwärme
- Erleben der Stirnkühlung

Jede der Übungen beruht darauf, dass man sich einen ruhigen Körperzustand vorstellt. Man sagt dazu einfache Sätze wie, „Mein rechtes Bein ist schwer, ganz schwer.“ Wichtig dabei ist, dass man sich dann auch wirklich auf diesen Bereich des Körpers konzentriert und ein Gefühl der Schwere herbeidenkt. Die Übungen dauern in der Regel nicht so lange und am Ende nimmt man die Umschaltung in den ruhigen Körperzustand vor, damit man wieder aktiv und wach wird. Nur wenn das autogene Training vor dem Schlafengehen angewendet wird, wird der Zustand nicht zurückgenommen. In der Mittelstufe des autogenen Trainings wird dann die sogenannte formelhafte Vorsatzbildung eingesetzt. Hat man den entspannten Körperzustand erreicht, überlegt man sich einen bestimmten, positiv formulierten Vorsatz, wie etwa, „Bei der nächsten Präsentation lasse ich mich nicht mehr aus der Ruhe bringen“, oder, „Ich löse das Problem mit meiner Familie morgen in Ruhe“.

Die Oberstufe des autogenen Trainings ist wichtig für die Psychoanalyse und man bekommt Einfluss in das Seelenleben. Es geht hier darum, Gefühlszustände bewusst zu erleben.

2. Yoga

Diese indische Entspannungstechnik umfasst sowohl geistige als auch körperliche Übungen. Es werden also sowohl der Körper als auch der Geist durch Yoga aktiviert. Ursprünglich stellte Yoga einen Weg der Erleuchtung durch Meditation dar und kommt aus dem Hinduismus und Buddhismus. Das heute im Westen gelehrte Yoga verfolgt einen ganzheitlichen Ansatz, Körper und Seele sollten dabei in Einklang gebracht werden, um eine höhere Vitalität und Gelassenheit zu erreichen. Zu Yoga gehören auf jeden Fall Atemübungen, damit man sich besser auf die Körpermitte konzentrieren kann.

Yoga kann man in Kursen lernen oder es kann in Kursen erlernt werden. Fitnessstudios bieten vor allem das Hatha-Yoga an, wo die körperlichen Übungen im Vordergrund stehen. Das Yoga der Stille hat den Fokus bei der Meditation. Vielleicht kennen Sie ja schon den Sonnengruß, eine der bekanntesten Yoga-Übungen. Es ist eine Folge von zwölf Yoga-Haltungen (Asanas), die den ganzen Körper aktiviert und mobilisiert.

Vom indischen Arzt Dr. Madan Kataria wurde das Lach-Yoga entwickelt. Hier nimmt man an, dass sich der Körper beim Lachen entspannt. Daher wird hier das Lachen ohne Grund geübt. Man versetzt sich durch Klatschen, Spielen, Atem- und Lachübungen in einen kindlichen Zustand und genießt die Wirkung des Lachens. Lachen fördert die Gesundheit und hilft dabei, viel gelassener zu werden.

Auch die Übung „5 Tibeter" mit ihren langsamen, geführten Bewegungen sowie Ein- und Ausatmungsübungen eignet sich sehr zum Entspannen. Sie stammt von dem amerikanischen Weltenbummler Peter Kelder, der sie in den 1930er Jahren entwickelte. Mit den Übungen (Kreisel, Kerze, Halbmond, Brücke und Berg) soll der Energiefluss im Körper harmonisiert werden. Peter Kelter berichtete auch von Mönchen, die sich durch gesunde Ernährung und das Singen des bekannten „Om" gesund und fit halten.

3. Fortschreitende Muskelentspannung

Im Jahr 1920 entwickelte der amerikanische Arzt Edmund Jacobsen die progressive Muskelrelaxation (PMR). Man versucht hier, durch bewusste Anspannung und Entspannung verschiedener Muskelgruppen den Körper insgesamt zu entspannen.

Man kann es in Kursen, aber auch durch Nutzen von CDs oder durch Selbststudium lernen. Im Sitzen oder Liegen spannt man jeweils die Muskeln einer bestimmten Körperregion für einige Sekunden fest an. Dann wird die Anspannung gelöst, wobei die Entspannung dreimal so lange dauert wie die Anspannung. Man atmet während des Übens lange und tief.

Eine sehr gute Übung ist die „Ampelübung". Hier atmen Sie zuerst ruhig ein und aus und richten Ihre Aufmerksamkeit nach innen. Dann spannen Sie Ihren Körper drei Atemzüge lang an, lassen die Anspannung beim vierten Atemzug bewusst los und spüren die nächsten 6 Atemzüge lang die Entspannung. Dann richten Sie Ihre Aufmerksamkeit wieder nach außen. Es ist wissenschaftlich belegt, dass progressive Muskelrelaxation Spannungs- und Angstzustände mildert und das Wohlbefinden des Körpers verbessert.

4. Tai-Chi und Qigong

Tai-Chi-Chuan oder Taiji ähnelt dem Schattenboxen und kommt aus China. Mit verschiedenen Basisübungen soll der ganze Körper gelockert werden. Bewegungsabläufe nennt man „Formen", die aus 24 bis 100 „Bildern" (Bewegung, Stellungen, Figuren) bestehen. Ihre Namen sind Schulterstoß, Fersenkick oder „Den Tiger umarmen und zur Burg zurückkehren". Die Wurzeln liegen im Taoismus.

Auch Qigong oder Chigong ist eine chinesische Bewegungskunst, die Meditation und Konzentration fördern soll. Hier soll lebendiges Chi (Lebenskraft) durch die Körperregionen fließen. Es gibt viele verschiedene Richtungen, aber allen ist gemein, dass Entspannung, Atmung, Ruhe, Bewegung, mentale Vorstellungskraft und Laute eine wichtige Rolle spielen. Auch hier gibt es – vergleichbar dem Tai-Chi – bestimmte Bewegungsformen mit wohlklingenden Namen wie, „Den Regelboden bewegen", oder, „Die Wolken auseinanderschieben".

Wenn Sie sich dafür interessieren, gibt es auch hier zahlreiche Kurse, Bücher und CDs. Schauen Sie mal bei der Volkshochschule in Ihrer Nähe!

5. Sport nutzen, um gelassener zu werden

Da sie den Körper fit halten, fördern viele Sportarten (v. a. Ausdauer, leichter Kraftsport etc.) auch die Gelassenheit. Ihre Aufmerksamkeit wird dabei auf das Hier und Jetzt gelenkt und die Sauerstoffversorgung wird verbessert. Man sollte im besten Fall 2-3-mal in der Woche für eine halbe Stunde Sport machen. Durch körperliche Anstrengung kommt man hier geistig zur Ruhe. Man ist warm und freut sich, wieder einmal den „Inneren Schweinehund" überwunden zu haben. Besonders geeignet, um gelassener zu werden, sind diese Sportarten:

- Spazieren gehen und Wandern
- Jogging und Walking
- Radfahren
- Tanzen
- Schwimmen
- Leichtes und mittelschweres Krafttraining
- Rudern
- Gymnastik, Aerobic und Zumba

Ball- und Mannschaftssportarten sind im Gegensatz zu Individualsportarten nicht so gut geeignet, Gelassenheit zu lernen, da Konkurrenzkampf Stress bzw. Anspannung bedeuten könnte. Wenn Sie sich nicht so motivieren können, suchen Sie sich am besten einen Partner und richten Sie sich bestimmte Zeiten für den Sport ein. Wenn Sie noch nicht viel Sport betrieben haben, sollten Sie sich am besten vorher von Ihreüm Arzt untersuchen lassen.

Geistige Übungen zur Gelassenheit

Mens sana in corpore sano – ein gesunder Geist in einem gesunden Körper –, das sagte man schon im alten Rom. Wenn Sie nun für den körperlichen Bereich eine passende Methode gefunden haben, dann ist es sinnvoll, sich auch aus den geistigen Übungen ein Verfahren auszuwählen, mit dem Sie gut zurechtkommen. Selbstverständlich können Sie auch zuerst eine geistige, dann eine körperliche Übung aussuchen.

1. Verschiedene Meditationsformen

Es gibt verschiedene Meditationsformen. Das gemeinsame Ziel ist es aber immer, den Geist zu sammeln und zu Beruhigung, Versenkung und Einsicht zu kommen. Dabei soll das Bewusstsein geweitet werden. Meditierende sind oft eins mit dem Universum und es hat oft auch religiöse Wurzeln. Im Buddhismus und Hinduismus strebt man mit der Meditation das Nirvana an und im Christentum bedeutet das Wort „meditatio" „gegenstandsfreie Anschauung". Es wird dann oft in einem Atemzug mit Gebet und geistiger Versenkung genannt. Daher unterscheiden sich die Meditationstechniken auch, je nachdem, woher sie kommen.

Allgemein bedeutet Meditation passive Übung, die man im Liegen oder im Sitzen ausführt. Sie soll einen Bewusstseinszustand hervorrufen, der zugleich tief entspannt, aber auch hellwach ist. Doch auch aktive Übungen wie Yoga, Rezitation von Mantras oder lautes Beten können Meditation sein.

Beim Meditieren ist es wichtig, sich auf einen oder zumindest auf wenige Gedanken zu konzentrieren. Man nimmt daher im Allgemeinen eine Haltung ein, in der man bequem für eine Weile sitzen kann. Am besten geht dies meist im sogenannten Lotussitz, bei dem die Füße gekreuzt auf den Oberschenkeln liegen. Da die Wirbelsäule in der Haltung gerade ist, kann sie auch für eine längere Zeit innegehalten werden. Nicht so Geübte können auch im halben Lotussitz meditieren, bei dem ein Fuß auf dem Oberschenkel liegt und der andere auf dem gegenüberliegenden Unterschenkel. Auch der Schneidersitz oder das Sitzen in Schmetterlingsform eignet sich zur Meditation. Hat man Probleme mit den Gelenken, dann hilft ein Kissen oder eine Meditationsbank, was die Gelenke entlastet und doch einen aufrechten Sitz ermöglicht. Im Meditationssitz konzentrieren Sie sich dann auf die tiefe Bauchatmung, um zur Ruhe zu kommen. Anschließend meditieren Sie. Das kann über eine vorher gelesene Textstelle, eine philosophische Fragestellung, das Geräusch von Regentropfen oder den Duft von Maiglöckchen sein. Auch eine Frage aus dem Zen-Buddhismus (z. B. das Zoan „wie klingt Händeklatschen?") oder eine Bibelstelle ist möglich. Oder Sie wählen einfach etwas ganz Alltägliches, wie beispielsweise ein Kochrezept, einen Gesprächsfetzen oder einen Traum. Es geht dabei immer um Loslassen und Konzentration.

Am Meditationsende richten Sie Ihre Aufmerksamkeit dann wieder nach außen und kommen zurück in den Alltag. Die Dinge, an die Sie beim Meditieren dachten, begleiten Sie wahrscheinlich noch lange.

2. Achtsamkeit verbessert die Körperwahrnehmung

Der Begriff Achtsamkeit stammt aus der buddhistischen Meditationspraxis. Hier geht es nicht nur wie bei der Aufmerksamkeit darum, sich auf ein Thema besonders zu konzentrieren, sondern um eine ungerichtete Offenheit. Der amerikanische Molekularbiologe Jon Kabat-Zinn hat in den 1980er Jahren die Methode der Mindfullness-Based Stress Reduction (MBSR, übersetzt heißt es etwa achtsamkeitsbasierte Stressreduktion) entwickelt. Das MBSR-Training dauert acht Wochen und enthält Übungen zur Körperwahrnehmung, Sitz- und Gehmeditationen. Auch das Verharren in Stille und Yogaübungen gehören dazu.

Durch das Training soll man erkennen, was sich gerade zu dem Zeitpunkt im Körper abspielt – also Gefühle, Stimmungen, Gedanken, Sinneseindrücke und Körperempfindungen. Diese Wahrnehmungen werden wertungsfrei akzeptiert. Besonders gut ist das Training bei Menschen mit Burn-out, Depression, Panikattacken, chronischen Schmerzen und Schlafstörungen.

Probieren Sie einmal die Achtsamkeitsübung „Rosine": Sorgen Sie dafür, dass Sie in einem ruhigen Raum ungestört sind. Atmen Sie einige Male tief in den Bauch ein und aus. Legen Sie nun einmal eine Rosine auf die Hand und beobachten Sie diese: Welche Farbe hat sie? Wie sieht die Oberfläche aus? Was nehmen Sie noch wahr? Rollen Sie dann die Rosine in der Handfläche hin und her. Wie fühlt sich das auf der Haut an? Streichen Sie dann sanft mit einem Finger über die Rosine: Was nehmen Sie wahr? Denken Sie mal über den Prozess nach, der dazu geführt hat, dass die Rosine nun bei Ihnen ist: Wie wurde sie geerntet und verarbeitet? Schnuppern Sie dann einmal an der Rosine und schmecken Sie sie auf Ihrer

Zunge, ohne die Rosine zu zerbeißen. Wenn Sie sie dann essen: Können Sie den Weg der Rosine von der Speiseröhre in den Magen verfolgen?

Wenn Sie möchten, können Sie nach der Achtsamkeitsübung einmal alles, was Sie mit Ihren Sinnen wahrgenommen haben, aufschreiben. Sie werden erstaunt sein, wie viel es sein wird.

3. Innerer Monolog

Jedes Gespräch mit sich selbst ist ein Monolog. In der Literatur wird es auch oft als Stilmittel benutzt, um die Gedankengänge einer Person aufzuzeigen. Um Gelassenheit zu trainieren, kann man den inneren Monolog benutzen, um mit sich selbst ins Gespräch zu kommen.

Stellen Sie sich in Gedanken einfach einmal eine Frage, wie z. B., „Warum reagiert meine Kollegin immer so ungehalten, wenn ich von meinem Computer zu ihr aufschaue?". Geben Sie auf die gestellten Fragen alle möglichen Antworten. Vielleicht werden Sie selbst erstaunt sein, wenn Sie dann Ihre Antworten lesen. Nehmen Sie alle Gedanken mal wertungs- und vorurteilsfrei auf, denn sie zeigen Ihnen, wie es in Ihrer Seele aussieht. Wenn Sie in Ihrem Monolog bemerken, dass Sie sich aufregen, dann fragen Sie sich, warum Sie das eigentlich tun.

Im inneren Monolog müssen Sie nur sich selbst Rede und Antwort stehen, daher können Sie auch sehr gut Gelassenheit trainieren und so Ihre innere Anspannung senken. Vielleicht gewinnen Sie sogar dadurch ganz neue Erkenntnisse und Lösungsmöglichkeiten. Sie sollten es probieren!

4. Situationen umdeuten

Dieses Konzept nennt man im Englischen „reframing" (Umdeutung). Beschrieben hat es zuerst die US-amerikanische Psychoanalytikerin Virginia Satir (1916-1988). Hier geht es darum, Situationen in einen neuen, ungewohnten Zusammenhang zu stellen und ihnen so eine neue Bedeutung zuzuweisen. Man gewinnt so viel bessere Eindrücke über die Situation, wenn man den Blickwinkel verändert.

Stellen Sie sich einmal vor, Sie schauen sich ein Bild im Museum an. Je weiter Sie von dem Bild weg stehen, desto mehr Dinge werden Sie vielleicht auf dem Bild erkennen. Wenn Sie ganz nahe am Bild stehen, hätten Sie dies vielleicht gar nicht erkannt. So ist es auch mit Situationen. Jeder sieht Situationen anders und alle Blickwinkel sind gleichberechtigt. Das kann unter Umständen ganz andere Deutungen hervorbringen. Auch an sogenannten „Vexierbildern" kann das Umdeuten von Situationen erklärt werden. Je nachdem, worauf sich der Betrachter konzentriert, sieht er die Bilder aus einem ganz anderen Blickwinkel und deutet sie daher auch ganz anders.

Ein Beispiel für Reframing ist beispielsweise der wöchentliche Anruf Ihrer Mutter. Nervt es Sie, dass Ihre Mutter immer wieder bei Ihnen anruft? Denken Sie, dass Ihre Mutter Sie kontrollieren möchte? Dann ändern Sie einfach mal Ihre Perspektive. Vielleicht ruft Ihre Mutter ja an, weil Sie sich einsam fühlt oder weil Sie sich einfach nur Sorgen um Sie macht? Vielleicht kann Sie Ihren Anruf auch gar nicht abwarten? Egal, wie Sie es deuten, Sie sehen Ihre Mutter nun vielleicht mit ganz anderen Augen und nutzen die Gelegenheit vielleicht sogar, um einen Familienkonflikt zu lösen.

5. Raum der Gelassenheit

Die Übung lehnt sich an die Übung „Innerer sicherer Ort“ aus der Psychotherapie an. Es handelt sich hierbei um eine Vorstellungsübung, wo man sich einen Raum vorstellen soll, bei dem man sich richtig wohlfühlt und in dem man gelassen ist. Zu diesem Raum kann man immer gehen, um gelassener zu werden.

Stellen Sie sich nun einmal solch einen Raum vor Ihrem inneren Auge vor: Wie sieht er aus? Ist es eine Höhle, ein Zelt, ein Saal oder eine Hütte? Wo ist dieser Raum? Ist er am Meer, an einem See, in der Stadt oder in den Bergen? Was riechen, fühlen und sehen Sie? Sind Sie alleine oder mit mehreren Menschen bzw. Tieren? Welche Gegenstände brauchen Sie? Ein Bett, eine Hängematte oder einen Strandkorb? Schreiben Sie diesen Raum so genau wie möglich auf und Sie werden sehen, wie viel gelassener Sie werden. Sobald Sie denken, dass Sie die Gelassenheit verlieren, schließen Sie Ihre Augen und denken Sie an diesen Raum. Dort sind Sie geschützt und nichts bringt Sie aus der Ruhe. Atmen Sie ein paar Mal tief ein und aus und kehren Sie dann wieder zurück. Dieser Raum gehört Ihnen ganz alleine, niemand anders kann ihn erreichen. Freuen Sie sich auf Ihren eigenen Raum!

Freizeitbeschäftigungen, die Gelassenheit fördern

Von dem amerikanischen Psychologen Mihály Csíkszentmihályi stammt aus dem Jahre 1975 das Konzept des „Flow“, das einen Tätigkeits- und Schaffensrausch schafft. Im Flow verschmelzen Bewusstsein und Handlung und man bekommt ein ganz anderes Gefühl für die Zeit. Die Tätigkeit geht einem mühelos von der Hand und man konzentriert sich sehr. Man hat ein Ziel vor Augen, was zur Zeit- und Selbstvergessenheit führt. Man ist voll konzentriert und maximal leistungsfähig.

Ein Hobby, das man wirklich gerne ausübt und das die Zeit vergessen lässt, kann zu solch einem Flow führen. Es darf dabei jedoch den Menschen nicht unter- und nicht überfordern. Manchmal erleben Menschen diesen Flow auch bei der Arbeit. Ganz egal, wo Sie ihn erleben: Es hilft Ihnen zu mehr Gelassenheit, denn Sie erleben Hingabe und Selbstwirksamkeit. Nichts regt Sie auf, nichts setzt Sie unter Druck. Versuchen Sie einmal, jeden Tag oder zumindest einmal in der Woche so einen Flow zu haben.

Hobbys sollten idealerweise die Selbstvergessenheit, die Entspannung und die Gelassenheit fördern. Daher sollten Sie Tätigkeiten auswählen, die nicht zu einfach sind, Ihnen aber leichtfallen und bei denen Sie auch Erfolge verbuchen können. Es wird ein wirklich herrliches Gefühl sein!

1. Angeln, Basteln und Tiere beobachten

Beobachten Sie einmal genau andere Menschen: Welche Hobbies haben diese, um zu entspannen? Angeln ist ein solches Hobby, was so einen Zustand hervorrufen kann. Angeln kann durchaus die Gelassenheit von Menschen fördern, wenn Sie nur an den Gedanken denken, den ganzen Tag da allein am See zu sitzen. Ein Angler jedoch weiß genau, wann er angeln geht, zu welcher Tages- und Jahreszeit, bei welchem Wetter er angelt, wo er angelt, welche Köder und welche Rolle sich zum Angeln eignen.

Wenn Sie beim Angeln gelassen sind, müssen Sie in Stresssituationen nur daran denken, um wieder ruhiger zu werden. Bei Menschen, die gerne basteln, handarbeiten oder Tiere beobachten, ist dies genauso. Man hat einen Motivator, auf den man sich in stressigen Situationen freuen kann. Der Lohn ist ein schönes Tierfoto, eine gelungene Bastelarbeit oder eine fertiggestellte Handarbeit.

Welches Hobby Sie wählen, ist eigentlich egal, Hauptsache, Sie haben Freude daran und vergessen alles um sich herum. Nutzen Sie die Zeit mit Ihrem Hobby ganz bewusst und machen Sie es nicht einfach nebenbei. Lassen Sie sich dabei auch nicht stören. Wenn Sie zu viel Stress im Alltag haben, widmen Sie sich einfach mal wieder Ihrem Hobby, denn dies ist Ihre ganz persönliche Übung zur Gelassenheit.

2. Künstlerische Tätigkeiten

Sind sie nicht mit Leistungs- und Konkurrenzdruck gepaart, können künstlerische Aktivitäten wie Malerei, Bildhauerei, Videokunst, Musizieren, Gesang, Tanz, Theater und Schriftstellerei die Gelassenheit stärken. Wer regelmäßig im Chor singt oder mit Aquarellfarben malt, Gedichte schreibt, alleine oder mit anderen singt und musiziert oder im Ballett tanzt, kennt vielleicht dieses Gefühl von Flow. Es baut Stresshormone ab, produziert Glückshormone und stärkt das Herz-Kreislauf-System. Künstlerische Tätigkeiten und Kreativität haben außerdem noch den Vorteil, dass man die Selbstwirksamkeit spüren kann. Man erlebt, dass man etwas schaffen kann, dass man durch seine Werke gezielt auf die Welt Einfluss nehmen kann. Das schützt laut wissenschaftlichen Studien auch vor Depressionen und Angst.

Nur die Übung macht den Meister – Gelassenheit lernt niemand sofort!

Auf dem Weg zur Gelassenheit geht es nicht immer nur vorwärts, sondern eben auch einmal zurück. Das ist normal, denn: Nur die Übung macht den Meister – und irgendwann wird die Gelassenheit schließlich von selbst kommen.

1. Üben Sie täglich!

Wenn Sie wollen, können Sie jeden Tag neu Gelassenheit üben, sei es z. B. beim Kochen, beim Aufräumen oder wenn Sie beispielsweise durch Reframing Aussagen Ihrer Kollegen umdeuten. Das Gute ist, dass Sie dies überall machen können, denn die tiefe Bauchatmung lässt sich überall durchführen. So können Sie auch wunderbar Wartezeiten (bei Bus und Bahn) für eine Gelassenheitsübung nutzen. Oder wenn es in der Familie kracht, können Sie in einem Monolog der Ursache auf den Grund gehen.

2. Geben Sie auf!

Seien Sie nachsichtig mit sich selbst. Alte Gewohnheiten lassen sich nicht auf einmal abstellen, denn Sie haben es ja jahrelang so gemacht. Sie benötigen erst Zeit, um diese Methoden zum Stressabbau kennenzulernen. Je größer Ihre Gelassenheit ist, desto gesünder leben Sie auch und desto mehr positive Auswirkungen hat dies auch auf Ihre Umgebung.

3. Fangen Sie immer wieder von vorn an!

Wenn Sie merken, dass es Ihnen noch nicht gelingt, in einer bestimmten Situation gelassener zu sein, wenden Sie sich erst einmal einer anderen Situation zu, wo Ihnen dies leichter fällt. Schauen Sie, ob Sie da mehr Erfolg haben. Denn zum Glück breitet sich Gelassenheit immer mehr aus. Wenn Sie erst einmal in der Familie gelassener sind, werden Sie es vielleicht auch schneller im Beruf. Wenn Sie auch mit langen Gelassenheitsübungen bestimmte Situationen nicht meistern können, sollten Sie die Situation doch hinterfragen. Vielleicht sollten Sie einmal eine Paartherapie in Anspruch nehmen oder sich eine andere Arbeit bzw. ein anderes Hobby suchen.

Der eigene Weg zu mehr Gelassenheit

Jeder Mensch geht seinen eigenen Weg zur Gelassenheit, dies ist bei jedem Menschen einzigartig. Und die verschiedenen Methoden, um Gelassenheit zu erlernen, wirken bei jedem Menschen ebenfalls unterschiedlich. Nur Sie selbst können feststellen, was Ihnen wirklich auf dem Weg zu mehr Gelassenheit hilft. Nur Sie tragen die Verantwortung für sich selbst, die Sie auch niemandem anders übertragen können. Gehen Sie Ihren Weg zur Entspannung bewusst, auch wenn dieser für andere vielleicht etwas seltsam sein mag. Jeder ist anders. Es gibt z. B. diese Kategorien von Menschen:

- Zufriedene und Ängstliche
- Extra- und Introvertierte
- Unkonventionelle und Konventionelle
- Egozentrische und Altruistische
- Zuverlässige und unzuverlässige Personen

Es ist wichtig, diese Individualität bei Menschen zu akzeptieren. Keiner ist gleich, auch nicht eineiige Zwillinge. Daher muss auch jeder den eigenen Weg zu mehr Gelassenheit finden und vielleicht einiges dafür ausprobieren. Immer fördert Gelassenheit jedoch die Gesundheit. Sie führt zu weniger Herz-Kreislauf-Krankheiten, Depressionen, Schmerzen und Störungen des Immunsystems. Wenn Sie einen Weg zu mehr Gelassenheit gefunden haben, tun Sie sich also selbst etwas Gutes. Sie müssen einfach herausfinden, was am besten zu Ihnen passt.

Ein Trainingsplan zur Steigerung der Gelassenheit

Um herauszufinden, welche Gelassenheitsübung am besten zu Ihnen passt, machen Sie sich am besten einen Trainingsplan. Erst können Sie alle Übungen darauf mit Bleistift schreiben, bis Sie herausgefunden haben, welche am besten zu Ihnen passen.

Schreiben Sie sich dabei auch in die Tabelle, wie groß Ihre Gelassenheit vor oder nach der Übung ist. Ist der Wert nachher höher, so sind Sie auf dem richtigen Weg. Ist der Wert nachher niedriger, sollten Sie sich eine andere Übung suchen.

Situation	Symptome	Übung	Häufigkeit	Gelassenheit vorher	Gelassenheit nachher
Stau auf dem Weg zur Arbeit	Magenschmerzen, Herzrasen, Aggressivität	1. Puffer einplanen und eher losfahren 2. Raum der Gelassenheit 3. Tiefe Bauchatmung	1. Zweimal in der Woche 2. zweimal pro Woche 3. täglich dreimal	3	7

GELASSEN BLEIBEN!

Sie können sich einen Trainingsplan zusammenstellen, um gelassener zu werden. Je besser die Übungen in den Alltag passen, desto eher werden Sie diese auch durchhalten. Haben Sie Geduld mit sich und nutzen Sie auch Rückfälle, um daraus zu lernen.

Praktische Übungen zur Gelassenheit im Alltag
Damit Sie dauerhaft gelassen bleiben können, ist eine gelassene Lebenshaltung nötig. Lassen Sie andere Menschen einfach so sein, wie Sie sind, und nehmen Sie Situationen an, wie Sie sich eben darstellen. Klammern Sie sich nicht daran fest, dass bestimmte Situationen immer so oder anders sein müssen. Lassen Sie Dinge los, die Sie beschweren und die Ihnen offensichtlich nicht guttun. Erkennen Sie Ihr eigenes Befinden, finden Sie heraus, wie angespannt Sie sind, und nutzen Sie jede Gelegenheit, um gelassener zu werden.

Die wichtigste Gelassenheitsübung im Alltag ist sicher die tiefe Bauchatmung, die hier schon mehrfach angesprochen wurde. Diese können Sie prima in Ihren Alltag integrieren und anwenden, beispielsweise,

- wenn das Telefon klingelt und bevor Sie abheben. Denken Sie, auch wenn Sie die Nummer von Ihrem Chef sehen, „Ich bin jetzt ruhig und gelassen".
- wenn es an der Türe klingelt,
- einfach nach einem bestimmten Zeitraum, beispielsweise nach einer halben Stunde. Vielleicht haben Sie einen Kirchturm in der Nähe oder Sie benutzen den Wecker am Smartphone, der Sie daran erinnert.
- immer, wenn Sie eine Tätigkeit (E-Mail, putzen etc.) beendet haben.
- wenn Sie auf den Bus oder die Bahn warten oder bei einem Arztbesuch warten müssen. Auch rote Ampeln oder das Warten auf Ihre Kinder usw. eignen sich gut.

Wenn Sie hier regelmäßig die Bauchatmung durchführen, wird sie Ihnen quasi in Fleisch und Blut übergehen und bald fester Bestandteil Ihres Tagesablaufes sein.

– Auszeiten sollten fest eingeplant werden! –

Reservieren Sie bewusst Auszeiten im Alltag für Gelassenheitsübungen. Tragen Sie diese in einen Kalender ein oder machen Sie die Übungen jeden Tag zur selben Zeit (z. B. vor der Arbeit, vor dem Schlafengehen, in der Mittagspause etc.). Je verbindlicher diese Auszeiten sind, umso besser ist es.

In Ihrer persönlichen Auszeit sollten Sie genau das tun, was Ihnen guttut und Spaß macht. Wählen Sie dabei am besten die Tätigkeiten aus, bei denen Sie am besten zur Ruhe kommen. Sie werden bald merken, dass Sie ohne diese Zeiten gar nicht mehr leben wollen, wenn Sie sich erst einmal richtig daran gewöhnt haben. Denn dies sind Ihre Freiräume, bei denen es um Sie selbst geht.

Wenn Sie sich Ihre persönliche Auszeit nehmen, sollten Sie kein schlechtes Gewissen haben. Wenn Sie überlegen, ob Sie nicht doch vielleicht in der Zeit andere Aufgaben erledigen oder sich anderen Menschen bzw. Ihrer Familie widmen sollten, dann sagen Sie bewusst „Stopp!". Ihre Bedürfnisse sind auch wichtig und Sie können die Bedürfnisse anderer Menschen nur richtig befriedigen, wenn Sie selbst mit sich im Reinen sind. Hier muss man auch mal etwas egozentrisch sein.

Tagebuch führen

Für manche Menschen ist es tatsächlich sehr hilfreich, ein Tagebuch zu führen. Besorgen Sie sich dazu am besten einen ausreichend großen Taschenkalender und tragen Sie dort alle Übungen und Ihre Empfindungen dabei ein. Wie steht es mit Ihrer Gelassenheit? Auch dies können Sie hier eintragen. Sie können zur Übersicht auch Übungen und Empfindungen bzw. Ihr Gelassenheitslevel in unterschiedlichen Farben aufschreiben.

So können Sie auch später gut nachvollziehen, welche Übungen Sie gemacht haben und wie diese Ihnen auf dem Weg zu mehr Gelassenheit geholfen haben. Auch sehen Sie hier am besten, wo Sie die Gelassenheit immer schnell verloren haben, wo also noch am meisten „Handlungsbedarf“ besteht. Um eine bessere Übersicht zu behalten, können Sie bei den Gelassenheitsübungen Ihren eigenen Code erfinden oder z. B. Situationen mit Ausrufezeichen markieren, wo Sie immer wieder gerne die Geduld verlieren. So bereiten Sie sich auch am besten auf schwierige Situationen vor.

Wenn es mit der Gelassenheit nicht klappen will

Manche Situationen stellen Menschen vor besondere Herausforderungen. Das können Schicksalsschläge sein, finanzielle Notlagen oder Stress im Beruf. In diesen Situationen ist es besonders wichtig, gelassen zu bleiben, auch wenn es unter Umständen sehr schwerfällt. Lernen Sie, dies zu akzeptieren, und zwingen Sie sich nicht zur Gelassenheit, denn dies sorgt noch für viel mehr Anspannung.

Haben Sie in solchen Situationen einfach etwas Geduld mit sich. Wenn Sie sich sagen, „Ich kann jetzt nicht gelassen sein“, dann ist es eben so. Aber auch, wenn es paradox klingen mag: Meist sind Sie dann sogar viel gelassener.

Jeder Tag bietet neue Möglichkeiten zum Lernen von Gelassenheit! Wenn es an einem Tag nicht so gut geklappt hat, dann läuft es am Tag darauf vielleicht besser.

Mit Rückfällen richtig umgehen

Vielleicht haben Sie jetzt schon eine Zeitlang Gelassenheit trainiert und auch schon Erfolge erzielt. Sie haben gelernt, sich auf Ihre Bedürfnisse zu konzentrieren, und regen sich auch nicht mehr so schnell auf. Aber dann passiert es: Eine Situation tritt ein, die Sie wieder völlig aus der Bahn wirft. Das kann z. B. der Chef sein, der Sie vor versammelter Mannschaft bloßstellt, Ihr Partner verlässt Sie oder ein Angehöriger erkrankt schwer und und und...Sie merken, dass Sie auf einmal wieder ganz angespannt sind.

Wenn es dann passiert, wenn Sie explodiert sind, sich beleidigt zurückgezogen haben, wenn Sie geschrien, getobt oder geweint haben, dann lernen Sie, dies zu akzeptieren. Rückfälle sind normal und nicht immer läuft alles perfekt nach Plan.

Wenn es zu Rückfällen kommt: Fangen Sie einfach noch einmal von vorne an. Wenn ein Alkoholiker rückfällig wird, würden Sie ihm ja auch zu einem erneuten Entzug raten – selbstverständlich ohne Vorwürfe, da man sonst nicht auf Sie hören würde. Oft fällt es auch leichter, Freunden einen solchen Ratschlag zu geben als sich selbst.

Seien Sie sich selbst bei Rückfällen ein guter Freund, Sie haben ja bereits bewiesen, dass Sie gelassener sein können. Dann schaffen Sie das auch wieder! Ein Rückfall ist kein Beinbruch, sondern eine Chance zu vielleicht noch mehr Gelassenheit.

Aus Rückfällen können Sie sogar noch etwas lernen. Hat sich die Situation etwas beruhigt, so überlegen Sie sich: Welcher Mensch hat Sie da so aus der Bahn geworfen? Was hat Ihnen die Ruhe geraubt? Haben Sie Anzeichen bemerkt, dass Sie Ihre Gelassenheit bald verlieren werden? Wie hat Ihr Körper darauf reagiert? Am besten ist es, die Situation richtig zu analysieren. Beschreiben Sie genau, was Sie gedacht, gefühlt und gespürt haben, jedes Detail ist hier hilfreich:

- Gefühle: Unsicherheit, Panik, Versagens- oder Verlustängste, Leere, Wut, Trauer, Niedergeschlagenheit, Unvermögen, Gefühle wahrnehmen...
- Körperliche Symptome: Unruhe, Tunnelblick, Konzentrationsschwierigkeiten, Herzrasen, Schweißausbrüche, Atemnot, Schlafstörungen, Infektanfälligkeit, Abgeschlagenheit...
- Beteiligte Menschen: Vorgesetzte, Familie, Mitarbeiter, Kollegen, Nachbarn, Unbekannte, Amtsträger, unbeteiligte Dritte...
- Schwierige Situation: in der Familie, im Beruf, in der Freizeit, auf Ämtern, auf der Straße...

Notieren Sie am besten auch, was Sie getan haben, um wieder „herunterzukommen". All dies hilft Ihnen dabei, noch viel mehr über sich selbst zu erfahren. Wenn Sie sich dann wieder fit genug fühlen, können Sie das Training wieder fortsetzen.

Gelassenheit im familiären Bereich

In diesem Teil dreht sich alles um ein gelassenheitsförderndes Miteinander in Partnerschaft, Familie und Verwandtschaft. Ihren Freundeskreis können Sie frei wählen und in Ihren Lebenspartner haben Sie sich verliebt und sich bewusst für ein Leben mit ihm entschieden. Familie und Verwandtschaft kann man sich aber nicht aussuchen, dies begleitet Sie ein Leben lang. Finden Sie heraus, welche Kränkungen, Missverständnisse und Konflikte hier zu Stress führen. Setzen Sie sich mit Ihren eigenen Bedürfnissen auseinander. Je gelassener Sie bei der Partnerschaft, der Kindererziehung oder dem Umgang mit den Verwandten sind, desto besser gelingt in der Regel auch das Miteinander hier.

GELASSENHEIT IN DER PARTNERSCHAFT

Gelassenheit in der Partnerschaft ist einmal leicht, einmal schwer. Am Anfang der Partnerschaft ist es sicher nicht so schwer, den Partner so sein zu lassen, wie er ist, da man ja verliebt ist. Nach ein paar Jahren stellt sich dann heraus, dass man seine Vorstellungen immer wieder neu anpassen muss und die Beziehung immer wieder auf ein neues Vertrauensfundament stellen muss. Gelassenheit hilft hier sehr. Es ist immer sehr schön, einen Menschen zu finden, mit dem man sein Leben oder zumindest einen Abschnitt davon teilen möchte. Während man sich früher auf einen Partner festsetzte, sind Trennungen und Scheidungen heute nicht mehr ungewöhnlich.

Wie sich Partnerschaftsmodelle in der Zeit ändern

Früher waren Ehen immer sehr verbindlich. Heute überdenkt man Partnerschaften eigentlich jeden Tag, denn Trennungen sind insgesamt gesehen viel leichter geworden. Man kann heute viel leichter den Lebensunterhalt selbst verdienen und auch Kinder erziehen, ohne zusammenzuleben. Auch Frauen stehen in der Regel heute auf eigenen Beinen und Männer bleiben nicht mehr bei Frauen, nur weil diese die Hausarbeit erledigen. Alle Liebesbeziehungen – egal, ob gleichen oder unterschiedlichen Geschlechts – profitieren von Gelassenheit. Um es einfacher zu machen, wird hier der Begriff „Partnerschaft“ für alle möglichen Beziehungen verwendet und der Begriff „Partner“ gilt sowohl für Männer als auch für Frauen.

Fakt ist: Auch die Gesundheit profitiert von Partnerschaften, denn Menschen mit Partner haben in der Regel eine höhere Lebenserwartung als Menschen ohne festen Partner. Man bekommt vom Partner Zuwendung und bei Krankheit kümmert sich jemand um einen – das sind die wichtigsten Vorteile einer Partnerschaft.

– Kälte wird durch menschliche Reibung erzeugt –

In jeder zwischenmenschlichen Beziehung gibt es Missverständnisse, Konflikte und Reibereien, auch wenn sich die Partner lieben. Das kann viele Gründe haben:

- Mangelnde und missverständliche Kommunikation
- Unterschiedliche Annahmen
- Unklare Absprachen
- Tagesform
- Wertekollisionen
- Unterschiedliche Prioritäten

...und noch viel mehr. Menschliche Reibungen erzeugen – das sagte schon der polnische Satiriker Jerzy Lec – Kälte. Da aber Wärme der Nährboden einer jeden Partnerschaft ist, sollten die Kältequellen möglichst minimiert werden. Dies gelingt am besten durch Gelassenheit.

– Ehrlich miteinander umgehen –

Gelassenheit funktioniert in Partnerschaften (wie übrigens auch bei allen anderen zwischenmenschlichen Beziehungen wie an der Arbeit) am besten, wenn beide Partner ehrlich sind und sich wertschätzen. Lügen und Abwertungen werden jeden Menschen nachhaltig beeinflussen. Es kommt zu Angst, Vertrauensbruch, Verteidigungshaltung und Fluchtimpuls. Dies wiederum aktiviert das menschliche „Kampf und Flucht"-Programm und erhöht Stress. Dieser Stress wird durch jeden nicht gelösten Konflikt erhöht, so lange, bis das Fass schließlich überläuft und der Kessel explodiert. Man muss in einer Partnerschaft nicht alles sagen, aber das, was man sagt, sollte ehrlich sein.

Die eigenen Ansprüche hinterfragen

Um möglichst wenig Konflikte in der Partnerschaft zu haben, sollten sich die Partner über ihre jeweiligen Ansprüche an die Partnerschaft im Klaren sein und sich austauschen. Bei zahlreihen Spannungsfeldern wie,

- Nähe und Distanz,
- Offenheit und Abgrenzung,
- Sicherheit und Risikobereitschaft,
- Gemeinsamkeit und Individualismus,
- Gestaltung des gemeinsamen Lebensraums und der gemeinsamen Zeit,
- Familienplanung oder
- Einsatz im Beruf,

kann es große Differenzen geben. Je offener die Konflikte dann ausgesprochen werden, desto größer ist die Chance, dass man dennoch zueinander findet. Dann ist man in der Partnerschaft auch gelassener.

– Thematisieren von Lebenskonzepten –

Wissen Sie überhaupt, wie Sie selbst leben möchten? Damit Sie mit Ihrem Partner über ein Lebenskonzept sprechen können, müssen Sie sich erst einmal über Ihre eigenen Bedürfnisse und Werte im Klaren sein. Versuchen Sie, sich einmal diese Dinge bewusst zu machen:

- Wie nahe möchten Sie Ihrem Partner körperlich, seelisch und geistig sein?
- Über welche Themen reden Sie gerne mit Ihrem Partner und über welche nicht? Reden Sie überhaupt gerne mit Ihrem Partner?
- Was unternehmen Sie gerne mit Ihrem Partner und was lieber alleine?
- Wie wichtig ist Ihnen finanzielle Sicherheit oder kommen Sie gut mit dem Risiko klar?
- An welchen Entscheidungen soll Ihr Partner mitbestimmen? Was möchten Sie lieber selbst entscheiden?
- Wie viel Zeit möchten Sie am Tag, in einem Monat und in einem Jahr mit dem Partner und mit sich alleine verbringen?
- Wie lange planen Sie Dinge im Voraus? Sind Sie eher spontan oder planen Sie Urlaub schon für das kommende Jahr?
- Möchten Sie einen gemeinsamen Freundeskreis? Oder lieber mehr „eigene“ Freunde?
- Wie wichtig ist Ihnen Abwechslung?
- Wie möchten Sie am liebsten leben? In einem Eigenheim oder in einer Mietwohnung? Zusammen mit dem Partner oder jeder mit eigenem Bereich?
- Brauchen Sie eine klare Aufgabenverteilung?
- Möchten Sie gemeinsame Kinder und wer übernimmt in der Erziehung welche Aufgaben?
- Welche Rolle soll der Ex-Partner spielen, falls Sie schon mit ihm Kinder haben, und wie geht es Ihnen, wenn Ihr derzeitiger Partner schon Kinder hat?
- Arbeiten Sie gerne oder eher gezwungenermaßen? Welche Rolle spielt Ihr Beruf in Ihrem Leben? Wie wichtig sind Ihnen Kollegen?
- Erzählen Sie Ihrem Partner gerne von Ihrem Berufsalltag? Oder behalten Sie dies lieber für sich? Erwarten Sie von Ihrem Partner, dass man Sie an seinem Arbeitsalltag teilhaben lässt?

Wenn Sie diese oder ähnliche Fragen beantwortet haben, wird es Ihnen leichter fallen, mit Ihrem Partner darüber zu sprechen und die Beziehung gelassener zu sehen. Nehmen Sie sich ruhig Zeit, solche Themen ausführlich zu besprechen, und überfordern Sie sich nicht auf einmal. Besser ist es, seine Lebensvorstellungen anhand konkreter Situationen miteinander zu besprechen. Das fördert Gelassenheit und klärt viele Dinge auf, die ungesagt sind.

– Nehmen Sie Dinge ernst, die Ihnen wichtig sind! –

In vielen Bereichen sind Sie sicher dazu bereit, Kompromisse einzugehen. In manchen Bereichen fällt Ihnen das jedoch gar nicht leicht, weil sie Ihnen einfach so wichtig sind. Versuchen Sie, gerade diese Bereiche bei Ihrem Partner anzusprechen. Sagen Sie Ihrem Partner, warum Ihnen das so wichtig ist und was Sie sich von Ihrem Partner wünschen bzw. von ihm erwarten. Je ehrlicher Sie dabei sind, desto eher wird Ihr Partner Sie verstehen.

Wichtig: Achten Sie bei solchen Gesprächen mit Ihrem Partner unbedingt auf Ihren Körper. Wenn Sie schneller atmen oder Ihre Muskeln verspannen, dann ist dies ein eindeutiges Zeichen, dass es Ihnen im Gespräch nicht gut geht. Dann sagen Sie besser, dass Sie eine Pause brauchen. Denken Sie hier auch an die tiefe Bauchatmung. So verhindern Sie, dass Sie etwas sagen, das Sie nachher vielleicht bereuen.

- Wünsche äußern und erfüllen -

Jeder Mensch hat Wünsche an seinen Partner. Auch wenn sie nicht alle erfüllt werden können, so ist es doch ein großer Vertrauensbeweis, wenn Sie Ihrem Partner gegenüber Wünsche äußern können und dürfen.

Versuchen Sie zunächst, die Bedürfnisse hinter Ihren Wünschen zu verstehen und einzuordnen, bevor Sie mit Ihrem Partner reden. Hätten Sie gerne einen Traumurlaub? Dann wünschen Sie sich vielleicht mehr gemeinsame Zeit oder mehr verlässliche Planung. Wünschen Sie sich mehr Zeit miteinander, haben Sie vielleicht ein anderes Bedürfnis nach Nähe als Ihr Partner. Wenn Ihnen dies bewusst ist, können Sie gelassen mit Ihrem Partner reden.

Auch Ihr Partner hat wahrscheinlich unausgesprochene Bedürfnisse. Schaffen Sie also ein gutes Klima, in dem Sie entspannt darüber reden können, und nehmen Sie Ihren Partner ernst. Kollidieren die Wünsche Ihres Partners nicht mit Ihren, können Sie diese mit gutem Gewissen erfüllen. Haben Sie aber kollidierende Bedürfnisse, sollten Sie darüber offen reden. Das Gute ist, dass Sie dabei möglicherweise sogar viele Dinge über Ihren Partner lernen, die Sie noch nicht wussten.

- Keine Überfrachtung der Beziehung -

Fragen Sie sich einmal, welche Rolle Sie von Ihrem Partner erwarten? Wenn er sogleich Geliebter, Seelsorger, Berater, Versorger, Vertrauter, bester Freund und Kümmerer sein soll, überfordert ihn das sicherlich.

Versuchen Sie hier, die Ansprüche auf Ihren Partner auf ein realistisches Maß zu reduzieren. So können auch andere Menschen an Ihrem Leben beteiligt sein und Sie entlasten Ihren Partner. Auch bekommen Sie oft von anderen Menschen neue Impulse, die auch die Partnerschaft beleben können. Auch sollten Sie für Ihren Partner nicht alles sein wollen. Überlegen Sie sich lieber, wo Ihre Stärken liegen, und konzentrieren Sie sich darauf, was Ihnen in der Partnerschaft am meisten am Herzen liegt. Geben Sie Ihrem Partner Raum für andere Beziehungen und versuchen Sie, nicht gleich eifersüchtig zu sein. Begegnen Sie anderen Menschen aus dem Umfeld Ihres Partners mit Wohlwollen. Wahrscheinlich erfahren Sie so sogar viel mehr über Ihren Partner.

Sie können nur sich ändern, nicht andere Menschen!
Wer gelassen ist, lässt auch seinen Partner so sein, wie er ist. So haben Sie sich ja auch in Ihren Partner verliebt. Im Laufe der Zeit werden Sie immer neue Eigenschaften an Ihrem Partner erkennen, die Sie mögen, aber Sie werden auch mit der Zeit seine Ecken und Kanten kennenlernen. Aber genauso ergeht es Ihrem Partner!

- Vom Vorwurf zur Ich-Botschaft -

Wenn Ihnen etwas an Ihrem Partner nicht gefällt oder wenn Sie sich von ihm in einer Situation gekränkt oder missverstanden fühlen, ist es wichtig, dass Sie dies ansprechen. Nur so fühlen Sie sich wohl und auch für den Fortbestand der Partnerschaft ist dies mitunter entscheidend. Indem Sie Konflikte vermeiden, erzeugen Sie nur mehr Stress und Ihre Gelassenheit schwindet. Irgendwann läuft das Fass dann über und es gibt einen riesigen Krach. Besser ist es, Konflikte gleich anzusprechen.

Sätze wie, „Du hörst mir nie zu!“, oder, „Immer muss ich den Müll rausbringen!“, sind wahre Beziehungskiller. Bei den Worten „nie“ oder „immer“ schaltet der Adressat eigentlich immer gleich ab, denn mit der aktuellen Situation hat dies nichts zu tun. Es ist eher eine Verallgemeinerung. Besser ist es, die konkrete Situation anzusprechen: „Ich habe dir gerade von meiner Arbeit erzählt, aber du wechselst gleich das Thema!", oder, „Der Müll läuft über und du bist diese Woche dran mit dem Mülldienst." Am besten ist es jedoch, ganz auf Vorwürfe zu verzichten und in der Ich-Botschaft zu sprechen. Sobald Sie die Worte, „Du bist immer...", oder, „Du hast wieder...", verwenden, wird Ihr Gegenüber auf Flucht und Kampf umschalten, was wiederum Stress und mangelnde Gelassenheit auf beiden Seiten bedeutet. So wird es Ihnen ebenfalls gehen, wenn Ihr Partner Sie mit solchen Vorwürfen konfrontiert. Besser ist es, Ihre Gefühle über Kränkungen offen auszusprechen. So geben Sie Ihrem Partner die Möglichkeit, auf Sie zuzugehen. Auch bezieht Ihr Partner dann Ihre Aussage nicht gleich auf sich, sondern auf die Situation. Sagen Sie beispielsweise, „Ich möchte dir gerade von meinen Problemen erzählen und brauche deinen Rat. Wenn du das Thema wechselst, fühle ich mich nicht ernst genommen." Dieser Satz nimmt Ihren Partner in die Verantwortung und zeigt ihm, wie wichtig er Ihnen ist. Vielleicht ist ihm das ja gar nicht aufgefallen oder er dachte gar nicht daran, dass Sie Rat von ihm brauchen. Oder vielleicht brennt ihm ja selbst ein Thema auf der Seele, über das er mit Ihnen sprechen möchte. Ihre Ich-Botschaft ermöglicht so ein konstruktives Gespräch und fördert ein konstruktives Miteinander ohne Stress.

– Streit lernen –

In jeder Partnerschaft gibt es Konflikte. Aber es ist gerade die Fähigkeit, diese auszutragen, was die Qualität einer Partnerschaft ausmacht. Denn zu einem fairen Streit gehören viel Vertrauen, Gelassenheit und Großzügigkeit. Ganz gleich, wie wütend oder verletzt Sie sind, versuchen Sie, den Konflikt aus der Vogelperspektive heraus zu betrachten. Worum geht es? Welche Grenzen hat Ihr Partner überschritten? Welche Bedürfnisse wurden missachtet? Wie fühlt sich Ihr Partner im Hinblick auf den Konflikt?

In einer gelassenen Partnerschaft sollten beide Partner in der Lage sein, sich in den anderen hineinzuversetzen. Wenn dies immer nur einer der Partner tut, so ist die Beziehung in der Regel zum Scheitern verurteilt. Betreiben Sie regelmäßig Selbstreflexion und fragen Sie sich:

- Wie wirkt mein Verhalten auf meinen Partner?
- Wie kommt unsere Kommunikation bei ihm an?
- Wie fühlt sich mein Partner mit mir?

Je ehrlicher Sie hier sind, desto näher werden Sie Ihrem Partner sein und desto mehr werden Sie sich in Krisenzeiten auf ihn verlassen können – alles Ressourcen zur Gelassenheit!

Checkliste: Was mögen Sie an Ihrem Partner?
Je länger die Partnerschaft dauert, umso mehr wird Sie der Alltag einholen. Daher sollten Sie sich immer vor Augen führen, was Sie an Ihrem Partner lieben:

- Welche körperlichen Eigenschaften lieben Sie?
- Welche Charaktereigenschaften Ihres Partners mögen Sie besonders?
- Fühlen Sie sich bei Ihrem Partner verstanden und sicher?
- Können Sie sich bei Ihrem Partner richtig fallenlassen?

- Lachen und weinen Sie über die gleichen Dinge?
- Können Sie Ihrem Partner alles erzählen?
- Denken Sie manchmal darüber nach, Ihren Partner auszutauschen?

Wenn Ihnen hier oder bei ähnlichen Fragen spontan viel einfällt, können Sie sich ganz gelassen zurücklehnen und ruhiger werden. Ihre Partnerschaft ist es wert, darum zu kämpfen! Schreiben Sie diese Punkte doch einmal auf und schauen Sie sich diese an, wenn Sie mal wieder mit Ihrem Partner streiten oder sich über ihn ärgern. Wahrscheinlich verfliegt der Ärger dann ganz schnell wieder.

Gelassenheit beim Miteinander immer wieder neu erfinden

Eine Partnerschaft ist nie statisch. Sie verändert sich ständig, da sich ja auch Lebensumstände und die Partner selbst sich stetig weiterentwickeln. Wäre eine Partnerschaft rein statisch, würde sie an der Dynamik zerbrechen.

Eine gelassene Haltung ermöglicht es, das Miteinander jeden Tag neu zu hinterfragen, anzupassen und weiterzuentwickeln. Und genau das lohnt sich, da „Ganzes immer mehr ist als die einzelnen Teile“. Wenn der Partner mit Ihnen mitwächst, werden Sie viel mehr erreichen, als es alleine möglich ist.

– Intro- vs. Extrovertiert – Unterschiede erlauben! –

Um miteinander zu wachsen, brauchen Partner einen Blick für die Unterschiede. Besonders gilt dies für die Unterschiede intro- und extrovertiert. Ein introvertierter Mensch geht nun einmal anders mit Konflikten um als ein extrovertierter Mensch und braucht in der Partnerschaft ganz andere Schutzzonen.

Sind beide Partner intro- oder extrovertiert, so haben sie meist intuitiv Verständnis füreinander. Anders ist dies jedoch, wenn die Partner unterschiedlich sind. Extrovertierte sollten Introvertierten genug Rückzugsmöglichkeiten einräumen. Hier ist es auch besonders wichtig, miteinander zu reden, bevor Porzellan für immer zerschlagen wird.

– Die Suche nach der besseren Hälfte –

Viele Menschen empfinden Alleinsein als Mangelzustand und sehnen sich nach einem Partner. Sie wünschen sich Körper- und Seelenverwandtschaft. Sie suchen das passende Gegenstück, analog zum Kugelmenschenkonzept des Philosophen Platon.

Leider besteht auch die Gefahr, dass man durch diese Sehnsucht den Partner idealisiert. Er soll Mängel ausgleichen und eigene Schwächen unsichtbar machen, damit die Partnerschaft „rund“ wird. Aber jeder Mensch hat Stärken und Schwächen, nobody is perfect. Und leider ergeben zwei unperfekte Menschen nicht gleich ein perfektes Ganzes.

Wer gelassen ist und zu seinen Schwächen und Mängeln steht, wird diese auch bei seinem Partner besser akzeptieren und mit dem Partner an der Partnerschaft arbeiten können. Überfrachten Sie Ihren Partner nicht nach Perfektion!

Der Kugelmensch oder Das Symposium nach Platon

Es gab ursprünglich drei Geschlechter von Menschen: Das männliche, das weibliche und ein drittes, das beides vereinte. Dieses „Mannweib“ war rund und beide Seiten schlossen sich zu einem Ganzen zusammen. Es hatte zwei Gesichter, vier Arme und vier Beine. Es lief aufrecht und rückwärts oder vorwärts. Die Kugelmenschen waren stark und daher den Göttern gefährlich. Aus diesem Grund zerschnitt sie der Göttervater in zwei Hälften, die nun alleine durchs Leben gehen müssen, die sich aber danach sehnen, sich wieder zu vereinen. Dieser Eros, diese Sehnsucht macht aus zwei Menschen eins.

– Gesten, auf die man nicht verzichten kann –

In einer guten Partnerschaft sind Gesten unverzichtbar. „Du weißt doch, dass ich dich liebe!“, oder, „Siehst du denn nicht, wie wichtig du mir bist!“, sagen nur Menschen, die ihren Gefühlen keinen Ausdruck verleihen können. Gesten – ganz gleich, ob groß oder klein – zeigen schließlich, wie wichtig einem der Partner ist. Es macht doch Spaß, wenn man sieht, wie sich der Partner über das frisch gekochte Essen freut.

Wer sich geliebt und angenommen fühlt, wird viel gelassener sein. Wer dies dem Partner immer wieder durch Gesten übermittelt, ist viel gelassener. Nehmen Sie sich einmal vor, dies Ihrem Partner mehrmals in der Woche zu sagen oder durch Gesten zu zeigen. Beobachten Sie seine Reaktion und stellen Sie sich vor, wie Sie sich durch Wertschätzungen durch Ihren Partner bestätigt fühlen. Das schafft sicher Gelassenheit! Es muss nicht viel sein, Sie werden erstaunt sein, wie es auf den Partner wirkt, wenn Sie ihm z. B. mal am Sonntag Frühstück ans Bett bringen.

– Befriedigende Sexualität schafft auch Gelassenheit –

In der Regel gehört auch körperliche Vereinigung zu einer Partnerschaft. Beim Geschlechtsverkehr werden viele Hormone ausgeschüttet, die Paarbindung und Wohlbefinden fördern. Daher trägt auch ein befriedigendes Sexualleben zur Gelassenheit bei und bietet einen Schutz vor dem „Unheil der Welt“.

Wenn Sie Probleme mit der Sexualität haben, lohnt es sich, diesen auf den Grund zu gehen. Denn oft stecken andere Probleme dahinter. Sind diese gelöst, klappt es meist auch wieder mit der Sexualität und Sie sind gelassener.

Beziehungs-Warnsignale erkennen und daran arbeiten

Auch wenn beide Partner an der Beziehung arbeiten, kann es dennoch zu Krisen kommen. Diese können oft gelöst werden, wenn beide es wollen und man die „Warnsignale“ (also die Stressoren) früh erkennt.

1. Mehr Verständnis durch aktives Zuhören

Mangelnde, missverstandene oder fehlende Kommunikation ist das wichtigste Warnsignal in der Partnerschaft. Wenn Sie nicht mehr mit Ihrem Partner reden wollen und lieber im Hobbykeller allein sind, dann sollten die Warnlampen anfangen, zu leuchten. Überlegen Sie sich:

- Bleiben Sie beim Thema?
- Lassen Sie sich ausreden?
- Hören Sie aufmerksam zu und stellen sich Fragen?
- Signalisieren Sie gegenseitig Interesse am Partner und an dem, was er sagt?

Der Physiologe Carl Rogers führte in den 1980ern den Begriff des „Aktiven Zuhörens" ein. Aktives Zuhören kann auch in der Partnerschaft wahre Wunder bewirken und hilft, Missverständnisse zu vermeiden.

Beim aktiven Zuhören

• haben beide Gesprächspartner eine offene Grundhaltung zueinander.

• nutzen die Gesprächspartner auch nonverbale Kommunikation (Blickkontakt, Mimik und Gestik, Hinwendung).

• gibt der Zuhörer dem Sprecher Rückmeldung über das Gehörte, vor allem über die emotionalen Teile (Habe ich dich richtig verstanden, dass...).

• versuchen die Gesprächspartner, sich in den anderen Menschen hineinzuversetzen.

• akzeptieren und wertschätzen sich beide Gesprächspartner. Dazu gehört auch, während des Gespräches nichts anderes zu machen.

• sind die Gesprächspartner authentisch und verstellen sich nicht.

Sie und auch Ihr Partner werden gelassener sein, wenn Sie die Kommunikation in der Partnerschaft pflegen und über alles sprechen. Dabei sollten Sie sich Ihrem Partner ganz zuwenden und sich nicht mit anderen Dingen beschäftigen.

2. Hilfe annehmen

Wenn Sie in der Partnerschaft trotz aktiver Kommunikation nicht weiterkommen und die Spannungen sich nicht lösen, gibt es Hilfe:

• Die Paarberatung: Es gibt sie sowohl kostenlos als auch kostenpflichtig. Meist bieten Gemeinden, Kirchen oder Verbände Beratungsstellen an, aber auch niedergelassene Psychologen bieten Eheberatung.

• Die Paartherapie: Diese hilft besonders in schweren Krisen und wird von ärztlichen oder psychologischen Psychotherapeuten angeboten. Mit diesen versuchen die Partner, die Gründe für die Konflikte zu erforschen und offenzulegen, um hier Wege aus der Krise zu finden.

• Mediation: Hier geht es um ein strukturiertes Verfahren zur Konfliktlösung, das eine unbeteiligte und neutrale dritte Person leitet. In Deutschland versucht man so, vor allem Rechtsstreite außergerichtlich zu lösen. Der Mediator hört dabei nur zu, Lösungen müssen die Partner selbst finden. Bei Beziehungen wird dieses Verfahren meist bei bevorstehenden Trennungen oder Scheidungen genutzt.

Was Beziehungen killt und wie Sie damit umgehen

Um eine Beziehung am Leben zu halten, sollten Sie die Beziehungskiller kennen, um ihnen aktiv zu begegnen. Meist kommen sie schleichend und werden langsam größer. Wenn Sie aufmerksam sind und Warnsignale gleich am Anfang erkennen, ist die Chance auf eine gelungene und gelassene Beziehung viel größer.

1. Gedankenlosigkeit kann verletzen!

Ein unbedachtes Wort, eine gedankenlose Geste oder ein vergessener Termin (Hochzeitstag, „Date night") kann den Partner unter Umständen sehr verletzen. Besonders wichtig ist es bei langwierigen Beziehungen, sich immer wieder aufeinander zu konzentrieren, um am Leben des anderen Anteil zu haben. Gerade Berufstätige verbringen oft mehr Zeit mit den Kollegen als mit dem Partner und der Familie. Die gemeinsame Zeit ist hier besonders wertvoll und sollte nicht von Stress geprägt sein.

2. Unaufmerksamkeit als Beziehungskiller!

Dem Partner gegenüber aufmerksam sein ist eine wunderbare Übung zur Gelassenheit: Schließen Sie einfach mal die Augen und denken Sie an Ihren Partner: Geht es ihm gut? Ist er fröhlich, ausgelassen und gesund? Hat er eine neue Frisur oder ein neues Kleidungsstück? Erzählt er Ihnen von sich? Klang seine Stimme fröhlich oder niedergeschlagen? Lächelte er oder ging er eher gebeugt? Wenn Sie bemerken, dass Sie diese Fragen nur verschwommen beantworten können, sollten Sie etwas tun, um Ihre Beziehung wieder zu beleben und Ihrem Partner dabei mehr Aufmerksamkeit zu schenken.

3. Eifersucht kann Verlustangst auslösen!

Eifersucht löst Verlustängste aus und es wird als Gefährdung gewertet, wenn der Partner anderen Personen mehr Aufmerksamkeit schenkt. Ob dies tatsächlich so ist, spielt für den eifersüchtigen Menschen keine Rolle. Er leidet darunter.

Um der Eifersucht gelassen zu begegnen, sind beide Beteiligten gefragt: Derjenige, der eifersüchtig ist, sollte einen gelassenen Blick auf den anderen einstudieren und ihm seine Freiheiten lassen. Derjenige, der Eifersucht auslöst, sollte lernen, den anderen ernst zu nehmen, und ihm regelmäßig zeigen, dass kein Grund zur Eifersucht besteht. Eifersucht ist eine der häufigsten Gründe der häuslichen Gewalt und kann zu viel Stress führen.

Wenn Sie wissen, dass Ihr Partner zu Eifersucht neigt, sollten Sie dies jedoch nicht ausnutzen und ihn absichtlich eifersüchtig machen. Auch das führt zu Stress und fördert nicht eine gelassene Beziehung.

4. Konkurrenzkämpfe

Konkurrenz bedeutet Rivalität und Wettbewerb, auch wenn Konkurrenz das Geschäft belebt – in Beziehungen führt Konkurrenz zu viel Stress. In einer Partnerschaft hat dies nichts zu suchen, denn hier sollte jeder die Stärken und Schwächen des anderen akzeptieren und sie nicht ausnutzen. Man soll sich geborgen und angenommen fühlen und nicht immer gezwungen sein, Höchstleistungen zu bringen. Gerade da Konkurrenz außerhalb der Partnerschaft im Beruf oft zu Spannungen führt, sollte die Beziehung die Gelassenheit eher fördern. Wenn Sie in der Partnerschaft Konkurrenz erleben, sollten Sie darüber reden. Wollen Sie sich vielleicht gegenseitig etwas beweisen und wenn ja, warum? Wenn ein Partner gerne kocht, muss der andere ja kein guter Koch sein. Hier könnte gemeinsames Kochen eine gute Lösung sein und die Gelassenheit fördern.

5. Gleichgültigkeit kann gefährlich sein!

Ist Ihnen das Wohl des Partners egal, ist Ihre Beziehung oft kurz vor dem aus. Denn Gleichgültigkeit bedeutet Abwesenheit von Gefühlen (positiv und negativ), Sie nehmen am Leben des Partners nicht mehr teil. Befürchten Sie, dass Sie Ihrem Partner gleichgültig sind, sprechen Sie ihn offen darauf an. Vielleicht merkt er es gar nicht oder andere

Dinge nehmen momentan mehr Raum im Leben Ihres Partners ein. Versuchen Sie mit großer Gelassenheit, sich wieder anzunähern. Es lohnt sich!

- Beziehungen beenden -

Wenn eine Beziehung unwiderruflich zerrüttet ist, sollte man sich lieber trennen. Da dies meist mit vielen Gefühlen verbunden ist, ist es oft schwer, hier ruhig und gelassen zu bleiben. Trennungen sind in der Medizin in den „Top Ten" der Stressoren, denn sie betreffen nicht nur die Partner selbst, sondern auch das gesamte Umfeld (Freunde, Familie, Kinder...). Geben Sie sich jetzt Zeit, zu trauern, und denken Sie an Dinge, die Ihnen guttun. Es ist natürlich nicht einfach, aber auch aus diesen Situationen können Sie gestärkt und mit mehr Gelassenheit hervorgehen. Sie haben nun die Chance, Ihr Leben neu zu gestalten und vielleicht jemanden kennenzulernen, bei dem Sie noch gelassener sein können.

GELASSENHEIT IN DER ERZIEHUNG IHRER KINDER

Bei der Kindererziehung gelassen zu bleiben ist nicht immer einfach. Wenn Kinder sich streiten, toben, schreien und uneinsichtig sind, verliert man schnell die Geduld. Eltern fangen dann schnell an, zu schimpfen, zu drohen, zu bestrafen und immer lauter zu werden. Dies setzt eine Stressspirale und eine Kampf- und Fluchthaltung in Gang, die nicht leicht zu durchbrechen sind. Niemand fühlt sich dann wohl, weder die Eltern noch die Kinder. Aber auch in der Kindererziehung kann man Gelassenheit lernen.

Gelassener Umgang mit Kindern von Geburt an

Oft bringen Kinder ihre Eltern an die Grenzen der Belastbarkeit, denn gerade in den ersten Lebensjahren verlangen sie nach uneingeschränkter Aufmerksamkeit. Sie benötigen fast rund um die Uhr Zuwendung, Aufmerksamkeit, Liebe und Unterstützung. Dafür geben Kinder ihren Eltern aber auch viel zurück: Eltern sehen nochmal die Welt mit Kinderaugen und es macht täglich aufs Neue Freude, die Kinder auf ihrem Weg ins Leben zu begleiten. Dafür lohnt es sich allemal, sein Bestes zu geben und auch hier Gelassenheit zu üben.

- Als Eltern oder werdende Eltern Verantwortung übernehmen -

Auch in der Kindererziehung hilft die tiefe Bauchatmung, um einmal kurz innezuhalten und nicht gleich auf die Palme zu gehen.

Zunächst liegt die Verantwortung, Gelassenheit zu üben, bei den Eltern und nicht bei den Kindern. Dies gilt so lange, bis die Kinder irgendwann einmal so alt sind, sich selbst in Gelassenheit zu üben.

Auch sind die Eltern immer ein Vorbild für die Kinder, denn gelassene Eltern haben meistens auch gelassenere Kinder, da sich diese die Eltern zum Vorbild nehmen.

Sobald klar ist, dass Partner ein Kind erwarten (ganz gleich, ob geplant oder nicht geplant), ist auch Gelassenheit wichtig, denn das Leben der Partner ändert sich: Die Frau verzichtet in der Schwangerschaft auf ungesunde Lebensweisen, horcht in sich hinein und trägt Verantwortung für das neue Leben, das in ihr heranwächst. Der Mann übernimmt die Rolle des Beschützers und muss nun die Aufmerksamkeit seiner Frau teilen. Das stellt die Gelassenheit unter Umständen sehr auf die Probe.

– Eltern werden ist nicht schwer, aber Eltern sein dagegen sehr… –

Besonders in der Schwangerschaft ist es wichtig, die eigenen Bedürfnisse ernst zu nehmen und dem Partner mit größtmöglicher Gelassenheit zu begegnen. Für beide Elternteile beginnt ein neuer Lebensabschnitt, an den beide Erwartungen und Hoffnungen haben. Die Aufmerksamkeit richtet sich jetzt erst einmal auf das Thema Kind.

Ist das Kind dann erstmal da, gilt es, viel zu regeln: Wer steht nachts auf? Wo schläft das Kind? Wann darf Besuch kommen und wann nicht? Wer geht wann wieder zur Arbeit? Natürlich können diese Probleme vorher besprochen werden, aber in der Regel kommt es dann oft doch anders als geplant. Je mehr Sie da loslassen können und je flexibler Sie da sind, desto gelassener werden Sie auch sein.

Um gelassener zu sein, finden Sie am besten Ihren eigenen Weg als Familie und hören nicht auf jeden Rat von Verwandten, auch wenn der noch so gut gemeint ist. Sie sollten auch nicht nach Idealbildern streben, sondern einfach jeden Tag so genießen, wie er ist.

– Eltern sein und gleichzeitig Partner bleiben –

Oft vergessen Eltern, dass Sie ein Paar sind. Das ist erstmal nicht schlimm und fördert die Nähe zum Kind. Irgendwann entsteht aber – im Idealfall bei beiden Partnern gleichzeitig – wieder der Wunsch nach trauter Zweisamkeit. Diesen Wunsch sollten Sie ernst nehmen, zeigt er doch, wie sehr Sie sich lieben und verbunden sind.

Es hilft beiden Partnern, gelassener zu sein, wenn Sie sich einmal eine Auszeit gönnen. Suchen Sie sich am besten einen vertrauenswürdigen Babysitter und gehen Sie erstmal nicht so weit weg. Dann können Sie notfalls schnell nach Hause, falls da etwas mal nicht klappt. Ein ungestörtes Gespräch, ein ungestörtes Abendessen oder ein Spaziergang fördern die Gelassenheit ungemein.

Wichtig in der Kindererziehung ist es auch, dass sich die Partner immer wieder aufs Neue darüber austauschen. Nur so können Sie unterschiedliche Vorstellungen in der Kindererziehung aneinander angleichen. Auch sollten Sie Ihre eigene Erziehung hinterfragen: Was hat Ihnen damals geholfen? Was war für Ihre Entfaltung eher hinderlich? Geben Sie Ihrem Kind nur weiter, was Sie da selbst für gut befunden haben.

Alle Eltern machen mal Fehler in der Erziehung, das ist ganz normal. Da kann man es noch so gut meinen. Schlecht ist aber, wenn man sie unreflektiert von einer Generation an die andere weitergibt. Besonders Gewalt, Unterdrückung, Liebesentzug oder Gefühlskälte ist hier sehr schädlich – auch für die eigene Gelassenheit. Scheuen Sie sich nicht, Hilfe zu holen, wenn Sie merken, dass Sie diese bei der Erziehung benötigen.

– Kindererziehung ist wie ein Hobby! –

Leider sind Paare heute in der Kindererziehung allein und bekommen wenig Unterstützung von außen. Für die Kindererziehung benötigt man auch nicht wie bei einem Auto einen Führerschein. Dennoch gilt: Man braucht viel Ruhe, Unterstützung und Kraft, um ein Kind richtig gelassen großzuziehen.

Es kann helfen, sich die Erziehung der Kinder als Hobby vorzustellen. Man informiert sich am Anfang, was man für das Hobby braucht. Dann schafft man sich entsprechende Ausrüstung an, hört sich um und fragt andere um Rat. Schließlich beginnt man mit dem Hobby. In der Regel läuft aber nicht gleich alles perfekt und es gibt Rückschläge. Dann gilt es, am Ball zu bleiben, um dann nachher umso stolzer darüber zu sein, was man erreicht hat (bzw. in der Kindererziehung, „dass die Kinder so gut geraten sind"). Wie bei einem Hobby sollten Sie sich auch in der Kindererziehung gut informieren und austauschen. Wenn eine Erziehungsmethode bei Ihnen nicht den gewünschten Erfolg bringt, seien Sie geduldig und probieren Sie etwas anderes aus. Das bringt Gelassenheit.

Kindern Grenzen setzen und bei Grenzüberschreitungen gelassen bleiben

Kinder brauchen Liebe und Geborgenheit. Ihre Bedürfnisse müssen befriedigt werden, man muss auf ihre körperliche und seelische Gesundheit achten und ihnen dabei helfen, ihren eigenen Weg zu gehen. Dazu braucht es einerseits bedingungslose Liebe, andererseits aber auch klare Grenzen. Dies ist eine Gratwanderung, die Eltern jeden Tag neu definieren müssen.

Bedingungslose Liebe bedeutet hierbei, einen Menschen so zu lieben, wie er nun mal ist, ohne eine Gegenleistung zu erwarten. Meist entsteht diese Liebe schon mit der Geburt.

Sieht man das Kind nach der Geburt zum ersten Mal, werden Hormone ausgeschüttet, die Beschützerinstinkt, Nestbauinstinkt, Versorgungs-, Pflege und Schutzinstinkte in Gang setzen. Das Hormon Oxytozin sorgt hier für den Stressabbau und fördert die Bereitschaft zu sozialen Kontakten. Auch wenn die erste Zeit mit dem Baby anstrengend und aufregend ist, so kann man dadurch immer gelassen bleiben. Tief durchatmen, das Baby ansehen und an ihm schnuppern – das sind die besten Gelassenheitsübungen mit dem Baby.

– Zusammen Grenzen definieren –

Beide Elternteile sollten sich in der Erziehung einig sein, auf was sie besonders Wert legen.

- Erziehen Sie das Kind autoritär oder nachgiebig?
- Welche Regeln soll das Kind lernen?
- Wie soll bei Konflikten reagiert werden?
- Wo soll das Kind Freiheiten haben?
- Was möchten Sie von Ihrer Erziehung beibehalten, was nicht?

Denken Sie daran, dass auch Kinder Individuen sind, so dass es sein kann, dass Sie sich eventuell auch von Tag zu Tag mit Ihrem Partner abgleichen müssen.

Ein Kind wird Eltern jeden Tag überraschen und es kommen jeden Tag neue Herausforderungen auf Sie zu. Haben Sie keine Angst davor, atmen Sie tief durch und begegnen Sie den Herausforderungen neugierig. Wenn Sie eine Auszeit benötigen, lassen Sie das Kind einmal bei Ihrem Partner oder Sie bitten Eltern, Freunde und Verwandte um Rat oder Unterstützung. Sie können die Lösung des Problems auch erst einmal vertagen. Niemand muss perfekt sein und Kinder halten Fehler der Eltern allemal aus, denn sie sind belastbar.

– Konsequent sein –

Für Kinder sind Bezugspersonen unerlässlich. Zuerst sind diese die Eltern, aber auch Großeltern, ältere Geschwister, Paten oder Kinderfrauen können diese Rolle einmal einnehmen. Das Kind muss wissen, an wen es sich wenden kann, wenn es Ängste, Fragen, Sorgen und Nöte hat. Diese Bezugspersonen sind im Idealfall konsequent, sie loben, wenn etwas gut gemacht wurde, und machen dem Kind klar, dass es Folgen hat, wenn man Regeln missachtet. Versuchen Sie, sich mit allen Personen gut abzusprechen, die auf die Erziehung Einfluss haben. Stellen Sie gewisse Regeln auf, wie:

- Vorschulische und schulische Aufgaben haben immer Priorität vor der Freizeit. Erst, wenn diese erledigt sind, ist Zeit für Freizeitaktivitäten und Hobbys.
- Das Kind verrichtet bestimmte altersgerechte Aufgaben in der Familie, für die es auch gelobt wird.
- Mahlzeiten nimmt man gemeinsam ein.
- PCs, Handys etc. werden nach Absprache und altersentsprechend genutzt.
- Die Schlafenszeiten werden eingehalten. Am Wochenende kann es auch mal später werden, dann aber auch nach Absprache etc.

Das klingt am Anfang wie eine Hausordnung, ist aber durchaus hilfreich. Kinder haben hier einen klaren Leitfaden und dennoch Zeit, die sie frei gestalten können. Je klarer Sie sich über Ihre Erziehungsgrundsätze sind, desto eher können Sie auch gelassener sein, wenn Ihr Kind einmal über die Stränge schlägt.

– Familienregeln zusammen aufstellen? –

Kinder brauchen in der Regel genaue Ansagen darüber, was man von ihnen erwartet. Schwammige Aussagen sind da wenig hilfreich, da sie Kinder nur verunsichern. Gut ist es, gewisse Familienregeln zu erarbeiten, die dem Alter der Kinder entsprechend angepasst werden können. Für jüngere Kinder können diese Regeln noch allgemein und in einer kindgerechten Sprache ausgedrückt sein, später kann man dann konkreter werden.

Die Regeln kann man an eine Stelle heften, wo sie jeder sehen kann. Regeln können beispielsweise sein:

- Wir haben uns lieb und zeigen das auch!
- Bei gemeinsamen Aktivitäten lassen wir uns nicht von anderen Dingen ablenken.
- Wir reden höflich miteinander.
- Wir lassen uns gegenseitig ausreden und nehmen uns ernst.
- Kritik ist erlaubt und auch erwünscht.

Irgendwann braucht man solche Regeln dann vielleicht auch nicht mehr aufschreiben, denn sie sind in Fleisch und Blut übergegangen. Aber bis es so weit ist, können sie sehr hilfreich sein.

– Belohnung für erwünschtes Verhalten –

Es ist kein Geheimnis, dass Lob viel mehr Erfolg zeigt als Strafe. Durch die Belohnung prägt sich das gewünschte Verhalten schnell ein. Auch eine gelassene Kindererziehung profitiert von Belohnung: Wenn ein Baby nach der Rassel greift, strahlen die Eltern, macht das Kleinkind den ersten Schritt, freuen sie sich und loben das Kind. Isst das Kind am Tisch ordentlich, bekommt es etwas Süßes, und macht es seine Aufgaben in der Schule richtig und ordentlich, darf es eine halbe Stunde fernsehen. Später erlauben Eltern Teenagern mehr Freiheiten, wenn sie sich als verlässlich erweisen und sie immer zur abgesprochenen Zeit daheim sind.

Auch beim Trockenbleiben in der Nacht, beim Erledigen von Aufgaben in der Familie oder der Hausaufgaben hilft beispielsweise eine Belohnung. Es klappt viel besser und alle sind gelassener. Nützlich ist beispielsweise das Einführen eines „Belohnungskontos“. Für jedes gewünschte Verhalten gibt es Belohnungspunkte – je nachdem, wie schwer es ist. Eltern vereinbaren dabei mit den Kindern im Voraus, was wie viel „Belohnungspunkte“ ergibt und für welche Belohnungen angespart werden kann. Für 10 Punkte gibt es z. B. ein Eis, für 20 Punkte einen Kinobesuch, für 30 Punkte eine Shoppingtour etc. Die Belohnungen sollten Sie dann aber auch konsequent aufschreiben und zeitnah einlösen, damit das Kind einen Zusammenhang mit dem gewünschten Verhalten sieht und nicht enttäuscht wird.

Studien zeigten beispielsweise auch, dass man Kinder so gut zu Nichtrauchern erziehen kann: Wenn Kinder bis zum 18. Lebensjahr beispielsweise nicht rauchen, bezahlt man ihnen den Führerschein oder gibt ihnen etwas dazu. Dann ist die Chance groß, dass sie auch danach noch Nichtraucher bleiben. Sie sehen: Belohnungen können auch ein Mittel sein, Gelassenheit einzuüben.

– Mit Konflikten gelassen umgehen –

Eltern leben mit ihrem Verhalten den Kindern Gelassenheit vor. Wenn Sie also Gelassenheit trainieren, besteht eine gute Chance, dass auch Ihre Kinder dies übernehmen und später gelassener werden.

Besonders wichtig ist dieses Verhalten in Konfliktsituationen, da Gelassenheit hier besonders schwer ist und Sie gerade da im gelassenen Konfliktmanagement Ihren Kindern ein Vorbild sein können. Beugen Sie also möglichst der Stressspirale vor. Wenn sich ein Konflikt anzubahnen droht, gibt es einige Möglichkeiten, um die Situation zu entspannen:

- Reflektieren der Situation: Wenn Sie sich über Ihr Kind aufregen, nehmen Sie sich einfach einmal 2 oder 3 Sekunden, um in sich zu gehen. Atmen Sie tief durch und richten Sie Ihre Aufmerksamkeit auf sich. Was geschieht gerade mit Ihnen? Warum regen Sie sich auf? Steckt hinter der Aufregung über die Unordnung im Kinderzimmer vielleicht etwas ganz anderes, etwa berufliche Überlastung oder ein Konflikt mit dem Partner? Warum regen Sie sich gerade jetzt über das Kinderzimmer auf?

- Betrachten Sie die Situation von außen, in neuem Blickwinkel: Warum ist sie gerade jetzt so schlimm? Wie kann man die Situation anders interpretieren und was würden Sie anderen Menschen in dieser Situation raten?

- Unterbrechen Sie die Situation: Wenn Sie zu erregt sind, ist es besser, wenn Sie erst einmal in einen anderen Raum gehen, oder Sie schicken das Kind in einen anderen Raum.

Ein „stiller Stuhl", auf den sich das Kind in stressigen Situationen setzt und für 5 Minuten kurz durchatmet. Sie können dies natürlich auch tun. Nach fünf Minuten können Sie dann wieder auf Ihr Kind zugehen und versuchen, den Konflikt zu lösen.

- Im Gespräch bleiben -

Je älter Ihr Kind ist, desto mehr Freiheiten braucht es natürlich auch. Dennoch sollten Sie mit dem Kind im Gespräch bleiben und Interesse an ihm und seinen Hobbys zeigen. Ihr Kind sollte wissen, dass Sie in Krisensituationen auch für es da sind.

Eine gute Idee ist es auch immer, Freunde Ihres Kindes nach Hause einzuladen. So wissen Sie, mit wem Ihr Kind Umgang hat, und können gegebenenfalls eingreifen. Kinder und Jugendliche suchen sich auch oft Vorbilder im gleichen Alter, daher sollten Sie hier besonders Aufmerksamkeit zeigen, wenn die Bezugsgruppe Ihres Kindes eine Tendenz zeigt, die Ihren Vorstellungen vom Leben entgegensteht. Besonders gilt dies bei Tendenzen zu Drogenkonsum, körperlicher Gewalt, Selbstverletzung, Kriminalität und ähnlichen Dingen.

Denken Sie immer daran: Wenn die Familie eine gute Stütze für das Kind ist, können Sie viel gelassener sein, dass sich Ihr Kind in eine gute Richtung entwickeln wird. Äußert Ihr Kind einmal Kritik, können Sie dann stolz sein, denn es bekommt seinen eigenen Blick auf die Welt. Denken Sie an Ihre eigene Jugend, als Sie sich abgegrenzt haben, das lässt Sie sicher gelassener werden.

Kinder loslassen

Irgendwann wird es dann so weit sein und Ihr Kind wird seinen eigenen Weg gehen. Natürlich kommt dies nicht überraschend, denn Sie mussten ja schon vorher immer mal wieder loslassen: Bei der Einschulung, bei der Kommunion oder Konfirmation, beim Schulwechsel, beim ersten Urlaub alleine, bei Ausbildungsbeginn und als Ihr Kind den ersten festen Freund oder die erste feste Freundin hatte.

Seien Sie auch gelassen, wenn Ihr Kind den eigenen Weg einschlägt. Sie haben ihm das Fundament gegeben, also wird es die Sache schon gut machen. Versichern Sie Ihrem Kind, dass Ihre bedingungslose Liebe immer noch da ist und es sich darauf verlassen kann. Wenn es Ihre Hilfe doch noch mal braucht, wird Ihr Kind schon kommen. In diesem Vertrauen können Sie gelassen loslassen.

- Kinder und Jugendliche in die Verantwortung nehmen -

Geben Sie Ihrem Kind schon frühzeitig altersgerechte Aufgaben, die es nicht überfordern. Es wird stolz sein, wenn es sie gelöst hat.

Ein Beispiel: Kein fünfjähriges Mädchen kann auf seinen zweijährigen Bruder aufpassen, sie wäre überfordert. Aber sie kann helfen, den Bruder ins Bett zu bringen, und vielleicht ein Gute-Nacht-Lied singen, das sie schon kann. Hat sie es gut gemacht, wird sie gelobt und bekommt anschließend eine halbe Stunde mit den Eltern.

Lassen Sie Ihr Kind die Aufgaben auch auf seine Weise lösen. Wenn es die Wäsche anders zusammenlegt als Sie, dann können Sie vielleicht sogar selbst noch etwas lernen. Lassen Sie Ihrem Kind die Kreativität.

Akzeptieren Sie, dass Kinder ein anderes Zeitgefühl haben als Erwachsene. Wenn Ihr Kind sagt, es räumt „sofort" auf, dann meint es vielleicht nicht im nächsten Augenblick, sondern in einer halben Stunde oder wenn es die Musik fertig gehört hat. Lassen

Sie Ihrem Kind Zeit oder geben Sie ihm eine Frist (etwa bis zum Abendessen). Akzeptieren Sie aber nie, dass Ihr Kind überhaupt nicht aufräumt.

– Als Eltern Freiheiten nutzen –

Je älter Kinder werden, desto weniger brauchen sie die Eltern und desto mehr Zeit haben Sie auch wieder für sich selbst. Überlegen Sie frühzeitig, was Sie mit der Zeit machen wollen. Vielleicht ein neues Hobby anfangen? Vielleicht mehr Zeit mit dem Partner verbringen? Vielleicht eine Umschulung oder eine Weiterbildung? Wenn Sie sich schon frühzeitig überlegen, was Sie tun wollen, wenn die Kinder aus dem Haus sind, können Sie diesem Zeitpunkt viel gelassener entgegensehen.

Am besten nehmen Sie sich schon früh genug Freiheiten für sich. Lassen Sie Ihr Kind ruhig auch mal woanders übernachten oder fahren Sie einmal übers Wochenende weg, wenn es größer ist. Ihr Kind schafft das auch alleine, mit einer gelassenen Erziehung hat es das beste Fundament dazu! Ihre Eltern wussten ja auch immer alles, was Sie gemacht haben, denken Sie einfach mal daran, wenn Sie Angst haben, Ihr Kind stellt dann das ganze Haus auf den Kopf.

– Ab ins Leben! –

Auch wenn Ihr Kind sein Nest verlässt, bleiben Sie dennoch ein wichtiger Ansprechpartner in seinem Leben. Ihr Kind weiß, dass es sich auf Sie verlassen kann. Es ist und bleibt Ihr Kind, auch wenn Sie vielleicht nun mit ihm auf Augenhöhe kommunizieren. Sprechen Sie auch jetzt immer regelmäßig mit Ihrem Kind und machen Sie den ersten Schritt, wenn es einmal Ärger gab. Nehmen Sie auch Partner Ihres Kindes mit offenen Armen in die Familie auf. Es kann sehr zufrieden machen, die Kinder ins eigene Leben zu begleiten und zu sehen, was sie aus den Werten machen, die Sie ihnen mitgegeben haben. Das erfüllt mit Zufriedenheit und macht gelassen.

GELASSENHEIT BEIM UMGANG MIT VERWANDTEN

Während man sich Freunde aussucht, kann man sich Familie nicht aussuchen. Da in der Verwandtschaft viele Charaktere aufeinanderprallen, sind oft Konflikte vorprogrammiert. Atmen Sie hier durch und schauen Sie, in welchen Bereichen diese Konflikte entstehen und Ihnen Kraft rauben. Sie haben mehrere Möglichkeiten, hier Spannungen zu lösen. Das baut Stress ab und erhöht Gelassenheit. Für viele Menschen ist Familie wichtig. Ob Eltern, Großeltern, Onkel und Tanten, Cousins und Cousinen oder weitere Verwandte: Sie alle spielen oft eine Rolle in ihrem Leben. Das erzeugt aber unter Umständen auch Konflikte. Etwa die Schwiegermutter, die sich immer einmischt, der unzuverlässige Bruder, die erwachsene Tochter, die anders lebt, als Sie sich das vielleicht wünschten, die Tante, die über alles redet, oder die Cousine, die Ihnen noch Geld schuldet, usw. Um gelassen zu sein, müssen Sie vielleicht Wege finden, Konflikte hier aus dem Weg zu räumen.

Rituale in der Familie erkennen und hinterfragen
Wann haben Sie Kontakt zu Ihrer Familie und wie oft? Wenn Ihnen der Umgang mit der Verwandtschaft Stress bereitet, versuchen Sie doch einmal, die Stressfaktoren zu benennen:

- Wen können Sie nur schwer ertragen und warum?
- Wann und wie oft treffen Sie Ihre Angehörigen?
- Bestehen Abhängigkeiten, etwa finanzieller Art?
- Gibt es Reizthemen bei der Kommunikation mit den Verwandten und wenn ja, welche sind das?
- Gibt es immer wieder die gleichen Konflikte und wenn ja, welche?
- Sind Sie auf weniger gern gesehene Verwandte angewiesen?
- Wie fühlen Sie sich bei Konflikten mit der Verwandtschaft und wie gehen Sie damit um?

So können Sie herausfinden, was genau Sie an der Verwandtschaft stresst. Konzentrieren Sie sich erst einmal darauf, was Sie am meisten Kraft kostet, und vernachlässigen Sie zunächst die kleineren Konflikte. Hinterfragen Sie, was genau hinter Konflikten wie diesen stecken könnte:

- Kränkungen
- Missverständnisse
- Unliebsame Abhängigkeiten
- Konkurrenz
- Antipathie
- Unterschiedliche Lebenseinstellungen

Oft werden die Konflikte über Generationen mitgeben („Die angeheiratete Seite war schon immer komisch") oder sie wurden nie richtig geklärt.

– Sprechen hilft! –
Nach der Analyse der Konflikte, die Ihnen immer wieder das Leben schwer machen und die zwischen Ihnen und Ihren Angehörigen stehen, kann es für alle sehr entlastend sein, die Dinge endlich mal auszusprechen. Dabei können Sie ruhig den ersten Schritt machen.

Ein Beispiel:

Ihre Mutter hat Geburtstag und Sie möchten ihn in einem Restaurant feiern. Ihre Schwester möchte ihn aber lieber zu Hause im Elternhaus feiern. Jedes Jahr streiten Sie sich darüber und beim Geburtstagsfest reden Sie nicht ein Wort miteinander.

Hier gilt: Dieses Ritual einmal offen anzusprechen, kann Wunder bewirken, und zwar nicht erst dann, wenn der Geburtstag wieder kurz bevorsteht, sondern am besten ein halbes Jahr vorher. Reden Sie über Ihre Gefühle, aber klagen Sie Ihr Gegenüber nicht an und machen Sie keine Vorwürfe. Vielleicht lernen Sie ja Ihre Schwester von einer ganz anderen Seite kennen (sie kocht einfach gerne, seit sie die neue Küche hat, und möchte die Gelegenheit nutzen). Und was möchte eigentlich die Hauptperson, Ihre Mutter?

– Dinge ändern, die man ändern kann –

Empathische und gelassene Gespräche können Konflikte lösen, wenn man nur will. Oft braucht man dazu jedoch mehr Gespräche, weil die entstandenen Wunden vielleicht zu tief sind. Geben Sie sich Zeit! Über Jahre entstandene Konflikte lösen sich nicht auf einmal, man muss sie langsam ausräumen, Schritt für Schritt.

Wenn Sie auf einem guten Lösungsweg sind, bleiben Sie dran und reden Sie immer wieder darüber, bis alles gesagt ist. Einigen Sie sich dabei auf bestimmte Spielregeln. Kann ein Konflikt so nicht aus der Welt geschaffen werden, gibt es weitere Möglichkeiten:

- Bitten Sie einen unbeteiligten Dritten um Vermittlung. Er findet vielleicht Lösungswege, an die Sie noch gar nicht gedacht haben.

- Finden Sie einen Weg, den Konflikt für Sie erträglicher zu machen. Vielleicht überlassen Sie Ihrer Schwester die Organisation der Geburtstagsfeier. Das erspart Ihnen Stress und Arbeit – die Schwester will ja bei sich kochen und muss also auch aufräumen etc.

- Vermeiden Sie eine Weile den Kontakt. Vielleicht muss das nächste Geburtstagsfest dann eben einmal ohne Sie stattfinden.

- Brechen Sie den Kontakt ab: Es ist manchmal vielleicht besser für Ihre Gesundheit, auf Kontakt zu verzichten, wenn es unüberwindbare Konflikte gibt.

Auf jeden Fall ist ein Annährungsversuch und dabei vielleicht zu scheitern immer besser, als einfach so weiterzumachen wie bisher.

Akzeptanz unterschiedlicher Lebensformen

Familie kann man sich nicht aussuchen, Freunde schon. Daher ist es meist viel schwerer, in der Familie den Kontakt abzubrechen als zu einem Freund, den man irgendwann einfach nicht mehr anruft. Auch wenn es manchmal des lieben Seelenfriedens willen nicht anders geht, als einen Familienangehörigen aus dem Leben zu verbannen, so sollten Sie doch nicht vorschnell brechen und noch einmal einen gelassenen Blick auf den anderen Menschen werfen: Vielleicht steckt hinter dem Ärger einfach nur eine andere Lebenseinstellung und gar nicht der vermeintliche Konflikt. Vielleicht hätten Sie in der Situation Ihrer Schwester auch genauso reagiert? Oft geht es eigentlich darum, dass man die Lebensform des anderen nicht akzeptieren kann. Stellen Sie z. B. fest, dass Ihr Bruder Ihnen vor allem auf die Nerven geht, weil er eine andere Lebensform hat als Sie, brauchen Sie nicht viel Energie in die Lösung einzelner Konflikte zu investieren. Es ist dann einfacher, bei sich zu bleiben und zu akzeptieren, dass Ihr Bruder einfach ein anderes Leben führt als Sie. Prüfen Sie offen, was Sie an der Lebensform des Verwandten, mit dem Sie einen Konflikt haben, stört:

- Halten Sie seine Lebensform für spießig oder unangemessen?
- Sind Sie insgeheim neidisch auf die andere Lebensform?
- Haben Sie das Gefühl, dass sich Ihr Verwandter mehr Freiheiten nimmt als Sie?
- Empfinden Sie die andere Lebensform als egoistisch?
- Macht Sie die andere Lebensform unsicher?

Wenn Sie sich hiermit auseinandersetzen, werden Sie vielleicht feststellen, dass auch der andere Lebensweg die gleiche Berechtigung hat wie der Ihre. Nun ist es kein großer Schritt mehr zur Akzeptanz: Sie haben zwar einen anderen Lebensweg gewählt, sind aber nicht besser oder schlechter als Ihr Angehöriger. So können Sie grundsätzlich Frieden schließen und gelassener sein, denn die bisherigen Konflikte sind dann eher Nebenschauplätze.

– Konflikte zwischen Eltern und erwachsenen Kindern –

Für Eltern ist es nicht immer leicht, zu akzeptieren, wenn sich Kinder für eine Lebensform entscheiden, als sie es vielleicht gerne hätten. Doch gerade für ein gelassenes Miteinander ist dies wichtig, denn sonst könnten sich die Kinder ganz von den Eltern abwenden.

Wenn Eltern Verhaltensweisen an den Tag legen, die Kinder nur schwer akzeptieren können, ist dies eine große Herausforderung, denn meist ist man in den Augen der Eltern eben doch noch „das Kind“, auch wenn man längst erwachsen ist. Versuchen Sie, Ihren Kindern als Erwachsene auf Augenhöhe zu begegnen und die Konflikte zu thematisieren. Machen Sie deutlich, dass Sie zwar andere Lebensentwürfe haben, Sie sich aber dennoch gegenseitig schätzen.

Gelassen in Kontakt bleiben
Auch bei Konflikten mit Verwandten gilt: Einmal tief einatmen und sich nicht so leicht provozieren lassen. Nehmen Sie schwierige Situationen mit Humor und sehen Sie auch die skurrilen Seiten Ihrer Verwandten. Oft interpretiert man zu viel und spricht viel zu wenig bzw. hört zu wenig zu. Je mehr Missverständnisse, Kränkungen und Konflikte nicht ausgesprochen werden, desto schwerer ist es, gut miteinander auszukommen und gelassen zu bleiben.

– Gesunder Abstand um der Gelassenheit willen –

Manchmal hilft es einfach, bei Verwandten auf Abstand zu gehen. Stellen Sie sich Ihre Verwandten einfach mal als Wetter vor: Man kann es nicht ändern, aber man kann dafür sorgen, dass man bei Regen nicht so oft draußen ist. Wenn es dann doch mal sein muss und Sie müssen in den Regen hinaus, dann gibt es auch irgendwann einen Regenbogen.

> Wenn die Konflikte vor allem wegen finanziellen Abhängigkeiten entstehen, sollten Sie versuchen, diese zu verändern: Ziehen Sie aus dem Haus Ihres Bruders aus, lassen Sie ein Kindermädchen die Kinder betreuen und nicht die Schwiegermutter, leihen Sie sich Geld von anderen Menschen usw. Sind die Abhängigkeiten erst mal aus dem Weg, können Sie viel gelassener auf Ihre Verwandten zugehen oder sich von Ihnen verabschieden, wenn die Konflikte nicht zu lösen sind.

GELASSEN IM URLAUB

Je klarer die Vorstellungen vom Urlaub im Vorfeld geäußert werden, desto größer ist auch die Chance, dass man ihn gelassen genießen und sich auch wirklich erholen kann. Ganz gleich, mit wem man in den Urlaub möchte, für die Planung sollte man sich genug Zeit nehmen. Urlaub und Freizeit brauchen wir alle. Aber dennoch gibt es hier oft und gerne Konflikte, da man viel Zeit miteinander verbringt. Man ist 24 Stunden auf meist viel engerem Raum als zu Hause und ohne Rückzugsmöglichkeit zusammen. Eigentlich möchte man sich erholen, es gibt aber immer wieder Krach um Kleinigkeiten. Es kann sein, dass man im Urlaub an seinem Partner ganz andere Seiten erkennt, die man so noch nicht kannte, weil beide sonst tagsüber arbeiten. Oder Freunde, die sich beim Bier gut verstehen, streiten sich auf einmal über den Abwasch oder wann die Nachtruhe anfängt.

Die richtige Urlaubswahl

Wenn Sie einen Urlaub planen, sollten Sie sich früh genug damit beschäftigen und alle Beteiligten (Partner, Familie, Freunde...) fragen:

- Welche Art Urlaub möchten die Beteiligten? Eher in der Natur, Kultur, Sport oder straff durchorganisiert?
- Wann soll es in den Urlaub gehen? Für Berufstätige ist eine spontane Urlaubsplanung in der Regel nicht möglich, sie müssen oft lange im Voraus planen.
- Welcher Ort soll es sein? Möglichst nahe oder weit weg? In den Bergen oder am Meer?
- Welche Art von Unterbringung ist am besten? Ein Hotel, ein Ferienhaus, ein Wohnmobil oder eher auf dem Bauernhof?

Oft muss man hier Kompromisse eingehen oder man fährt im einen Jahr z. B. auf einen Bauernhof, weil die Kinder es möchten, und im anderen Jahr dann ans Meer.

– Gemeinsam für den Urlaub verantwortlich sein –

Bei der Urlaubsplanung ist es gut, wenn jeder der Beteiligten mit eingebunden wird, denn so ist jeder für etwas verantwortlich. Eine kann sich beispielsweise um die Unterbringung kümmern, der andere um die An- und Abreise, der nächste um das Rahmenprogramm. Schon Kinder können hier gut mit einbezogen werden. Dann wird der Urlaub wahrscheinlich entspannter.

Schon vorher kann viel geplant werden, damit das Fluggepäck nicht das Höchstgewicht überschreitet, das Visum fehlt oder man vom Wetter überrascht wird:

- Machen Sie eine Packliste und packen Sie Sachen für jede Wetterlage ein.
- Planen Sie möglichst im Detail, was Sie vor dem Urlaub noch erledigen müssen.
- Notieren Sie, was Sie vor Ort brauchen
- Informieren Sie sich gut über Einreisebedingungen
- Denken Sie an die Reiseapotheke und Kopien Ihrer Reisedokumente
- Organisieren Sie, wer sich gegebenenfalls um Haustiere, Blumen und Post kümmert

Je besser die Vorbereitung ist, desto entspannter können Sie sein.

– Keine zu hohe Erwartungen –

Gerade Berufstätige wollen im Urlaub einmal so richtig entspannen. Wenn es dann aber Stress gibt, dann ist man mitunter sehr enttäuscht. Das können Sie vermeiden, indem Sie sich schon im Vorfeld auf fast alle Eventualitäten einrichten. Bei einer Gruppenreise kann es sein, dass Sie einige Menschen nicht leiden können. Sind Kinder dabei, können Sie vielleicht nicht ungestört lesen. Fahren Sie mit Freunden, entdecken Sie vielleicht Seiten an ihnen, die Sie nicht so sehr mögen.

Gerade auf Reisen kann man wunderbar Gelassenheit lernen. Probieren Sie einfach einmal etwas Neues aus, lernen Sie eine neue Sprache, probieren Sie ein neues Hobby aus oder beginnen Sie mit einer neuen Sportart. Seien Sie offen und neugierig für Neues, dann werden Sie auch im Alltag gelassener sein.

Wer gelassen ist, lässt Dinge so sein, wie sie eben sind. Wenn Sie sich klar machen, dass Sie für alle Fälle gerüstet sind, wird Ihnen auch der Regen nichts ausmachen und Sie lesen stattdessen ein gutes Buch. Versuchen Sie, diese gelassene Haltung auch auf Ihre Mitreisenden zu übertragen, dann steht einem schönen Urlaub nichts mehr im Wege.

Etwas für jeden Geschmack

Damit im Urlaub jeder auf seine Kosten kommt, kann es helfen, feste Zeiten auszumachen, in denen jeder das machen kann, was er gerne möchte. Beispielsweise geht der Vater mit den Kindern morgens an den Strand, während die Mutter shoppen kann. Am nächsten Tag beaufsichtigt die Mutter dann die Kinder und der Vater kann eine Fahrradtour unternehmen und am dritten Tag unternehmen dann beide gemeinsam etwas. So hat jeder etwas vom Urlaub.

Auch wenn viele Dinge geplant werden können, nicht immer läuft alles im Urlaub nach Plan und Raum für Spontanität sollte auch da sein. Typische unrealistische Erwartungen an den Urlaub sind beispielsweise:

- Das Wetter kann nicht immer gut sein.
- Nicht alles kann man zusammen machen.
- Man erholt sich und kommt braungebrannt aus dem Urlaub.
- Nichts wird schiefgehen.
- Vor Ort ist es anders als im Reisekatalog angepriesen.
- Im Urlaub kann man endlich mal Probleme lösen.
- Man ist die ganze Zeit gut gelaunt.

Atmen Sie auch hier einmal tief ein und lassen Sie sich darauf ein, dass eben nicht immer alles perfekt ist.

Gemeinsame Erfahrungen verbinden!

Erfahrungen verbinden und gerade Missgeschicke lassen einen später immer wieder lachen und werden plötzlich zu den beliebtesten Urlaubsgeschichten. Also seien Sie gelassen, auch kleine Missgeschicke können sich im Nachhinein als wunderbar erweisen.

Wie ein Gelassenheitstagebuch, so können Sie auch im Urlaub ein Tagebuch führen und aufschreiben, wann Sie sich am entspanntesten gefühlt haben und welche Urlaubspläne Sie besonders gut umsetzen konnten. Einerseits können Sie sich dann immer besser an den Urlaub erinnern und dadurch vielleicht im Alltag etwas ruhiger werden. Andererseits sehen Sie hier auch Ihre Erfahrungen und können bei der nächsten Planung darauf zurückgreifen. Das schafft Sicherheit und Gelassenheit. Wenn Sie Ihre Eindrücke dann noch mit denen der anderen Teilnehmer abgleichen, kann der nächste Urlaub kommen.

Besonders tolle Erinnerungen an den Urlaub kann man im Fotobuch festhalten. Hier kann man Fotos auswählen, Eintrittskarten einscannen oder Landkarten kopieren und kleine Texte schreiben. Dies gibt es auch im Internet z. B. bei pixum.de, cewe-fotobuch.de oder posterxxxl.de. Eine unglaubliche Kraftquelle!

Mit Gelassenheit alleine reisen

Manche Menschen können und wollen nur alleine reisen, weil sie entweder keine Begleitung haben oder eben gerne allein sind. Leider werden Einzelpersonen auf Reisen oft benachteiligt. Sie bekommen einen Katzentisch im Restaurant oder das Einzelzimmer ist besonders klein und übermäßig teuer. Um hier Enttäuschungen zu vermeiden und gelassener im Urlaub zu sein, können Sie einiges tun:

- Buchen Sie, wenn Sie es finanziell können, ein Doppelzimmer mit Einzelbelegung.
- Gehen Sie eher am Mittag als abends essen, dann ist die Chance auf einen guten Tisch höher.
- Wenn Sie nicht angesprochen werden möchten, setzen Sie sich Kopfhörer auf oder nehmen ein Buch in die Hand.

Gelassenheit im Beruf

Berufstätige verbringen oft mehr Zeit an ihrem Arbeitsplatz als sie mit ihrer Familie oder ihren Hobbys verbringen. Besonders Vollzeitbeschäftigte sind sehr in ihrem Beruf eingespannt, oft mit Pause und Fahrzeit über 10 Stunden am Tag. Aber auch bei Teilzeitarbeitenden wird der Alltag sehr durch den Arbeitsplatz geprägt.

Daher ist die Gestaltung des Arbeitsplatzes sehr entscheidend für die Gelassenheit. Arbeiten Sie gerne und freuen sich auf Ihre Arbeit? Dann beeinflusst diese Freude sicher auch Ihr Privatleben. Oder gehen Sie nur ungern und angespannt zur Arbeit, weil Sie eben Geld verdienen müssen? Dann schaffen Sie es wahrscheinlich auch in der Freizeit nicht, richtig abzuschalten. Es ist also wichtig, schwierige Situationen im Berufsleben rechtzeitig zu erkennen und, wenn nötig, die Reißleine zu ziehen.

IM BERUF GELASSENHEIT EINBINDEN

Wenn Sie berufstätig sind, hängt Ihre Gelassenheit mit großer Wahrscheinlichkeit auch mit Ihrem Arbeitsalltag zusammen. Es lohnt sich also auf jeden Fall, die Situation am Arbeitsplatz einmal zu hinterfragen und hier Gelassenheit zu üben.

Die Ist-Situation analysieren
Um im Beruf gelassener zu sein, starten Sie am besten mit einer Ist-Analyse. Dabei kann eine Skala von 1 bis 10 hilfreich sein. 1 steht hier für „Ganz besonders angespannt und gestresst“, 10 steht für „Total entspannt und gelassen“. Legen Sie den Wert möglichst spontan fest und notieren Sie ihn im Gelassenheitstagebuch. Dies können Sie auch für Unterbereiche tun:

- Der Umgang mit Kollegen.
- Der Umgang mit Vorgesetzten.
- Die Arbeitszeitgestaltung.
- Die fachlichen Anforderungen, die man an Sie stellt.
- Die Fehler, die Ihnen unterlaufen.
- Die Zukunftsperspektive.
- Die Rahmenbedingungen an der Arbeit.
- Der Lohn/das Gehalt

Sicher fällt Ihnen hier noch viel mehr ein. Schreiben Sie alles auf und analysieren Sie es in Bezug auf Gelassenheit. Sie werden sehen, dass Gelassenheit auch viel mit Zufriedenheit zu tun hat. Sind Sie mit Ihrem Gehalt zufrieden, wird es sehr wahrscheinlich auch einen hohen Wert in der Gelassenheitsskala einnehmen. Schauen Sie sich die Teilbereiche an:

- Werte zwischen 1 und 3 zeigen Problemzonen. Diese können Sie im Gelassenheitstagebuch beispielsweise mit einem roten Blitz markieren.

- Werte zwischen 4 und 6 sollten Sie einmal genauer unter die Lupe nehmen. Diese können Sie neutral – z. B. mit einem gelben Fragezeichen – markieren.

- Werte zwischen 7 und 10 zeigen, dass hier im Moment alles in Ordnung ist. Diese Bereiche können Sie beispielsweise mit einem grünen Smiley markieren.

– Analyse der Teilbereiche des Berufslebens –

Schauen Sie sich die einzelnen Bereiche an und überlegen Sie, welche Bedeutung diese für die Gesamtgelassenheit im Beruf haben. Vielleicht sind Sie bei Ihren Kollegen gelassener als bei Ihrem Chef, aber der Umgang mit Ihrem Chef spielt bei der Arbeit eine größere Rolle.

Dann hat der Wert für den Umgang mit dem Chef im Hinblick auf die Gesamtgelassenheit einen größeren Wert als der Wert für den Umgang mit den Kollegen. Sortieren Sie die Teilbereiche: Welche sind am wichtigsten, welche mittelwichtig und welche unwichtig? Schauen Sie sich dann die Problembereiche an, die Sie aufgezählt haben.

- Wichtige Teilbereiche mit rotem Blitz sind Ihre größten Gelassenheits-Baustellen. Hier sollten Sie genauer hinsehen.

- Wichtige Teilbereiche mit grünem Smiley fördern die Gelassenheit sehr. Sie geben positive Energie, daher sollten Sie diese Bereiche gut pflegen.

- Mittel- bis unwichtige Teilbereiche mit rotem Blitz sind kleinere bis mittlere Ärgernisse. Hier könnten Sie die Einstellung wechseln und so Stress minimieren.

- Mittel- bis unwichtige Teilbereiche mit grünem Smiley sind die Freuden des Alltags. Diese Bereiche sollten Sie genießen.

- Alle Teilbereiche mit gelbem Fragezeichen können Sie ausbauen, ganz gleich, ob sie wichtig, weniger wichtig oder unwichtig sind. Sie entscheiden hier selbst, wie viel Energie Sie dort in die Bereiche stecken.

Jetzt können Sie entscheiden, worauf Sie schauen müssen, um Ihre Gelassenheit zu erhöhen.

– Gelassenheitsfördernde Faktoren im Job –

Wer im Beruf gelassen ist, hat Selbstvertrauen, Anerkennung und Sicherheit. Selbstvertrauen heiß, dass man sich bewusst ist, was man kann, und so die alltägliche Arbeit – auch durch Erfahrung – gut meistert. Man sieht das Ergebnis und wird auch wertgeschätzt. Anerkennung heißt, dass man von Vorgesetzten, Kollegen oder Kunden ein positives Feedback bekommt und die Arbeit auch richtig bezahlt wird.

Sicherheit heißt, dass man eine Perspektive hat, sowohl auf die Zukunft des Arbeitsplatzes als auch auf den Umgang mit Vorgesetzten und Kollegen mit ihren Misserfolgen und Fehlern. Schauen Sie sich nun einmal die Bereiche mit grünem Smiley an. Sie werden feststellen, dass dies die Bereiche sind, bei denen Sie genau diese Dinge – Selbstvertrauen, Anerkennung und Sicherheit – spüren. Machen Sie sich hier bewusst, was genau Ihnen dort guttut und woraus Sie hier Ihre Gelassenheit nehmen. Eine gute Idee ist es, Stichworte dazu ins Gelassenheitstagebuch zu notieren. Denn so sehen Sie später, auf welche Faktoren Sie einwirken sollten, um mehr Gelassenheit zu erlangen. Machen Sie sich bewusst: Je gelassener Sie sind, desto mehr tun Sie zur aktiven Gesundheitsprävention, denn das Verhältnis zwischen Ruhe- und Aktivitätsnerv (Parasympathikus und Sympathikus) stimmt und Sie werden weniger an Herz- Kreislaufleiden, an Verdauungsproblemen, Immunschwäche, psychischen Erkrankungen und Sexualstörungen etc. leiden. Diese können natürlich dennoch auftreten, aber mit Gelassenheit haben Sie eine wichtige Ressource im Kampf gegen diese Krankheiten.

Nun schauen Sie sich die Bereiche mit einem roten Blitz an. Fehlt es Ihnen dort an Selbstvertrauen, Anerkennung und an Sicherheit? Auch hierzu können Sie Stichwörter in Ihr Gelassenheitstagebuch schreiben. Was könnten Sie tun? Fortbildungen oder das Lesen von Fachliteratur könnten gegen mangelndes Selbstvertrauen helfen. Ein Gespräch mit dem Vorgesetzten oder dem Betriebsrat könnte bei mangelnder Anerkennung ratsam sein. Fehlt Ihnen Sicherheit, sollten Sie vielleicht über einen neuen Job nachdenken. Schauen Sie selbst, wo Sie etwas ändern können, und entwickeln Sie einen Aktionsplan. So erhöhen Sie Zufriedenheit und Gelassenheit.

Die mittleren Bereiche sind sozusagen Ihre Spielbälle: Suchen Sie sich hier die Bereiche aus, die Sie mögen oder bei denen Sie denken, dass Sie diese einfach verändern können. Denn: Jeder Erfolg führt zu mehr Gelassenheit!

– Mögen, ändern oder beenden – Das können Sie selbst tun! –

In den allermeisten Situationen hat man mehrere Handlungsmöglichkeiten: Mögen, ändern oder aber beenden. Dies bezeichnet aber nicht nur die Handlung selbst, sondern auch Ihre innere Haltung dazu. Sie selbst können sich aktiv entscheiden, wie Sie mit einer Situation umgehen wollen. Dass dies nicht immer leicht ist, ist kein Geheimnis. Dennoch sollten Sie sich dies immer deutlich vor Augen führen.

Es ist immer der bequemste Weg, andere für alles – also auch das eigene Elend – verantwortlich zu machen. Kennen Sie das: „Ach, wenn der Chef doch netter wäre! Wenn meine Kollegen doch kooperativer wären! Wenn die Kunden doch zuvorkommender wären! Wenn ich doch mehr verdienen würde… Ja, dann würde mir die Arbeit auch mehr Freude bereiten! Dann würde ich gut gelaunt nach der Arbeit nach Hause gehen.“ Sicher finden Sie sich in der einen oder anderen Aussage wieder, denn Menschen neigen dazu, eher die Umwelt zu ändern als sich selbst. Stellen Sie sich hier nochmal das Wetter vor: Sie können es nicht verändern, sondern sich nur entsprechend kleiden und sich so dem Wetter anpassen. So ist es auch mit den Kollegen, den Kunden und Ihrem Chef. Hier können Sie sich nur auf deren Bedürfnisse einstellen und sie sonst so sein lassen wie sie eben sind.

Sie selbst sind für Ihre Gelassenheit verantwortlich und niemand anders. Fordern Sie sich, aber überfordern Sie sich nicht. Beginnen Sie mit den mittleren Teilbereichen und ändern Sie hier sich selbst und Ihre Haltung. Werden Sie zuerst dort aktiv, wo es nicht so wehtut und die Aussicht auf Erfolg am größten ist. Wenn Sie hier Ihre Gelassenheit verbessert haben, können Sie sich den wichtigeren Teilbereichen zuwenden. Es wird sicher nicht einfach, bei wichtigen Teilbereichen mit rotem Ausrufezeichen die Rahmenbedingungen oder die eigene Haltung zu ändern. Entscheiden Sie dann einfach nüchtern, indem Sie über die Konsequenzen nachdenken: Sollen Sie die Situation nicht vielleicht doch erst einmal so akzeptieren? Oder sollten Sie die Situation besser verlassen und beispielsweise die Abteilung oder den Job wechseln? Hie kann es sehr hilfreich sein,

Menschen Ihres Vertrauens mit ins Boot zu nehmen und diese um Rat zu fragen. Oft bringt ein Außenstehender Sie auf Gedanken, an die Sie selbst noch gar nicht gedacht haben.

Machen Sie mal Pause!
Das Berufsleben wird in der heutigen Zeit immer hektischer. Alle müssen immer mehr Arbeit in kürzester Zeit verrichten und es fehlt an Fachkräften und Nachwuchs. Das wirkt sich natürlich auch auf die Gesundheit und die Gelassenheit aus. Körperliche und seelische Krankheiten werden immer häufiger. Daher ist es notwendig, dass hier jeder Arbeitnehmer selbst auf sich achtet, um den Stresslevel so niedrig wie möglich zu halten.

– Als Chef einen Teil der Verantwortung abgeben –

Wenn Sie Chef sind, können Sie sowohl auf die eigene Gelassenheit als auch auf die der Mitarbeiter Einfluss nehmen. Sorgen Sie dafür, dass in Ihrem Betrieb ein Klima der Anerkennung, der Angstfreiheit, der Fehlerkultur und der offenen Kommunikation herrscht. Beziehen Sie auch Ihre Mitarbeiter mit ein und denken Sie daran: Sie als Vorgesetzter sind Vorbild. Denn wenn Sie gelassen sind, sind es über die Aktivierung der Spiegelneuronen, die schon mal angesprochen wurden, auch ihre Mitarbeiter. Dies setzt eine Gelassenheitsspirale in Gang, die unverzichtbar ist.

In der Regel können Mitarbeiter am besten arbeiten, wenn Sie unter einer mittelhohen Anspannung stehen. Schauen Sie, dass niemand über- oder unterfordert ist. Denken Sie daran, dass nicht alle Menschen gleich sind. Manche sind morgens, andere nachmittags produktiver. Aber jeder Mensch benötigt Pausen. Richten Sie flexible Arbeitszeiten ein und übertragen Sie ein Teil der Verantwortung. Das fördert ebenfalls die Gelassenheit. Je mehr Sie Ihre Mitarbeiter mit einbeziehen, desto zufriedener sind sie.

– Am eigenen Arbeitsplatz etwas verändern –

Selbstverständlich ist jeder Arbeitnehmer an gewisse Rahmenbedingungen (etwa Dienstvorschiften) gebunden. Aber dennoch kann innerhalb der äußeren Vorgaben und der Ausgestaltung viel verändert werden. Wie läuft Ihr Berufsalltag eigentlich ab? Viele können das gar nicht beschreiben und meinen, nur von einem Termin zum anderen zu hetzen.

Finden Sie es für sich heraus! Schreiben Sie einmal drei typische Arbeitstage auf, also nicht unbedingt den ersten Tag nach dem Urlaub, den Betriebsausflug oder wenn sich gleich drei Kollegen krankgemeldet haben. Notieren Sie sich jede Aufgabe, wann Sie diese begonnen und beendet haben. Notieren Sie auch jede Unterbrechung (Telefonat, Kaffeeholen, Zigarettenpause, Checken von Nachrichten...). Das geht am besten mit einer Strichliste. Schreiben Sie auch auf, was Sie selbstbestimmt tun konnten und was Ihnen aufgetragen wurde usw.

Schauen Sie sich nun einmal Ihr Protokoll an: Wo waren Sie mit den Arbeitsabläufen zufrieden? Wie oft waren Sie genervt und angespannt, wie oft gelassen? Wie viele Pausen haben Sie gemacht? Nach 90 Minuten sollte als Faustregel eine kurze Pause eingeplant werden (wie auch beim Autofahren). Bei diesen Pausen sollten Sie ungestört durchatmen, essen, trinken, lachen und sich bewegen können.

Wenn es geht, sollten Sie bei der Arbeitszeit auch Ihre innere Uhr berücksichtigen, denn es gibt Frühaufsteher, die morgens sehr fit sind, und eben auch Nachteulen, die am

Nachmittag leistungsfähiger sind oder am Morgen auch mal eine Pause zwischendurch benötigen. Auch wenn die Kollegin immer vor Ihnen da ist: Wenn Sie nachmittags besser arbeiten können, sollten Sie später kommen.

Versuchen Sie, mit positiven Gefühlen in den Tag zu starten und ihn mit einem guten Gefühl zu beenden. Versuchen Sie auch, Tätigkeiten möglichst wenig und z. B. nur zu bestimmten Zeiten (volle Uhrzeit, jede halbe Stunde...) zu unterbrechen. Wenn Kollegen Sie stören, sprechen Sie diese darauf an und führen Sie von Zeit zu Zeit mal wieder Buch über einen Arbeitstag, um zu sehen, ob sich etwas verändert hat und wie sich die Veränderung anfühlt.

– Selbstständig! –

Sind Sie selbstständig, haben Sie vielleicht auch den Eindruck, dass Sie Ihr eigener Sklave sind und „selbst und ständig" beschäftigt sind. Aber gerade dann können Sie etwas verändern und gelassener werden, denn Sie müssen sich ja nicht mit Ihrem Chef auseinandersetzen. Niemand sagt Ihnen, was Sie zu tun haben. Klar, der Kunde ist König und Sie müssen sich nach ihm richten, aber in der Arbeitsgestaltung sind Sie doch recht frei. Passen Sie sich also am besten Ihrem Arbeitsrhythmus an, vielleicht halten Sie sogar mal einen Powernap zwischendurch.

Routinearbeiten erledigen Sie am besten immer dann, wenn Sie nicht so frisch sind, z. B. nach dem Mittagessen. Ihre Kreativphasen nutzen Sie am besten für Kundenakquise, neue Projekte oder auch Kundenkontakte. Ihr Smartphone sollten Sie zu bestimmten Zeiten ausstellen, damit Arbeit und Freizeit getrennt sind. Denn ständige Erreichbarkeit erzeugt Stress und mangelnde Gelassenheit – das wissen Sie ja schon. Immer im Kampf- und Flucht- Modus zu sein ist schlecht für die Gesundheit und vielleicht können Sie Verantwortung für sich selbst ja zu Ihrem wichtigsten Projekt machen.

Selbstbestimmung gegen Fremdbestimmung!

Arbeiter, die ihre Aufgaben und Arbeitsabläufe selbstbestimmend erledigen können, sind eher motiviert und erbringen bessere Leistungen. Das haben wissenschaftliche Studien bewiesen. Je mehr Sie an Ihrem Arbeitsplatz also selbst bestimmen können, desto zufriedener werden Sie dort auch sein. Und das fördert wiederum die Gelassenheit. Leider scheinen weniger als die Hälfte der Arbeitnehmer ihre Arbeit in punkto Reihenfolge, Vorgehensweise und Rhythmus selbstbestimmt ausführen zu können. Natürlich unterscheidet sich dies auch je nach Tätigkeit. Menschen, die am Fließband arbeiten, haben sicher weniger Entscheidungsfreiheiten als Büroarbeiter. Dennoch: Über die Hälfte der Arbeitnehmer muss Fremdbestimmung hinnehmen. Sie selbst aber können die Haltung Ihrer Arbeit gegenüber ändern, ganz gleich, ob diese fremdbestimmt ist oder nicht. Sie allein entscheiden, ob Sie die Arbeit mögen oder eben nicht. Sie entscheiden, wie viel Empathie Sie in Ihre Arbeit legen, ob Sie die Arbeit sorgfältig ausführen oder eben „nur" nebenbei. Probieren Sie es aus: Mit einem Lächeln fällt Ihnen die Arbeit viel leichter. So werden Sie gelassener arbeiten, auch wenn die Rahmenbedingungen nicht die besten sind.

Gelassenheit am Arbeitsplatz, was heißt das überhaupt? Es beruhigt, schon zu wissen, dass man nicht der einzige fremdbestimmte Arbeitnehmer ist. Das Wissen darum könnte das „ertragen, ändern und beenden" leichter machen. Das Wissen darum ist aber auch eine Chance, die Dinge, die man selbst bestimmen und auf die man Einfluss nehmen kann, zu ändern.

- Die eigenen Bedürfnisse erkennen -

Schauen Sie sich zuerst einmal an, wo es Ihnen überhaupt wichtig ist, selbst zu bestimmen, und wo Sie Selbstbestimmung eher akzeptieren können. Gehen Sie Aufgaben der Reihe nach durch und schauen Sie, inwieweit Sie dort selbst bestimmen können. Notieren Sie sich dies am besten:

- Wer gibt Ihnen die Aufgaben und haben Sie Mitspracherecht? Können Sie eigene Ideen einbringen und an eigenen Projekten arbeiten?
- Wer bestimmt die Reihenfolge der Arbeitsabläufe? Wann werden Ergebnisse erwartet?
- Wer legt Arbeitsrhythmus, Pausen und Arbeitstempo fest?

Haben Sie diese Ist-Analyse erarbeitet, bewerten Sie die Zufriedenheit wieder mit einer Note von 1 („Sehr unzufrieden") bis 10 („äußerst zufrieden"). Bei allen Situationen, die von 7 bis 10 bewertet werden, gibt es ein ausgewogenes Maß and Fremd- und Selbstbestimmung. Bei den Bereichen von 1 bis 6 hingegen ist das Maß an Selbstbestimmung verbesserungsbedürftig. Ihr Wunsch nach Selbstbestimmung ist höher als die reale Möglichkeit der Selbstbestimmung.

Versuchen Sie, in den unteren Bereichen Vorschläge zu formulieren, wie Sie Ihre Selbstbestimmung verbessern könnten. Seien Sie realistisch und überlegen Sie, wer Ihnen helfen könnte. Denn zusammen ist man in der Regel stärker als alleine.

- Allianzen schmieden -

Gemeinsam ist man immer stärker, das gilt auch am Arbeitsplatz. Ganz gleich, ob in kleineren Bereichen, wo sich Arbeitnehmer mit gleichen Interessen zusammentun, oder in größeren Bereichen, wie etwa bei einem Betriebs- oder Personalrat, der sich für Arbeitsplatzinteressen einsetzt. Wenn Sie konkrete Vorstellungen zur Veränderung oder zur Verbesserung der Gestaltung der Arbeitsabläufe haben, haben Sie keine Scheu, Kollegen oder Betriebsratsmitglieder zu kontaktieren. Je klarer Sie Ihre Vorstellungen formulieren, desto größer wird auch die Chance sein, dass Sie Unterstützung finden, selbst wenn die anderen nicht mit allen Punkten einverstanden sind. So werden Vorschläge zumindest teilweise aufgenommen.

Beispiel: In einem Unternehmen herrscht dicke Luft, da der für die Presse- und Öffentlichkeitsarbeit zuständige Geschäftsführer Herr Schmidt die Pressemitteilungen immer selbst freigeben möchte. Leider dauert es immer sehr lange, bis er sie sieht und bearbeitet. Das frustriert das Team, denn die Mitteilungen sind nicht mehr aktuell und die Resonanz der Presse sinkt. Man diskutiert hin und her und beschließt, dem Herrn Schmidt die Pressemitteilungen nun immer in knallroten Umlaufmappen zu schicken, damit er sie nicht übersieht. Und siehe da: Jetzt werden die Pressemitteilungen innerhalb eines Tages bearbeitet und das Presseteam arbeitet viel motivierter als vorher.

Haben Sie aber Geduld, wenn Sie etwas verändern wollen, denn oft geht das nicht von einem Tag auf den anderen und es braucht Zeit. Aber denken Sie immer an Ihr Ziel, größere Zufriedenheit und Gelassenheit zu erreichen. Wenn Sie nicht vorankommen mit Ihren Ideen, versuchen Sie es erst einmal in kleinen Bereichen. Wenn Sie etwas nicht beeinflussen können, lassen Sie es also lieber erst einmal los, um nicht frustriert zu sein. Versuchen Sie es ein andermal wieder.

– Langsames Denken führt zum Erfolg –

Wie schon der amerikanische Volkswirtschaftler Daniel Kahnemann in einem seiner Bücher „Schnelles Denken, langsames Denken" erläutert, gibt es einen Unterschied zwischen intuitivem und analytischem Denken. Intuitives Denken bedeutet schnelles Denken voller Emotionen, wo blitzschnell Wahrnehmungen mit gespeicherten Verhaltensmustern und bisherigem Wissen verglichen werden. Es ermöglicht intuitive Lösungen und lässt einen Routinetätigkeiten ohne großen Aufwand erledigen. Analytisches Denken ist jedoch besonders wichtig, wenn unvorhergesehene Dinge passieren, wenn man sich besonders anstrengen muss, eine Situation verdächtig erscheint und knifflige Aufgaben zu lösen sind. Das intuitive Denken kommt aber viel häufiger zum Zug, es ist die erste Lösung, die einem in den Sinn kommt. Aber besonders bei der Arbeit sollten Dinge immer erst hinterfragt werden: Ist der Vorschlag wirklich so gut, weil man die vorschlagende Person eigentlich sympathisch findet? Ist jemand, der viermal recht hatte, auch beim fünften Mal im Recht? Werden noch mehr Informationen benötigt, um eine sinnvolle Entscheidung zu treffen?

Es trägt sehr zur Gelassenheit bei, bei der Arbeit das analytische System öfter entscheiden zu lassen, denn vorschnelle Aussagen oder Entscheidungen bereut man dann oft im Nachhinein. Außerdem lassen Sie sich dann nicht vom äußeren Schein leiten, sondern entscheiden rational. Diese innere Ruhe bei Entscheidungen – auch im Beruf – führt zu viel mehr Gelassenheit.

Tipp: Es ist erwiesen, dass sich das intuitive Denksystem gerne „ankern" lässt und vorgegebene Größenordnungen als richtig abspeichert. Wenn man bei Verhandlungen also mit höheren Forderungen einsteigt, fällt das Ergebnis in der Regel höher aus, als wenn man mit niedrigeren „vermeintlich realistischen" Einstiegsforderungen einsteigt. Mit diesem Wissen können Sie auch bei Gehaltsforderungen entspannter sein.

Wie Sie Gelassenheitskiller entgegenwirken

So, wie Berufe unterschiedlich sind, ist es auch bei den Gelassenheitskillern, mit dem eigentlich fast jeder täglich bei der Arbeit konfrontiert wird. Das sind z. B. Multitasking, Monotonie, Zeitdruck und Störungen bei der Arbeit (z. B. durch Kollegen).

Das Erfolgsgeheimnis eines Unternehmens wird also maßgeblich durch die Unternehmenskultur geprägt. Das zeigte unter anderem eine Studie des Bundesministeriums für Arbeit aus dem Jahr 2007. Mitarbeiterorientierung, Teamgeist, das Erleben von Zugehörigkeit zum Unternehmen, die Wertschätzung an der Person und das Interesse des Unternehmens an der eigenen Person haben großen Einfluss auf Engagement und Arbeitsmoral der Mitarbeiter. Multitasking, Zeitdruck, Monotonie, Arbeitsunterbrechungen und mangelnde Wertschätzung sind also wohl die wichtigsten Killer der Gelassenheit am Arbeitsplatz. Wie schaffen Sie es nun, gelassener zu sein? Wenden wir uns nun also diesen Gelassenheitskillern zu:

1. Multitasking als Illusion

Unser Gehirn arbeitet seriell, in jeder Hirnhälfte beschäftigt es sich also immer mit einer Aufgabe nach der anderen. Mehrere Dinge gleichzeitig zu tun, mag zwar „in" sein, ist aber nicht so produktiv. Es steigt die Fehlerzahl und die Gelassenheit schwindet, wenn Sie versuchen, alles auf einmal zu erledigen. Probieren Sie es einfach einmal aus: Atmen Sie ein paarmal tief ein und aus. Messen Sie dann Ihren Puls. Der Ruhepuls liegt normalerweise zwischen 60 und 80 Schlägen pro Minute. Nun stellen Sie das Radio an, versuchen,

5 Minuten gleichzeitig ein Rätsel zu lösen, einen Apfel zu schälen, ein Wasser zu trinken und sich mit anderen Personen zu unterhalten. Ihr Puls wird nun deutlich höher liegen als bei Ihrem Ruhewert. Sie sehen also, wie sehr Sie Multitasking aus der Fassung bringt.

Seien Sie an der Arbeit also konsequent, versuchen Sie, eines nach dem anderen zu erledigen und Ablenkungen zu minimieren. Legen Sie einfach die Tageszeitung weg, stellen Sie den Ton für eingehende Nachrichten und das Radio aus, wenn Sie wichtige Aufgaben erledigen sollen. Machen Sie eine Liste und starten Sie erst mit der neuen Aufgabe, wenn die aktuelle Aufgabe erledigt ist. Sie werden sehen: Der Stresslevel sinkt und Ihre Gelassenheit steigt.

2. Zeitdruck ist nicht gut für die Qualität der Arbeit

Schauen Sie einmal auf die Uhr, wenn Sie bestimmte Aufgaben erledigen? Wie lange brauchen Sie wohl schätzungsweise für eine bestimmte Aufgabe? Wie lange arbeiten Sie dann tatsächlich daran, die Aufgabe richtig zu erledigen? Vergleichen Sie dann einmal Ihre Einschätzung mit der tatsächlich gebrauchten Zeit. Waren Sie zu optimistisch, zu pessimistisch oder sehr realistisch? Normalerweise passt das Ergebnis hier sehr gut zu Ihrer Lebenseinstellung. Optimisten unterschätzen den Zeitbedarf, Pessimisten überschätzen ihn und Realisten schätzen ihn richtig ein. Nehmen Sie sich auch hier, wie Sie sind, und lernen Sie, mit Ihrer Zeiteinschätzung geschickt umzugehen. Realisten geraten eher selten in Zeitdruck und wenn, dann meist durch unrealistische Forderungen von Dritten. Sind Sie Pessimist, haben Sie wahrscheinlich öfter Zeit übrig, die Sie für Gelassenheitsübungen nutzen können.

Optimisten geraten öfter unter Zeitdruck, daher sollen sie immer einen Zeitpuffer bei ihren Aufgaben einplanen. Denken Sie nicht, wenn Dritte Ihnen Aufgaben übertragen, dass Sie das doch schneller schaffen. Nehmen Sie die Vorgaben, denn Sie sind in der Regel eh oft zu knapp. Wenn Sie bemerken, dass Sie es nicht schaffen, sagen Sie möglichst zeitnah Bescheid. Warten bis auf den letzten Drücker führt nur zu Stress. Hier ist Zeitmanagement gefragt. Merken Sie, dass Sie von außen viel Zeitdruck bekommen, hilft es auch hier oft, ein Tagebuch zu führen mit den eingeplanten und tatsächlich für die Aufgaben und Projekte benötigten Zeiten. Suchen Sie nun das Gespräch mit den Menschen, die Zeitdruck ausüben.

3. Monotonie schafft Langeweile

Neben dem Begriff „Burn-out“ gibt es auch den Begriff des „Bore-out“, also der Erschöpfung durch Langeweile. Haben Sie an der Arbeit immer wieder den gleichen Ablauf, kann das zu einem Gelassenheitskiller werden. Überlegen Sie, was Sie hier vielleicht verändern können, damit es nicht so eintönig ist: Vielleicht können Sie die Arbeitsumgebung verändern (mit persönlichen Bildern, Pflanzen etc.), Radio oder Hörbücher hören. Wenn die Arbeitsabläufe immer gleich sind, sind diese im Gehirn gespeichert. Das Gehirn hat also noch „Platz“ für andere Dinge, wie etwa akustische Außenreize. Schauen Sie aber, dass Sie dadurch nicht mehr Fehler machen.

4. Unterbrechung senkt die Zufriedenheit bei der Arbeit

Wenn Sie leicht abzulenken sind, führen Sie am besten eine Strichliste: Wie oft unterbrechen Sie die Arbeit, um eine E-Mail zu lesen? Wie oft ignorieren Sie Unterbrechungen? Wie oft schicken Sie Kollegen weg? Wenn Sie es schaffen, Ihre Arbeit nicht oft zu unterbrechen, können Sie diesen Punkt überspringen. Wenn nicht, überlegen Sie z. B.: Warum muss ich immer zwischendurch E-Mails lesen? Ist es wirklich notwendig, sie gleich zu beantworten? Stören mich immer die gleichen Leute?

Fragen Sie sich ehrlich: Womit und vor allem warum unterbrechen Sie Ihre Arbeit? Versuchen Sie bewusst, einzelne Arbeiten ununterbrochen (also ohne Gespräch mit Kollegen, Zigarettenpause, Checken von E-Mails, Telefonaten etc.) zu erledigen, und schauen Sie, ob Sie nun zufriedener sind. Suchen Sie das Gespräch mit den Personen, die Sie unterbrechen, und sprechen Sie diese möglichst konkret darauf an. Der Satz, „Bitte unterbrechen Sie mich nicht so oft“, hilft da nur wenig. Wenn Sie aber sagen, „Ich habe mit der Arbeit so lange gebraucht, weil der Praktikant immer wieder Dinge von mir wissen wollte“, werden die Unterbrecher Sie in Zukunft wahrscheinlich eher in Ruhe arbeiten lassen. Suchen Sie Verbündete. Einigen Sie sich beispielsweise darauf, dass man Sie nur stören darf, wenn im Chat Ihr Status auf „Verfügbar“ steht. Steht Ihr Status aber auf „In einer Besprechung“ oder „Bitte nicht stören“, weiß jeder, dass er Sie nun nicht ansprechen soll. Im Büro kann dies auch ein Schild sein oder Sie markieren ungestörte Arbeitszeiten bzw. Besprechungen in Ihrem Kalender im Intranet. Seien Sie hier erfinderisch, denn Ihre Gelassenheit wird sichtbar steigen.

5. Mangelnde Wertschätzung demotiviert

Lob, Wertschätzung und Anerkennung sind wichtige Motivatoren. Sind Sie Vorgesetzter, sollten Sie unbedingt auch positives Feedback geben, genauso wie Sie auch (richtig und berechtigt) kritisieren. Denken Sie als Vorgesetzter nach: Halten Lob und Tadel sich die Waage? Wie reagieren Mitarbeiter darauf? Wie gelassen sind Sie selbst, wenn Sie loben oder kritisieren? Feedback geben ist eine Kunst und eine Kritik sollte immer konstruktiv und mit konkreten Beispielen sein, aber auch positive Eigenschaften hervorheben. Wenn Sie Arbeitnehmer sind, achten Sie einmal bewusst darauf, was Lob und Kritik bei Ihnen auslösen können. Wahrscheinlich motivieren Sie Lob und positive Rückmeldungen.

Lob und Anerkennung sollten unbedingt in die Unternehmenskultur eingebettet sein, denn nur so hat ein Unternehmen Erfolg. Warum sollten sich Mitarbeiter anstrengen, wenn dies gar nicht wahrgenommen wird?

Wenn Ihr Chef nicht lobt, können Sie selbst für Anerkennung sorgen: Machen Sie bei erfolgreich erledigten Aufgaben einmal bewusst eine Pause, bringen Sie einmal einen Kuchen mit ins Büro, wenn Ihr Team einen Erfolg zu feiern hat. Das zeigt, wie Sie die anderen schätzen, und fördert Arbeitsklima und Gelassenheit.

VOM ERKENNEN SCHWIERIGER SITUATIONEN

Wenn Sie im Berufsleben gelassen sein wollen, sollten Sie stressige Situationen analysieren und sich vornehmen, in der Zukunft damit anders umzugehen. Dazu müssen Sie die Situation und Ihre eigenen Anteile daran gut überblicken können. Überlegen Sie in Ruhe, was Sie tun können und wo Sie eventuell Verbündete finden können.

Wenn Sie mal wieder eine stressige Situation ereilt, atmen Sie einfach einmal tief durch, richten Sie Ihre Aufmerksamkeit nach innen hinein und handeln Sie einmal anders, als man es von Ihnen erwartet hätte. Sie werden über die Konsequenzen erstaunt sein und vielleicht werden Sie dann ja schon viel gelassener.

Stress und Anspannung entstehen auch im Beruf nach und nach und kommen nicht auf einmal. Wenn Sie einmal an die letzte stressige Situation denken, werden Sie das sicher auch so sehen, vielleicht erinnern Sie sich sogar daran, wie alles anfing. Da hätten Sie vielleicht das Ganze noch abwenden können, während Sie irgendwann das Ruder nicht mehr herumreißen konnten.

Ein Beispiel: Herr Hartwig ist ein sehr guter Außendienst-Mitarbeiter. Er geht in seinem Beruf auf und hat dadurch sehr wenig Privatleben. Er wird jedoch regelmäßig befördert und bekommt viel Lob – bis er an einem Tag zufällig mitbekommt, wie der Chef seine Frau betrügt. Er sagt nichts, aber seit dem Tag ist alles anders. Er kann seinem Chef nichts recht machen, der Chef macht ihn fertig, auch vor versammelter Mannschaft. Es folgt eine Abwärtsspirale, wo der Stress immer mehr zunimmt, bis Herr Hartwig schließlich nicht mehr kann und ein Burn-out erleidet. Hätte er vielleicht seinen Chef damals darauf angesprochen und ein Gespräch „unter Männern" geführt, so wäre es möglicherweise gar nicht so weit gekommen.

Sie sehen: Nur schweigen ist hier vielleicht auch nicht die beste Idee.

Ressourcen schonen: Perfekt muss nicht immer sein!

Stress beginnt in der Regel immer im Kopf. Wenn Sie denken, dass Sie dem Ganzen nicht mehr gewachsen sind oder selbst keinen Einfluss auf die Situation nehmen zu können, geraten Sie in Stress und der „Kampf und Fluch-Modus" wird aktiviert. Die dritte Möglichkeit, die den Menschen von den Vorfahren vererbt wurde, ist der Totstellreflex, den Sie vielleicht auch kennen. Der Druck wird höher, Sie fühlen sich bedrängt und starten mit der Bewältigung des Stresses. Solange Sie noch mit dem Stress umgehen können, ist es gut. Dann aber empfinden Sie Angst, werden angespannt und nervös. Nun macht Sie der Stress krank.

Je frühe Sie diese Abwärtsspirale erkennen, umso besser ist es. Dann können Sie vielleicht noch etwas ändern. Im Arbeitsalltag sollten Sie daher regelmäßig in sich hineinhören. Fragen Sie sich: „Wie geht es mir heute? Welche Aufgaben konnte ich gut lösen und wo hatte ich Probleme? Mit welchen Menschen hatte ich Kontakt und wie war die Kommunikation? Wo lauern versteckte Stressoren?".

Merke: Die Selbstreflexion ist für die Gelassenheit sehr wichtig. Seien Sie aufmerksam und achten Sie auf Ihren Körper. Nehmen Sie Befindlichkeiten ernst und trainieren Sie die Tiefe Bauchatmung zum Entspannen. Machen Sie die Selbstreflexion zu einem wichtigen und regelmäßigen Teil Ihres Alltags, am besten immer zu einem festen Zeitpunkt.

Schreiben Sie sich alle Dinge auf, die Ihnen bei der Selbstreflexion auffallen, und beobachten Sie diese Bereiche: Steigt der Druck? Löst er sich? Sobald Sie eine negative Entwicklung erkennen, sollten Sie aktiv werden und nicht erst abwarten.

– Berücksichtigen Sie Antreiber! –

Jeder Mensch hat Antreiber, die ihn durchs Leben begleiten. Meist bekommt man diese in der Kindheit übermittelt. Sie bestimmen, wie man an Situationen herangeht und schwierige Situationen meistert (Beeil Dich! Mach es allen recht! Streng dich an...).

Wenn Sie merken, dass der Stress zunimmt und Ihre Gelassenheit abnimmt, versuchen Sie, herauszufinden, welcher Antreiber dahintersteckt. Glauben Sie vielleicht, Situationen immer alleine lösen zu müssen? Wollen Sie immer ohne Fehler sein? Achten Sie hier darauf, ob einer der beteiligten Menschen bewusst oder unbewusst Ihre Antreiber gegen Sie ausnutzt: Vielleicht verlangt Ihr Chef gerade so viel von Ihnen, weil er weiß, dass Sie ehrgeizig sind? Lässt Ihr Kollege Sie vielleicht fallen, weil er weiß, dass Sie sowieso immer das letzte Wort haben wollen?

Drehen Sie Ihre Antreiber zurück und nehmen Sie sogar Abschied von manchen Antreibern. Sie müssen nicht immer perfekt, hilfsbereit, überpünktlich und stark sein. Sie dürfen Hilfe annehmen, Fehler machen, auch mal länger für eine Aufgabe brauchen oder anderen (unbewusst) auf die Füße treten. Oft reicht es aus, 80 statt 150 Prozent zu geben!

– Sie dürfen auch mal „Nein" sagen –

Bei vielen schwierigen Situationen im Arbeitsalltag wollen Sie diese Arbeiten eigentlich gar nicht tun. Vielleicht haben Sie eine Aufgabe übernommen, die Sie zeitlich gar nicht schaffen oder die sonst niemand übernehmen möchte. Überlegen Sie abends im Bett vor dem Einschlafen einfach einmal, wie oft Sie am Tag „Nein" gesagt haben und wie oft Sie dies eigentlich sagen wollten, dann aber doch ein „Ja" aus Ihren Lippen kam. Nehmen Sie sich dann am nächsten Tag vor, mehr „Nein" zu sagen.

Wenn gefragt wird, wer eine Aufgabe übernimmt, gibt es einen Trick: Schauen Sie aus dem Fenster, setzen Sie sich auf Ihre Hände (damit diese sich nicht aus Versehen heben können) und seien Sie ruhig. Meldet sich niemand, wird sich in der Regel irgendwann schon jemand anders für die Aufgabe melden. Wenn sich niemand meldet und die anderen Sie ansehen, sagen Sie immer noch nichts, lächeln nur in die Runde. Wenn Sie dann doch angesprochen werden, hatten Sie schon Zeit, sich zu überlegen, ob Sie den Job machen wollen oder nicht. Möchten Sie den Job nicht übernehmen, sagen Sie das dann auch deutlich. Sie müssen es nicht begründen. Nein sagen ist nicht einfach, aber es geht.

– Entrümplung des Kalenders –

Ist Ihr Kalender mehr als 70 Prozent gefüllt, können Sie sich gut vorstellen, dass es zeitlich dann eng für Sie werden könnte. Es sei denn, Sie wissen, dass jeder Kundenkontakt tatsächlich nur ein paar Sekunden dauert. Von Termin zu Termin zu rennen, steht einem entspannten Arbeitsleben entgegen, denn Sie müssen die Termine ja auch vor- und nachbereiten und sich auf den neusten Stand bringen. Auch brauchen Sie Pausen und Pufferzeiten. Sind von 8 Arbeitsstunden mindestens 5 ½ verplant, sollten Sie die Notbremse ziehen, um nicht Ihre Gesundheit zu gefährden. Schauen Sie sich an, welche Termine Sie delegieren und welche Sie streichen oder verlegen können. Planen Sie so vorausschauend, dass Sie mindestens ein Drittel der täglichen Arbeitszeit freilassen. So reduzieren Sie Zeitdruck und Stress.

Zeitkiller erkennen und bessere Zeitplanung

Stress und Anspannung am Arbeitsplatz entstehen sehr oft durch Termindruck: Die Zeit reicht einfach nicht, die Aufgaben gelassen zu bearbeiten. Irgendwie kommt immer etwas dazwischen, bis man die Erledigung der Aufgabe nicht mehr verschieben kann und unter Zeitdruck gerät. Hier sollten Sie gut analysieren, was und wer Ihnen da immer die Zeit raubt. Immerhin heißt es, dass jeder Arbeitnehmer im Durchschnitt 11 Minuten in seiner Arbeit unterbrochen wird.

Führen Sie einmal eine Woche genau Zeitfresser-Tagebuch: Schreiben Sie auf, für welche Aufgaben Sie mehr Zeit als eingeplant gebraucht haben, und notieren Sie, wer und was Sie von der zügigen Bearbeitung der Aufgabe abgehalten hat. Sicher werden Sie hier schon viele Zeitfresser finden. Suchen Sie sich einmal die drei wichtigsten Zeitfresser aus und überlegen Sie, wie Sie diese in Zukunft besser handhaben oder eliminieren können:

1. Die Technik funktioniert nicht

Kennen Sie das? Der PC stürzt immer ab, Sie kommen nicht ins Warenwirtschaftssystem, die EDV-Hotline ist dauernd besetzt, der Kopierer defekt, es fehlen wichtige Daten, Tabellen wurden verschoben und und und... Solche Probleme halten im Arbeitsalltag oft auf, betreffen aber meist nicht nur Sie, sondern mehrere Personen.

Suchen Sie sich hier Verbündete, schreiben Sie alles möglichst genau auf und benennen Sie konkrete Beispiele. Sprechen Sie das Thema an, wo Sie können (bei Meetings, in der Kaffeeküche, auf dem Flur...) und bitten Sie auch andere darum, Beispiele zu sammeln. Dann gehen Sie (gemeinsam) in die nächste Führungsebene. Am besten benennen Sie dann auch finanzielle Einbußen: Wenn der PC jeden Tag bei 20 Mitarbeitern 3-mal streikt und wieder hochgefahren werden muss – was ca. 10 Minuten kostet –, kostet dies den Betrieb schon 3 Arbeitsstunden.

Ein großer Zeitfresser ist auch die private Nutzung des Internets durch Mitarbeiter während der Arbeitszeit, was bis zu 40 Prozent Arbeitsausfall führen kann. Bleiben Sie, wenn Sie Zeitfresser herausgefunden haben, am Ball und lassen Sie sich nicht abwimmeln. Gehen Sie notfalls zur nächsthöheren Ebene, bis Sie vielleicht den neuen PC bekommen, da der alte einfach für die vielen Datenzugriffe zu langsam ist. Machen Sie Verbesserungsvorschläge und gehen Sie auch zur Nachbarabteilung. Gemeinsam sind Sie stärker und die gewonnene Zeit macht gelassener.

2. Die Kollegen

Wenn Sie das Gefühl haben, dass Ihnen Kollegen Zeit stehlen, versuchen Sie, in sich hineinzuhorchen und festzustellen, was Sie an der Kommunikation mit den Kollegen stört. Vor allem sind dies 4 Typen:

- Klatschtanten: Sie wissen alles und reden über alles, streuen Gerüchte und mischen sich überall ein.

- Intriganten: Sie flüstern meist und versuchen, an vertrauliche Informationen zu kommen oder Dinge herauszufinden, die sie gegen Sie verwenden könnten. Bei Vorgesetzten rücken Sie sich immer ins rechte Licht.

- Jammerlappen: Sie sind meist schlecht gelaunt, fühlen sich verkannt oder überfordert. An allem haben Sie etwas auszusetzen und bei ihnen funktioniert selten etwas.

- Ulknudeln: Sie haben immer gute Laune, lachen, verbreiten lustige Geschichten über die Kollegen und organisieren Feiern und Betriebsausflüge.

Erkennen Sie solche Typen bei Ihren Kollegen? Dann grenzen Sie sich ab, wenn Sie sich gestört fühlen! Es ist Ihr recht, sich hier zu distanzieren. Machen Sie deutlich, dass Sie sich davon distanzieren, und unterbrechen Sie die zeitraubenden Gespräche höflich, aber bestimmt. Bei einem neuen Arbeitsplatz können Sie die Umgangsformen mit den Kollegen neugestalten. Nutzen Sie die Chance!

- Das freundliche „Sie“ unter Kollegen ist oft besser als ein plumpes, kumpelhaftes „Du“.
- Machen Sie die Tür ruhig öfter mal zu und stellen Sie Ihren Status im Chat auf „Bitte nicht stören“. Offene Türen und ständige Erreichbarkeit im Chat laden Quasselstrippen ein!
- Zeigen Sie jammernden Kollegen, was im Betrieb gut läuft, und heben Sie Positives hervor.
- Erzählen Sie nur das, was niemand gegen Sie verwenden kann. Arbeitskollegen müssen keine privaten Verbündeten sein.

3. Der innere Schweinehund

Auch Unlust kann Zeit rauben. Denn wenn Sie die Aufgaben nicht gerne erledigen, werden Sie wahrscheinlich eher privat im Internet surfen oder telefonieren. Dieses Verhalten bringt Sie dann aber schließlich in Zeitnot. Versuchen Sie hier einmal eine Belohnungsstrategie: Erledigen Sie die ungeliebte Aufgabe bzw. setzen Sie sich eine Frist, bis zu der Sie ungestört an der Aufgabe arbeiten wollen und versprechen Sie sich dann eine Belohnung. Vielleicht müssen Sie sich gerade mit unzufriedenen Kunden herumschlagen und möchten das nicht.

Dann bearbeiten Sie die Beschwerde und gönnen sich als Belohnung einen Kaffee oder Kekse. Oder Sie machen danach eine Gelassenheitsübung, plaudern mit der neuen Kollegin etc. Lach-Yoga ist eine der besten Gelassenheitsübungen, denn gemeinsam Lachen verbindet und fördert die Gemeinschaft. Lachen Sie einfach öfter mal und sie werden sehen, wie die Motivation und die Freude an der Arbeit steigen. Sorgen Sie jeden Tag für ein Erfolgserlebnis bzw. ein „Highlight“, auf das Sie sich freuen (z. B. der Kundenbesuch bei Frau Schmidt, weil sie immer so nett ist und einen Kaffee anbietet). Erfolge motivieren. Lob und Wertschätzung fördern ebenfalls die Arbeitsmoral und man übernimmt dann auch mal Aufgaben, die man vielleicht nicht so gerne macht.

Steuern Sie aktiv gegen schlechte Unternehmenskultur und nehmen Sie sich nach dem Arbeitstag immer eine Minute, um diesen zu reflektieren. Wenn Sie dabei mit gutem Gefühl in den Feierabend gehen, weil Sie gelobt wurden oder eine Aufgabe Ihnen besonders gut gelungen ist, werden Sie gelassener und zufriedener sein.

– Ein Arzt ohne Patienten und ein Verkäufer ohne Kunden –

Manchmal regt man sich im Arbeitsleben über die Kunden, Klienten, Patienten oder Auftraggeber auf. Aber was wären Sie im Berufsleben ohne Ihre Auftraggeber? Das Berufsleben wäre öde und Sie hätten überhaupt keine Arbeit. Und Sie selbst sind außerhalb Ihres Berufslebens ja auch Kunde, Klient, Patient oder Auftraggeber. Und dann ärgern Sie sich ebenfalls, wenn Ärzte, Verkäufer, Berater oder Dienstleister so desinteressiert sind. Wechseln Sie, wenn Sie mal wieder viel zu tun haben und Sie besonders gestresst sind, einfach einmal die Perspektive und Sie werden um einiges gelassener sein.

Es hilft auch sehr, an das Ergebnis zu denken: Wenn der kritische Kunde zufrieden ist, haben Sie offensichtlich etwas richtig gemacht. Wenn es Ihrem Patienten besser geht und er Vertrauen zu Ihnen hat, sind Sie ein guter Arzt. Betrachten Sie Dinge einfach mal aus der anderen Perspektive: Was braucht Ihr Kunde gerade? Vielleicht hilft einfach mal ein Lächeln, um das Eis zu brechen. Je aufmerksamer und kompetenter Sie Ihren

Auftraggebern entgegentreten, desto besser und schneller arbeiten Sie auch. Und das schafft – das wissen Sie jetzt ja schon – Gelassenheit.

– Unterscheiden von Aufgaben nach Bedeutung und Dringlichkeit –

Die Grundsätze des Zeitmanagements sind ein wesentlicher Schritt zur Gelassenheit. General Dwight D. Eisenhower, der von 1953 bis 1961 Präsident der Vereinigten Staaten war, entwickelte hier ein Prinzip, das auch heute noch sehr gerne im Management angewendet wird. Sowohl im Privat- als auch im Berufsleben können Sie dieses Prinzip anwenden:

Bearbeiten Sie Aufgaben nicht nach der Reihenfolge, in der sie eingehen, sondern ordnen Sie die Aufgaben ein und setzen Sie Prioritäten:

- Wichtig und dringlich: Diese Aufgaben sollten Sie sofort selbst erledigen
- Wichtig und nicht dringlich: Diese Aufgaben sollten Sie auch selbst erledigen, aber in einem ruhigen Moment. Exaktes Terminieren ist hier wichtig.
- Nicht wichtig, aber dringlich: Diese Aufgaben können Sie anderen übertragen.
- Nicht wichtig und nicht dringlich: Diese Aufgaben brauchen Sie (erst einmal) nicht bearbeiten, Sie können Sie evtl. hinten anstellen, wenn einmal Zeit ist. Oft können diese Aufgaben auch einfach in den Papierkorb geworfen werden.

Oft ist es eine große Hilfe, zwischen „wesentlich“ und „wichtig“ zu unterscheiden. Wichtig sind immer Dinge, mit denen man sich gerade beschäftigt. Aber sind diese Dinge auch wesentlich, brauchen Sie diese Dinge also unbedingt, um die Aufgabe zu lösen? Sich mehr mit den wesentlichen Dingen zu befassen, schafft Gelassenheit!

Da Zeitmanagement für die Gelassenheit so wichtig ist, hier auch noch einmal zwei weitere wichtige Prinzipien der richtigen Arbeits- und Zeiteinteilung:

1. Die „ABC-Analyse“: Aufgaben werden hier in A-, B- und C-Aufgaben eingeteilt, je nach Wichtigkeit. Das Ganze beruht auf dem sogenannten „Pareto-Prinzip“, nachdem wir 80 Prozent unserer Arbeit in 20 Prozent der Zeit erledigen. A-Aufgaben sind also Aufgaben, die Sie am weitesten bringen und mit denen Sie das meiste abdecken. Bei Kunden sind dies solche Kunden, die besonders viel Geld ausgeben. B-Aufgaben sind mittelwichtige Aufgaben und C-Aufgaben sind weniger wichtig, sie machen also das wenigste des Projektes aus.

2. Die „ALPEN-Methode“:

ALPEN steht hier für:

- A wie Aufgaben notieren
- L wie Länge der Zeit festsetzen, die man für die Aufgabe braucht
- P wie Puffer einplanen
- E wie Entscheidungen treffen und
- N wie nachkontrollieren.

Wenn Sie dies bei wichtigen Aufgaben immer beherzigen, werden Sie wahrscheinlich weniger Zeitdruck haben und gelassener sein. Die wenigen Minuten für die Planung lohnen sich allemal!

– Sinnvolle Nutzung der eingesparten Zeit –

Wenn Sie Ihre Zeitfresser eliminiert oder zumindest eingeschränkt haben, werden Sie viel mehr Zeit haben. Nutzen Sie diese, um einmal Pause zu machen, früher nach Hause zu gehen oder Dinge zu machen, an denen Sie Freude haben. Das stärkt Ihre Gelassenheit, was sich sehr wahrscheinlich auch auf Ihre Kollegen übertragen wird.

Wenn möglich, machen Sie mit Ihren Kollegen auch einmal eine geistige Gelassenheitsübung: Schildern Sie eine stressige Situation und fragen Sie Kollegen, was diese in der Situation tun würden. Lassen Sie Ihre Kollegen ausreden und sammeln Sie Vorschläge. Sie werden erstaunt sein, wie kreativ Sie sein können!

Regeln hinterfragen und verstehen lernen

Bei Ihrer Arbeit gibt es sowohl offene als auch versteckte Regeln. Zu den offenen Regeln zählen z. B.:

- Hierarchien
- Dienstwege
- Teamabsprachen
- Arbeitsanweisungen

Versteckte Regeln können z. B. sein:

- Inoffizielle Hierarchien
- Abgrenzung zu anderen Teams
- Beachten von Tabus
- Gewohnheiten („Das wurde schon immer so gemacht.“)

Je vertrauter Sie mit den Regeln sind, desto weniger werden diese zu Stress- oder Konfliktfaktoren. Denn wenn Sie diese Regeln verstehen, können Sie besser reagieren, wenn Sie aktiv unter Druck geraten.

– Alle für einen oder jeder gegen jeden –

Horchen Sie einmal in sich: Erleben Sie an der Arbeit mehr Zusammenhalt oder mehr Konkurrenz? Wird im Unternehmen das Wir-Gefühl großgeschrieben oder sind Sie eher austauschbar? Können Sie bei Entscheidungen mitbestimmen? Überlegen Sie sich, ob Sie sich auch wirklich mit der Unternehmenskultur identifizieren können. Ist Ihre Arbeit motivierend und sinnvoll? Sind die Kollegen verlässlich und der Vorgesetzte fair? Sind die Aspekte überwiegend positiv, sind Sie an Ihrem Arbeitsplatz richtig und wahrscheinlich weniger gestresst. Fällt das Fazit dagegen eher negativ aus, sollten Sie aktiv etwas ändern oder überlegen, ob ein Arbeitsplatzwechsel doch besser wäre.

Auch wenn Sie eigentlich Ihren Arbeitsplatz gar nicht wechseln wollen, können Sie sich bei Suchmaschinen wie www.stepstone.de, www.monster.de, www.fazjob.net, www.jobworld.de, www.experteer.de und vielen weiteren Anbietern unverbindlich ein Profil anlegen. Vielleicht bekommen Sie ja tatsächlich ein Angebot, was verlockend klingt. Und je weniger Druck Sie bei der Bewerbung haben (Sie haben ja noch einen Job), desto besser sind die Erfolgsaussichten.

Im Umgang mit den Kollegen ist jeder Einzelne gefragt, also auch Sie. Wie verhalten Sie sich Ihren Kollegen gegenüber? Sind Sie zuverlässig, kooperativ, freundlich und zuvorkommend? Denn: Wie man in den Wald hineinruft, so schallt es in der Regel auch hinaus. Selbstverständlich müssen Sie sich nicht alles gefallen lassen, aber Sie müssen ja auch nicht gleich mit harten Bandagen kämpfen. Setzen Sie sich für andere ein und zeigen Sie Wertschätzung, dann werden andere es Ihnen sehr wahrscheinlich gleichtun.

– Die Botschaft hinter den Worten verstehen –

Gelassenheit hat viel mit geglückter Kommunikation zu tun. Das haben Sie hier schon kennengelernt. Aufmerksame Kommunikation fördert die Gelassenheit, denn hinter jedem gesprochenen Satz stecken auch versteckte Botschaften.

Sagt Ihr Chef beispielsweise zu Ihnen, „Schauen Sie mal, ich habe hier ein besonders interessantes Projekt", könnte dies mehrere Bedeutungen haben: Vielleicht ist ihm das Projekt sehr wichtig und Sie sollen sich darum kümmern. Vielleicht hält er Sie für die Person, die am besten dafür geeignet ist – oder er hat noch niemanden gefunden, der dieses Projekt übernimmt. Versuchen Sie also, versteckte Botschaften zu entschlüsseln, das macht gelassener. Hören Sie aktiv zu, um Missverständnisse zu vermeiden, achten Sie auf Zwischentöne und fragen Sie nach, wenn Sie sich nicht sicher sind, was gerade gemeint ist.

– Liebe an der Arbeit –

Über 30 Prozent der Beziehungen entstehen am Arbeitsplatz, was aber nicht verwunderlich ist, denn schließlich verbringt man dort ja sehr viel Zeit. Aber wann und wie sagt man den Kollegen, dass man ein Paar ist? Funktionieren Beziehungen auch über unterschiedliche Führungsebenen hinweg? Wie verhält es sich mit Loyalität und Vertraulichkeit? Offenheit ist hier das beste Mittel, denn meist bleiben Beziehungen sowieso nicht verborgen. Offen sein heißt in dem Falle auch, das Thema aktiv anzusprechen und sich natürlich auch als Paar immer an bestehende Regeln zu halten. Das nimmt den Druck. Schwerer wird es, wenn ein Paar sich trennt. Privat kann man sich dann zwar aus dem Weg gehen, aber nicht im Job. Daher kann es für die Gelassenheit unumgänglich sein, dass ein Partner die Abteilung oder das Unternehmen verlässt.

Ein Beispiel: Petra und Manfred Anders lernten sich an der Arbeit kennen und lieben. Sie konnten private und berufliche Dinge immer gut trennen, bis Herr Anders in der Freizeit eine andere Frau kennenlernte und er mit ihr ein Kind erwartet. Petra fühlt sich gedemütigt, denn ihren Kinderwusch hat ihr Mann niemals ernst genommen. Sie spricht mit ihrer Vorgesetzten, die dafür sorgt, dass sie in eine andere Abteilung versetzt wird. Jetzt arbeitet sie wieder effektiv und begegnet ihrem Ex-Mann nur noch sporadisch.

Aktiv gegen Stress!

Auf dem Arbeitsmarkt ist die Fluktuation heute viel größer als früher, denn kaum jemand arbeitet heute sein ganzes Leben bei der gleichen Firma. Einerseits kann dies Unsicherheit bedeuten und ein hohes Maß an Flexibilität verlangen, andererseits eröffnen sich dadurch aber auch immer neue Chancen. Wenn Sie nicht mehr zufrieden mit Ihrer Arbeit sind, sollten Sie überlegen, ob Sie Ihren Job nicht schon innerlich gekündigt haben.

Sind Sie Vorgesetzter, sollten Sie bei Ihren Mitarbeitern unbedingt auf folgende Warnzeichen achten: Zunehmende Minusstunden, viele Krankmeldungen, mangelndes Engagement, unkritisches Ja-Sagen und kein Interesse an Feedback. Fragen Sie hier nach, wie Sie Ihre Mitarbeiter in Zukunft besser unterstützen können.

Eine innere Kündigung kündigt sehr oft auch ein Burn-out an. Mitarbeiter, die sich sonst stark engagieren, jetzt aber lustlos sind und die sich auch im Urlaub nicht wirklich erholen können, brauchen Hilfe. Sollten Sie feststellen, dass dies bei Ihnen auch der Fall ist, sollten Sie sich nicht scheuen, selbst Hilfe zu holen. Besser ist es aber, Warnzeichen früh zu erkennen und aktiv dagegen vorzugehen.

– Umgang mit schwierigen Chefs –

Wenn der Chef schlecht mit den Mitarbeitern umgeht, schadet das der Unternehmenskultur und vor allem der Gelassenheit. Oft sind dies schwierige Chefs:

- Der Überforderte: Er fühlt sich in der Führungsrolle nicht wohl, macht Fehler und versucht, diese den Mitarbeitern in die Schuhe zu schieben.
- Der Choleriker: Er fährt wegen jeder Kleinigkeit aus der Haut und nimmt alles persönlich.
- Der Ängstliche: Er hat Angst vor der Führungsposition und gibt keine klaren Ansagen. Er scheut Auseinandersetzungen und legt sich nicht gerne fest.
- Der Kontrollfanatiker: Er kann keine Aufgaben abgeben und macht am liebsten alles selbst. Niemand genügt seinen Ansprüchen und er muss immer informiert sein.
- Die Desinteressierte: Sie ist froh, wenn sie ihre Ruhe hat und niemand sie stört. Probleme der Mitarbeiter interessieren sie nicht und sie delegiert Problemlösungen immer an andere.
- Die Egoistin: Für sie zählt nur der persönliche Vorteil. Erfolge der Mitarbeiter gibt sie als die ihre aus. Unterlaufen ihr Fehler, sind andere schuld.
- Die Inkompetente: Sie verfügt nicht über genug Fachwissen und weiß nicht, was ihre Mitarbeiter tun. Ihre Position bekam sie durch Verbindungen.
- Die Launische: Ihr merkt man die Stimmung jeden Morgen im Büro sofort an. Nur wenn sie gute Laune hat, ist sie zu Kompromissen bereit.

Vielleicht ist Ihr Chef ja auch eine Mischung aus all diesen Charakterisierungen? Machen Sie sich bewusst, dass die Probleme mit dem Chef dann nicht durch Sie verschuldet sind, Ihr Chef hat vermutlich auch große Probleme mit sich selbst. Nun müssen Sie hier Gelassenheit lernen.

Wenn Sie wissen, wie ihr Chef tickt, ist dies schon der erste Schritt auf dem Weg zu mehr Gelassenheit. Dann können Sie eine Strategie entwickeln. Tobt der cholerische Chef, können Sie ihm aus dem Weg gehen, wenn er schlechte Laune hat. Nutzen Sie die Freiheiten, die Ihnen ihre desinteressierte Chefin bietet und basteln Sie an Ihrer eigenen Karriere, wenn ihre Chefin inkompetent ist. Beruhigen Sie Ihren ängstlichen Chef durch zuverlässige Arbeit. Akzeptieren Sie Ihren Chef aber so, wie er ist, denn Sie können ihn – wie das Wetter – nicht ändern, aber sich davor schützen.

– Entweder – oder bzw. sowohl – als auch –

Oft werden Stress und Anspannung groß, weil man in Schubladen denkt. Es gibt nicht immer nur zwei Möglichkeiten wie gut oder schlecht, billig oder teuer, nötig oder unnötig. Das Leben – und dazu gehört eben auch das Berufsleben – ist nicht nur schwarzweiß, sondern eben auch mal grau. Ihre Gelassenheit wird steigen, wenn Sie immer mehrere Optionen suchen und Sie nicht nur eine, sondern mindestens zwei oder im Idealfall mehrere Lösungen parat haben. Wenn Sie meinen, eine richtige Lösung gefunden zu haben, sollten Sie das mit Ihren Kollegen besprechen und schauen, was Ihre Kollegen vorschlagen. Sind die Lösungen gleichwertig? Können Sie Teile der Lösungsstrategie übernehmen oder inspiriert Sie das vielleicht sogar zu einer dritten Lösung?

Notieren Sie immer Ihre Lösungsansätze, denn oft tauchen Probleme am Arbeitsplatz mehrmals auf. Dann können Sie gut auf Ihre Notizen zurückgreifen. In Stresssituationen können Sie sich nämlich vielleicht gar nicht mehr daran erinnern, wie Sie eine solche Situation schon einmal gelöst haben. Ein Lösungstagebuch kann da helfen. Probieren Sie einmal die Übung zur Gelassenheit „Freie Assoziation" aus: Versuchen Sie, sich zu einem Begriff für 5 Minuten so viel wie möglich vorzustellen. Schreiben Sie es auf. Am nächsten Tag schauen Sie sich die Notizen an und ergänzen diese gegebenenfalls. Sie werden erstaunt sein, wie kreativ Sie sind!

– Information über eigene Reche –

Anspannung am Arbeitsplatz kann auch damit zu tun haben, dass Sie Ihrem Vorgesetzten ausgeliefert sind oder dass Sie Angst um Ihren Job haben. Das löst eventuell nicht das Kampf-und-Flucht-Syndrom, sondern einen Totstellreflex aus. Informieren Sie sich über Ihre Rechte! Heute ist die Gesetzgebung sehr arbeitnehmerfreundlich. Machen Sie sich dies bewusst, und Sie werden schon mehr Gelassenheit erlangen. Sie können heute Interessenvertretungen und ab einer bestimmten Betriebsgröße Betriebsräte gründen, haben ein Recht auf Erziehungs- oder Pflegezeiten und brauchen sich nicht immer vom selben Arbeitgeber befristet einstellen zu lassen. Dank einer Rechtschutzversicherung können Sie sich auch vor Gericht von einem Anwalt gegen Ihren Arbeitgeber vertreten lassen. Dieses Wissen macht gelassen.

– Ein Neustart geht immer! –

Wenn Sie keine Möglichkeit mehr sehen, Ihre Gelassenheit zu verbessern und diese sogar gegen Null geht, sollten Sie vielleicht an einen Neustart denken, Ihrer Gesundheit zuliebe. Das ist besonders im Alter nicht leicht, aber besser ein Ende mit Schrecken als ein Schrecken ohne Ende.

Vielleicht hat die Arbeit ja gar nicht mehr so viel Bedeutung für Sie und Sie können mit weniger Geld auskommen? Seien Sie mutig, Sie können überall einen Neuanfang starten!

Ein Beispiel:

Die Sachbearbeiterin Angela Hermann hat jahrelang ohne Kundenkontakt gearbeitet und nebenbei die Kinder großgezogen und ihre kranke Mutter gepflegt. Als ihre Kinder aus dem Haus sind, verlässt ihr Mann sie wegen einer jüngeren. Sie erkennt, dass ihre Arbeit sie nie wirklich erfüllte, und startet einen Neuanfang: Sie macht ein Praktikum im Altenheim und beginnt dann nochmal eine Ausbildung zur Altenpflegerin. Dieser Beruf erfüllt sie richtig.

Setzen Sie in Ihrem Leben Prioritäten. Was ist Ihnen wichtig: Zeit mit der Familie? Geld? Freizeit? Gesundheit? Die meisten Menschen beantworten die Frage, was sie tun würden, wenn sie wüssten, dass sie nur noch drei Monate leben, mit der Antwort: „Ich würde mich meiner Familie widmen“. Arbeit scheint also nicht so wichtig zu sein.

Richten Sie Ihr Arbeitsleben so ein, dass Sie Ihren Werten treu bleiben. Das klingt einfacher, als es ist, aber Ihre Gelassenheit wird es Ihnen danken.

KEINE SELBSTAUSBEUTUNG MEHR!

Wer immer zu hohe Ansprüche an sich selbst hat und sich zu Höchstleistungen anspornt, kann nicht gelassen sein. Dieser Mensch steht ständig unter Strom. Es ist daher sehr wichtig, auch mal eine Pause zu machen, sich zu bremsen und seine eigenen Prioritäten zu hinterfragen.

Warum Selbstausbeutung so gefährlich ist

Jedes Jahr werden von Arbeitnehmern mindestens eine Milliarde unbezahlte Überstunden geleistet und mittlerweile sind oder waren über 13 Millionen Menschen von einem Burn-out betroffen.

Wer sich so ausbeutet und Arbeit und Freizeit nicht trennen kann, gefährdet seine Gesundheit. Und wenn dazu noch keine Fehler geduldet werden, ist der körperliche Crash quasi vorprogrammiert. Sorgen Sie also dafür, dass Sie

- langsamer arbeiten,
- regelmäßig Sport treiben,
- mehr Zeit mit der Familie und mit Hobbys verbringen,
- Fehler machen dürfen,
- Krankheiten auskurieren können,
- zu bestimmten Zeit nicht zu erreichen sind,
- einfach mal nichts tun.

Diese Grundeinstellung kann – gepaart mit Gelassenheitsübungen – zu einer neuen, gelasseneren Lebenseinstellung werden.

– Gefährliche „Köder“ erkennen –

Gründe, nonstop Leistung erbringen zu müssen, gibt es viele. Das können beispielsweise sein:

- Aussicht auf Gehaltserhöhung oder Beförderung
- Angst um den Arbeitsplatz
- Glücksversprechen

- Geltungsbedürfnis und Ehrgeiz
- Gruppendruck
- Überidentifikation mit dem Arbeitgeber
- Arbeit als Selbstverwirklichung
- Wunsch nach Anerkennung und Lob
- Zunehmende Kontrolle durch den Arbeitgeber
- Fehlender Ausgleich

Sind es solche Köder, die dafür sorgen, dass Sie sich so verausgaben? Dann schließen Sie einmal die Augen und stellen Sie sich vor, was Sie tun würden, wenn Sie nur noch drei Tage zu leben hätten. Das kann Ihnen dabei helfen, sich auf das Wesentliche zu konzentrieren. Fragen Sie sich: Was sind die wahren Glücksmomente in Ihrem Leben?

Der Psychologe Abraham Maslow (1898-1970) beschreibt den Gipfel des individuellen Glücks so:

- Die Glückserfahrung ist selbstvergessen und selbstlos, jeder kann sich darin als übermenschlich erfahren.
- Die Glückserfahrung nimmt menschliche Ängste und lässt die Welt als Einheit erscheinen.
- In der Glückserfahrung sind Raum und Zeit unwichtig, sie besitzt einen Wert an sich und gebietet Ehrfurcht.

Kennen Sie solche Momente? Wenn ja: Wie lange hielt diese Erfahrung an? Mit welchen Sinneseindrücken war sie verbunden? Können Sie dieses Glücksgefühl nochmal aufrufen? Welche Auswirkungen hat die Erfahrung auf Ihr Leben? Je bewusster Sie Glück erleben und abspeichern, desto gelassener werden Sie. Denn Sie wissen, dass es immer wieder solche Momente des Glücks geben wird. Schreiben Sie auf, was Ihnen etwas bedeutet, und überlegen Sie: Nützt die Gehaltserhöhung nach den Überstunden oder die ständige Abwesenheit durch Dienstreisen Ihren Kindern wirklich? Schätzt Ihr Partner Sie mehr, wenn Sie dreimal die Woche putzen?

– Sich krankschreiben lassen, statt am Arbeitsplatz zu husten –

Nicht selten schleppen sich Arbeitnehmer krank zum Arbeitsplatz, manchmal sogar mit Fieber. Sie denken, dass sie unverzichtbar sind und sie den Helden spielen müssen. Medizinisch ist dies überhaupt nicht sinnvoll, denn Kranke gefährden auch ihre Kollegen. Sie riskieren Dauerschäden durch einen chronischen Verlauf und nehmen in Kauf, dass sich andere bei Ihnen anstecken.

Nicht unabsichtlich darf man laut Gesetz bis zu drei Tage ohne Attest daheimbleiben, um sich schnell zu erholen. So sollen „Bagatellkrankheiten", wie Erkältung, Kreislaufprobleme, Magenverstimmung etc., schnell auskuriert werden. Wer absehen kann, dass er bald wieder fit ist, muss sich nicht gleich am ersten Krankheitstag zum Arzt schleppen und sich dort noch mehr Viren einfangen. Er darf zu Hause bleiben und sich dort erholen. Gelassenheit ist hier Gesundheitspflege, denn es stärkt das Immunsystem und hilft, schneller wieder auf die Beine zu kommen.

Abgesehen von einigen Arbeitnehmern, die sich bevorzugt montags oder freitags krankmelden, scheinen viele Arbeitnehmer ihre Gesundheit nicht sehr zu pflegen. Wenn Sie sich wirklich krank fühlen, dann ist das eben so. Bleiben Sie dann gelassen daheim, trinken Sie Tee mit Honig, nehmen Sie Vitamin C und Zinktabletten und erholen Sie sich.

– Von der Selbstausbeutung zur Selbstachtung –

Selbstachtung kann ein wichtiges Gelassenheitsziel sein, besonders, wenn Sie sich schon oft ausgebeutet und nicht genug geschont haben. Je wichtiger Ihnen Ihre Gesundheit, Ihr persönliches Glück, Ihre innere Ruhe und die Verantwortung für Ihnen anvertraute Menschen ist, desto gelassener werden Sie sein. Denn dann handeln Sie eigenbestimmt und nicht nach den Vorgaben anderer und werden nicht selbst ausgebeutet.

Schweigen ist in vielen Glücksphilosophien besonders wichtig, da man so zu einer inneren Ruhe gelangt. Gönnen Sie sich also ab und zu mal eine kleine Schweigestunde, in der Sie Handy, Türklingel, Telefon, Radio und Fernsehen abstellen und ein „Bitte nicht stören“-Schild an die Türklinke hängen. Tun Sie dann einfach nichts, genießen Sie die Ruhe und lassen Sie Ihren Gedanken freien Lauf. Wenn Sie mögen, können Sie sich hinlegen. Wie fühlen Sie sich nach dem Schweigen? Wenn es Ihnen guttut, besuchen Sie doch einmal ein Schweigeseminar im Kloster.

Am besten notieren Sie auch hier die Bereiche, bei denen Sie zur Selbstausbeutung neigen, und sortieren diese nach dem Maß der Selbstausbeutung. Nehmen Sie sich dann erst einmal den Bereich mit der geringsten Selbstausbeutung vor und überlegen Sie, wie Sie das in Zukunft ändern wollen. Seien Sie da so konkret wie möglich und führen Sie Tagebuch über Ihre Erfolge. Als Nächstes nehmen Sie sich den zweitniedrigsten Bereich vor, dann den dritthöchsten Bereich und arbeiten sich langsam nach oben. Wenn Sie sich nicht mehr selbst ausbeuten, werden Sie gelassener sein, und Ihre innere Haltung wird sich auch ändern.

Gelassener Umgang mit Kränkungen

Menschen, die oft gemobbt und gekränkt werden, zweifeln schließlich irgendwann einmal an sich selbst. Sie fragen sich, „Bin ich wirklich liebenswert?“, oder, „Bin ich tatsächlich für diese Aufgabe geeignet?“. Irgendwann resignieren diese Menschen dann und wollen sich noch mehr anstrengen. Wenn man gelassen mit den Kränkungen umgeht, stellt man sich nicht ständig selbst in Frage, resigniert nicht und beutet sich nicht selbst aus. Letzten Endes schützt das dann auch vor einem Burn-out.

– Nicht alles gelingt –

Jeder macht einmal Fehler, auch wenn man sich noch so anstrengt. Wer sich diese eingesteht und zu seinen Fehlern steht, wird im Job auch gelassener sein. Sie schützen sich auch davor, dann durch ungerechtfertigte Kritik oder Überbewertung Ihrer Fehler gekränkt zu werden.

Merke: Sehen Sie Fehler als eine Chance an, daraus zu lernen. Wenn Sie merken, was Sie falsch gemacht haben, machen Sie das beim nächsten Mal besser. So können Sie Fehler anders deuten und dankbar sein, sie beim nächsten Mal nicht mehr zu machen.

Wenn Sie Kollegen haben, die Sie ständig beobachten und hoffen, dass Sie einmal einen Fehler machen, dann sind diese Kollegen neidisch auf Sie. Tadelt Sie Ihr Vorgesetzter vor der gesamten Mannschaft, so zeigt er dadurch nur seine Führungsschwäche.

Wenn Sie offen mit Ihren Fehlern umgehen, können diese Kollegen und diese Vorgesetzten Ihnen nicht mehr Schaden zufügen. Nehmen Sie Kritik gelassen hin und erklären Sie, was Sie aus den Fehlern gelernt haben.

- Selbsterfüllung bei Prophezeiungen -

Das Gesetz von Murphy, „Was schiefgehen kann, geht schief", kennen Sie vielleicht. Wenn Sie mit dem Grundsatz, „Das klappt sowieso nie", oder, „Das schaffe ich nicht", an eine Aufgabe herangehen, wird Ihnen diese auch sehr wahrscheinlich nicht gelingen. Man nennt dies selbsterfüllende Prophezeiung und am Ende denken Sie wohl, „Ich dachte es mir ja schon!".

Selbsterfüllende Prophezeiungen funktionieren ebenfalls positiv, daher können Sie diese auch umkehren. Starten Sie einfach einmal mit dem Gedanken, „Heute gelingt mir alles!", in den Tag. Machen Sie solche Prophezeiungen am besten zu einer Gelassenheitsübung. Sie werden sehen: Alles gelingt besser.

- Dinge mit Humor nehmen -

Wenn Sie lächelnd in den Tag starten, haben Sie wahrscheinlich schon gewonnen, denn dann geraten Sie weniger in Stress und werden weniger angreifbar. Lachen ist quasi Ihr Schutzschild, das andere Menschen entwaffnet, die Ihnen nicht wohlgesonnen sind.

Lachen ist eben auch eine Möglichkeit, zu kämpfen und anderen zu zeigen, wo es lang geht. Versuchen Sie, auch schwierigen Situationen ein Lachen abzugewinnen. Das hießt nicht, dass Sie gleich ein Clown werden müssen, aber Lachen ist ansteckend und verbreitet frohe Stimmung.

Konflikte erkennen und gelassen im Keim ersticken

Kaum jemand, der berufstätig ist, ist wirklich mit allem zufrieden. An Kollegen, Chef oder Arbeits- und Rahmenbedingungen gibt es immer etwas auszusetzen. Glücklich sind die wenigsten Menschen bei der Arbeit, sie machen meist nur Dienst nach Vorschrift, nicht mehr und nicht weniger. Wenn Sie dazu gehören, sollten Sie dies für einen gelasseneren Umgang mit den Unzulänglichkeiten Ihres Jobs beherzigen:

1. Ruhe bewahren und aufmerksam sein

Meist ahnen Menschen schon, wenn es am Arbeitsplatz Ärger geben wird. Dafür haben wir Antennen. Nutzen Sie diese, um Konflikte früh zu erkennen und sie im Keim zu ersticken. Meist hilft da schon ein klärendes Gespräch. Je gelassener Sie dabei sind, desto eher überträgt sich Ihre Gelassenheit auf die anderen Kollegen und Vorgesetzten.

Warten Sie hier nicht darauf, dass sich andere ändern. Dies wird wohl nicht passieren. Das Einzige, was Sie tun können, ist, sich selbst zu ändern. Hinterfragen Sie Ihre Glaubenssätze und inneren Antreiber, analysieren Sie Ihre innere Haltung und überprüfen Sie, was genau Sie motiviert. Mit dieser Selbstreflexion tun Sie den ersten Schritt in Richtung einer neuen Lebenseinstellung. Lassen Sie los – um der Gelassenheit willen.

Wichtig ist auch, auf Ihre innere Stimme zu hören. Als archaisches Programm sagt diese Ihnen zumeist, wann Sie vorsichtig sein müssen. Wann immer Ihre innere Stimme ein Störsignal meldet, sollten Sie hellhörig sein.

2. Wenn der Klügere nachgibt, ist der Dümmere im Recht

Scheuen Sie sich nicht, aktiv für Ihre Rechte zu kämpfen, denn nur, wer zufrieden ist, ist in der Regel auch wirklich gelassen. Wenn Sie ganz sicher sind, dass Sie recht haben, sollten Sie nicht um des lieben Friedens willen nachgeben. Es gibt genug „gewaltfreie“ Möglichkeiten, um doch an Ihre Rechte zu kommen, beispielsweise durch folgende Ausdrucksweisen:

- Ich erinnere mich, dass wir dies schon schriftlich abgemacht hatten.
- Ich bin sicher, dass diese Methode früher auch schon erfolgreich war.
- Wir haben zwar eine gute Statistik vorliegen, aber einige Daten, wie z. B. ..., sprechen auch dagegen.
- Ich empfehle, diese Vorsichtsmaßnahmen einzuhalten. Sonst machen wir uns verwundbar.

Je ruhiger Sie dabei sind, desto eher werden Sie andere überzeugen können. Achten Sie auch auf Ihre Körperhaltung und Ihre Stimme. Ihr Anliegen sollten Sie aufrecht, deutlich und in mittlerer Tonlage vortragen. Verspüren Sie Druck, atmen Sie einmal tief ein und aus. Indem Sie den Boden unter den Füßen wahrnehmen, erden Sie sich. Schauen Sie Ihrem Gegenüber in die Augen und warten Sie einen Moment, bis Sie anfangen, zu sprechen.

3. Annahme von Hilfe und Unterstützung von außen

Manchmal sind Konflikte so weit fortgeschritten, dass man sie nicht so schnell und einfach lösen kann. Holen Sie sich dann ruhig Unterstützung, etwa von einer Kollegin aus der Nachbarabteilung oder dem Betriebsrat. Auch ein professioneller Berater, Coach oder Mediator kann vielleicht helfen. Auf jeden Fall sollten Sie etwas unternehmen, wenn Sie unter den Konflikten leiden.

Ein Beispiel: Auf der Intensivstation herrscht immer personeller Engpass. Daher müssen öfter mal Schichten getauscht und neu besetzt werden. Die Stationsleitung ruft dann immer die Kollegen und Kolleginnen auf dem Privathandy an. Manche Kollegen gehen dann aber in ihrer Freizeit nicht ran. Darunter leiden die anderen, die dann immer die Dienste übernehmen müssen. Gespräche haben bisher nicht geholfen, daher soll eine externe Stelle versuchen, hier die Stationsleitung bei der Erarbeitung einer Lösung zu unterstützen. Und siehe da, es wirkt: Nun wird für Personalengpässe ein „Bereitschaftsdienst“ aufgestellt und Anfragen zur Übernahme eines Dienstes werden nun nur noch per SMS verschickt.

Den Überblick behalten

Wer den Wald vor lauter Bäumen nicht mehr sieht, sollte schnell auf einen Hügel steigen, um den Überblick zu behalten. Je mehr Sie sich in Details verlieren, desto weniger haben Sie noch die Übersicht. Sie sollten daher immer wieder aus der Alltagssituation heraustreten und schauen, ob Sie noch auf dem rechten Weg sind.

– Die Vogelperspektive bringt Vorteile –

Schauen Sie regelmäßig aus der Vogelperspektive auf sich, Ihre Kollegen, Ihre Vorgesetzten und Ihre Aufgaben herab. Beurteilen Sie aus dieser Perspektive dann die Situation: Wissen alle, worum es geht, und arbeiten alle zusammen? Oder arbeitet jeder für sich, womöglich sogar gegeneinander? Aus der Situation heraustreten ist nicht leicht, fördert aber die Gelassenheit. Schreiben Sie auf, was Sie aus der Vogelperspektive gesehen haben, und nutzen Sie Ihre Notizen für Gespräche im Kaffeeraum oder in Teamrunden. Bleiben Sie hier möglichst in der Ich-Form und nennen Sie konkrete Beispiele. Sie können beispielsweise sagen:

- Ich schlage vor, wir setzen uns bald mit den Verantwortlichen zusammen, um...
- Ich habe den Eindruck, dass wir das Ziel aus den Augen verloren haben, weil....
- Ich befürchte, dass wir für das Projekt nicht genug Zeit haben, weil....

So verstehen Ihre Gesprächspartner Sie wahrscheinlich viel besser.

– Gute Planung ist so wichtig –

Um den Überblick zu behalten, ist eine realistische Zeitplanung meist unumgänglich. Nutzen Sie dazu das schon erwähnte Eisenhower-Prinzip, um Tätigkeiten einzuordnen und zu priorisieren. Delegieren Sie die Aufgaben, die andere für Sie erledigen können.

Stehen Termine an, überlegen Sie, was Sie für ein Typ sind. Brauchen Sie Druck oder sind Sie eher sicherheitsliebend und immer schon eine Woche vorher fertig, um alles noch einmal in Ruhe anzusehen? Wie auch immer, Zeitpuffer sollten Sie immer einplanen.

Sicher brauchen Sie auch Raum für Kreativität und Improvisation, daher sollten Sie sich von Ihrer Planung versklaven lassen. Daher gilt es hier immer, einen gesunden Mittelweg zu finden, um allzeit gelassen zu sein.

– Frühzeitig einschreiten –

Finden Sie durch Ihren Blick nach oben und dem Abgleich von laufender Arbeit mit der Realität heraus, dass Ihre Planung aus dem Ruder läuft, können Sie mit Gelassenheit einschreiten. Überlegen Sie sich einen Plan B, suchen Sie sich Verbündete, thematisieren Sie Ihre Erkenntnisse und wirken Sie den Fehlentwicklungen entgegen. Je früher Sie einschreiten, desto eher bleiben Sie noch im Zeitrahmen.

Haben Sie so vielleicht sogar ein Projekt gerettet oder Ihre Abteilung nach vorne gebracht? Dann loben Sie sich nötigenfalls selbst. Eine Belohnung haben Sie dann auf jeden Fall verdient. Nehmen Sie sich eine Auszeit, gönnen Sie sich etwas Schönes und behalten Sie diese Glücksmomente in guter Erinnerung.

Nehmen Sie nicht alles persönlich!

Viele Menschen nehmen Kritik persönlich, auch wenn sie vielleicht gar nicht so gemeint ist. Andere meinen, Ihnen werden Informationen vorenthalten oder hinter Ihrem Rücken wird über sie geredet. Oft sind diese Ängste gar nicht berechtigt, sondern nur Ausdruck der eigenen Unsicherheit oder mangelndem Selbstvertrauen. Prüfen Sie, wie oft Sie schon einmal Dinge persönlich genommen haben, obwohl Sie gar nicht gemeint waren.

Die gelassenheitsfördernde Distanzübung: Sobald Sie denken, dass eine Aussage auf Sie gemünzt war, atmen Sie dreimal tief ein und aus, lächeln Sie und sagen Sie dabei, „Die Welt dreht sich nicht nur um mich“. Fragen Sie dann die Person, die diese Aussage machte, „Wie haben Sie das gemeint?“. So können Sie sich von Selbstbezug befreien und haben die Chance, die Aussage richtig einzuordnen.

– Beachten Sie Sach- und Beziehungsebene –

In dem Buch wurde schon erwähnt, dass es vier Ebenen (Sachebene, Beziehungsebene, Appellebene, Selbstoffenbarung) gibt. Missverständnisse entstehen oft dadurch, dass Sach- und Beziehungsebene vermischt oder sogar verwechselt werden. *Oft sind es Kleinigkeiten wie bei dem Beispiel:*

Die Frau hat eine Suppe gekocht und der Mann möchte nur wissen, was sie alles hineingegeben hat. Die Frau fragt jedoch gleich, ob ihm das Essen nicht schmeckt, und ist beleidigt.

Wenn Sie sich angegriffen fühlen, fragen Sie sich zunächst, ob Sie nicht die Botschaft auf der falschen Ebene mit dem „falschen Ohr“ gehört haben, und versuchen Sie erst einmal, nur die Sachebene zu sehen. Wurde doch die Beziehungsebene angesprochen, ist es ebenfalls ratsam, alles mit dem „sachlichen Ohr“ zu hören.

– Die Schuld liegt nicht immer bei den anderen –

Sicher kommt Ihnen der Satz bekannt vor: „Wenn meine Kollegen nicht immer so viele Fehler machen würden, wäre ich gelassener“. Aber stimmt das tatsächlich? Oder hat die mangelnde Gelassenheit doch eine andere Ursache? Das kann Terminstress, privater Stress und vieles anderes sein.

Wenden Sie das Blatt, werden Sie aktiv und seien Sie für Ihre eigene Gelassenheit verantwortlich. Andere Menschen werden Sie kaum ändern können, aber sich selbst, Ihre Haltung und Ihre Erwartungen.

– Grenzen Sie sich ab! –

Je mehr Sie sich von anderen abgrenzen, desto gelassener werden Sie auch werden. Nutzen Sie die Gelassenheit einfach auch einmal für etwas Schönes!

Oft gibt man z. B. als Lehrer oder Dozent auch seine privaten Nummern und E-Mail-Adressen preis. Das hat zur Folge, dass man auch noch abends kontaktiert wird und in der Regel erwartet wird, dass man am Abend auch noch auf die Nachrichten antwortet. Das erhöht natürlich den Stress enorm, besonders, wenn man morgens noch einen Vorwurf bekommt, warum die Nachricht vom Abend zuvor noch nicht beantwortet wurde. Da hilft es, zu diesem Zweck einfach eine neue E-Mail-Adresse einzurichten mit der Nachricht, dass diese E-Mail-Adresse nur an Wochentagen zwischen 8 und 17 Uhr abgerufen wird.

Ihr Körper wird Ihnen die Gelassenheit danken! Sobald Sie Druck spüren, sollten Sie sich abgrenzen, Gelassenheitsübungen machen und einmal um den Block gehen. Dann werden Übungen sicher leichter. Hier werden Ihnen einige Übungen für den Arbeitsplatz vorgestellt.

GELASSENHEITSÜBUNGEN FÜR DEN ALLTAG AN DER ARBEIT

Einige Übungen für mehr Gelassenheit am Arbeitsplatz haben Sie ja schon kennengelernt, beispielsweise die Achtsamkeitsübungen oder der innere Monolog. Bauen Sie diese so oft es geht in Ihren Arbeitsalltag ein, besonders dann, wenn Sie Ihnen offensichtlich guttun. Auch das Gelassenheitstagebuch ist eine gute Übung. Es gibt aber natürlich noch viel mehr gute Übungen. Einige davon sollen Sie hier kennenlernen.

Geistige Übungen

– Übungen für den Geist –

Stress und Gelassenheit beginnen beide im Kopf: Wenn Sie merken, dass Ihre Ressourcen und Informationen knapp werden, bedeutet das Stress und innerlicher Druck.

Wenn Sie aber gut gelaunt sind, dann wird dies viel leichter. Horchen Sie da einfach mal in sich hinein. Die tiefe Bauchatmung kennen Sie ja schon. Ihr positiver Effekt kann einfach nicht oft genug erwähnt werden.

– Perspektivwechsel, um einen neuen Blickwinkel zu gewinnen –

Immer dann, wenn Kollegen oder Vorgesetzte Sie aus der Ruhe zu bringen drohen, sollten Sie einfach einmal die Perspektive wechseln, um die Situation einmal anders zu betrachten:

- Überlegen Sie einmal aus der Vogelperspektive: Wo liegt das Problem? Wie genau verläuft die Kommunikation der Beteiligten miteinander? Wer steht wo und wer möchte wohin?
- Stellen Sie sich vor, Sie seien Ihr bester Freund und wären unter Druck: Was würden Sie Ihrem Freund raten? Welche Handlungsmöglichkeiten sehen Sie?
- Versetzen Sie sich in die Rolle Ihres Vorgesetzten oder Ihres Kollegen: Was beschäftigt ihn gerade? Hat er vielleicht gerade Druck? Was möchte er Ihnen selbst sagen?

Nicht immer schafft man den Perspektivwechsel sofort, besonders dann, wenn die Anspannung groß ist. Nehmen Sie sich dennoch vor, in einer ähnlichen Situation anders zu handeln.

– Zeitdruck senken durch Entschleunigung –

Sobald bei der Arbeit das Tempo steigt, nimmt auch die Zahl der Fehler zu. Denn man hat dann oft keine Zeit, über seine Handlungen nachzudenken. Daher ist es ratsam, anstrengende Situationen bewusst zu entschleunigen.

- Zählen Sie bis 10, bevor Sie etwas tun, sagen oder lassen. Atmen Sie tief ein und beobachten Sie Ihren Körper bewusst: Welche Regionen sind angespannt? Atmen Sie dann bewusst in diese Regionen.
- Zerlegen Sie komplizierte Aufgaben in Teilaufgaben und vergewissern Sie sich nach jeder Teilaufgabe, ob Sie noch auf dem richtigen Weg sind. Sollte das nicht so sein, können Sie noch aufholen.
- Beobachten Sie sich einmal, wenn Sie bewusst eine Routinearbeit doppelt so langsam verrichten. Was passiert? Sie werden wahrscheinlich mit mehr Achtsamkeit an die Aufgabe gehen. Beobachten Sie, wie es Ihnen dabei geht und wie das Umfeld darauf reagiert.
- Richten Sie in Ihrem Kalender einen „Termin mit sich selbst" ein, am besten mehrmals in der Woche eine halbe Stunde. Lassen Sie sich dabei nicht stören, sondern nutzen Sie

die Zeit, liegengebliebene Aufgaben in Ruhe zu erledigen, Konzepte zu erarbeiten, Pläne zu schmieden oder einmal über kompliziertere Probleme nachzudenken.

Achtsamkeit reduziert Stress und Druck und das fördert Gelassenheit. Konzentrieren Sie sich einmal auf sich selbst, richten Sie Ihre Aufmerksamkeit erst auf die Zehen und dann immer weiter höher bis zum Scheitel. Spüren Sie die Entspannung und Spannung. Spüren Sie Ihren Atem und Ihren Herzschlag und kehren Sie dann gestärkt in den Arbeitsalltag zurück.

– Geschickt wieder gelassen werden –

Normalerweise merkt man, wenn die Gelassenheit schwindet. Dann können Sie im Gespräch mit Kunden, Vorgesetzten oder Kollegen einfach diese „Zaubersätze“ benutzen und gleichzeitig dadurch etwas Zeit gewinnen, um wieder zu Ihrer Gelassenheit zurückzukommen:

- „Das kann ich so spontan nicht sagen.“
- „Darüber muss ich nochmal in Ruhe nachdenken.“
- „Das werde ich mir in Ruhe überlegen.“
- „Ich überlege es mir noch mal.“
- „Ich komme bald wieder auf Sie zu.“

Diese Sätze verschaffen Ihnen etwas Zeit, um bei Druck wieder ruhig zu werden und besser entscheiden zu können. So sagen Sie nichts Unüberlegtes und können sich in Ruhe überlegen, ob Sie Aufgaben übernehmen wollen bzw. können oder nicht. Legen Sie sich am besten im Vorfeld schon einmal einige dieser Sätze zurecht, um bei Stress gewappnet zu sein.

– Der „Raum der Gelassenheit“ –

Die Übung „Raum der Gelassenheit“ wurde Ihnen hier im Buch schon vorgestellt, so dass Sie diese sicher schon kennen. Besonders effektiv ist diese Übung, wenn Sie sie mit einer Kopf-, Arm- oder Handbewegung verknüpfen. Suchen Sie sich eine Übung aus, die Sie immer machen, wenn Sie merken, dass Sie unter Druck geraten und diesen Raum brauchen, um wieder ruhig zu werden. Das kann entweder ein Kreuzen oder ein Anwinkeln der Arme sein, das Kreisen der Hände oder das Spreizen der Handflächen oder aber beispielsweise das seitliche Neigen Ihres Kopfes. Wichtig dabei ist, dass Sie diese Übung wiederholen, damit Sie sie dann auch wirklich mit dem Raum der Gelassenheit verbinden. Wenn Sie dabei nicht so „auffallen“ wollen, können Sie sich auch eine kleine Bewegung ausdenken, wie etwa das Klopfen mit dem Finger. Sobald Sie dann bei der Arbeit in eine Stresssituation geraten, machen Sie diese Übung und versuchen gleichzeitig, den „Raum der Gelassenheit“ zu finden.

Körperliche Übungen

Da Geist und Körper in einer engen Verbindung stehen, ist es wichtig, sowohl geistige als auch körperliche Gelassenheitsübungen zu machen. Wenn der Arbeitsplatz es zulässt, können auch dort gut Gelassenheitsübungen durchgeführt werden. Ansonsten können Sie die Übungen z. B. auch in den Pausen machen. Die Hauptsache ist, man macht es regelmäßig.

– Mittagsschlaf zum Kräftesammeln –

Um sich wieder gut konzentrieren zu können, eignet sich auch immer ein kurzer Mittagsschlaf, den man auch unter dem Begriff „Power-Nap" kennt. Sicher haben Sie auch schon davon gehört. Meist reichen 10-20 Minuten und der „Power-Nap" muss auch nicht unbedingt im Liegen sein, er kann auch im Sitzen stattfinden, wenn die Augen geschlossen sind. Gönnen Sie sich mittags einfach einmal eine Ruhepause und stellen Sie bei Bedarf Ihren Handywecker auf 10 bis 20 Minuten.

- Wenn Sie an der Arbeit einen Ort haben, an dem Sie sich zurückziehen können, tun Sie das und schließen Sie Ihre Augen, atmen Sie tief ein und aus und sagen Sie zu sich selbst, „Ich bin jetzt ruhig und vollkommen entspannt". Ob Sie dabei wirklich einnicken, ist nicht so entscheidend. Wichtig ist, dass Sie einfach mal abschalten und loslassen können.

- Wenn Sie sitzen, nehmen Sie eine Ihnen angenehme Position ein, stellen die Füße richtig auf den Boden und lassen Ihre Schultern fallen. Ihre Augen richten Sie entweder auf einen Punkt an der Wand bzw. auf dem Boden oder Sie schließen sie ganz. Atmen Sie auch hier tief ein und sagen Sie zu sich, „Ich kann, ich darf und ich möchte jetzt ganz ruhig sein". Genießen Sie einfach Ihre kleine Auszeit.

- Sollten Sie sich schwertun, am Arbeitsplatz abzuschalten, versuchen Sie es einmal mit einem Duft. Benutzen Sie dazu z. B. Lavendel, Pfefferminze, Melisse oder Zitrone. Ein Tropfen Aromaöl auf dem Taschentuch kann da schon Wunder wirken. Schließen Sie dabei die Augen und lassen Sie den Duft ruhig auf sich wirken.

- Wenn Sie keinen Wecker zur Hand haben, können Sie auch einen Schlüsselbund in die Hand nehmen, denn bei Entspannung öffnet sich die Hand und der Schlüsselbund fällt auf den Boden. Dadurch werden Sie schnell wieder aufwachen.

– Progressive Muskelentspannung in der Sitzposition –

Viele Übungen der hier schon erwähnten progressiven Muskelrelaxation können Sie auch gut im Sitzen durchführen, ohne dass es auffällt. Beispiele hierfür sind diese Übungen:

- Ballen Sie Ihre Hände zu Fäusten zusammen. Halten Sie dabei die Spannung für drei Atemzüge und öffnen Sie dann wieder Ihre Hand.

- Ziehen Sie Ihre Schultern in Richtung Ohren und atmen Sie dreimal ein. Dann lassen Sie die Schultern entspannt fallen. Das können Sie zwei- oder dreimal wiederholen.

- Spannen Sie Ihre Oberschenkel und Ihr Gesäß an und ziehen Sie dabei Ihre Zehen in Richtung Ihrer Nase. Halten Sie die Spannung für drei Atemzüge und entspannen Sie dann bewusst. Warten Sie ein paar Sekunden und wiederholen Sie die Übung dann zwei- bis dreimal hintereinander.

– Bewusst Überspannungshandlungen einsetzen –

Haben Sie sich oder andere schon einmal beobachtet, wenn Sie oder andere unter Stress sind? Oft führen Menschen dann sogenannte Überspannungshandlungen aus. Das kann beispielsweise Verbiegen von Büroklammen, Spielen mit der Armbanduhr, Kritzeln auf dem Notizblock, Zerknüllen von Papier, Dinge in die Luft werfen und wieder auffangen, im Kreis herumlaufen oder Ähnliches sein. Normalerweise geschehen diese Dinge unbewusst, sie können in der Stressbewältigung oder zum „Dampf ablassen" jedoch auch bewusst genutzt werden. So schaffen Sie es, aktiv zu entspannen, und in der Regel fällt dies auch gar nicht auf. Sie können z. B. dies tun:

- Smileys, Blumen oder Herzen auf ein Blatt Papier zeichnen. Wichtig ist, dass Sie damit etwas Positives verbinden.
- Schmierpapier zu Notizzetteln zerschneiden. Schneiden Sie sowohl längs als auch quer und atmen Sie dabei tief durch.
- einen Igelball kneten oder mit Bällen jonglieren.
- in unterschiedlichem Tempo und unterschiedlichen Richtungen umherlaufen.

Sollten Sie wider Erwarten darauf angesprochen werden, erklären Sie einfach, warum Sie das gerade tun. Vielleicht bekommen Sie ja noch bessere Vorschläge zur Stressbewältigung oder schaffen es so, einmal darüber zu reden. Denken Sie dabei auch daran: Schon das Reden darüber stärkt das Wir-Gefühl und fördert die Gelassenheit.

Tipps in besonderen Situationen

Meist kommen schwierige Situationen nicht von selbst, sondern sie bahnen sich an. Je mehr Sie sich auf stressige Situationen vorbereiten (gutes Zeitmanagement, Arbeiten gut delegieren), desto weniger wird Sie die Situation dann auch tatsächlich stressen und desto entspannter werden Sie sein. Solche „besonderen Situationen" können z. B. sein:

1. Einen Vortrag halten und vor vielen Menschen sprechen

Dies kommt in vielen Alltagssituationen vor: Vielleicht müssen Sie bei der Elternversammlung einen Vortrag halten, den Chef von Ihrer Idee überzeugen, Kunden gewinnen oder anderen Menschen Ihren Arbeitsplatz zeigen. In fast allen Berufen und vielen Alltagssituationen werden Sie sich da wiederfinden. Eine solche Situation löst oft auch viel Stress aus, aber je öfter Sie vor anderen Menschen reden, desto entspannter werden Sie auch werden, denn Sie haben dann ja schon Übung. Einige Tipps wie diese machen es Ihnen leichter, vor anderen zu reden:

- Bereiten Sie sich möglichst detailliert vor und schreiben Sie sich die wichtigsten Punkte und Unterpunkte auf. Wenn am Arbeitsplatz in der Regel PowerPoint-Präsentationen benutzt werden, können diese Ihnen gut dabei helfen, einen roten Faden zu behalten.
- Wenn Sie den Text ablesen möchten, sollten Sie ihn groß genug schreiben oder ausdrucken und Atempausen bzw. wichtige Kernaussagen mit Textmarker hervorheben. Üben Sie das Vorlesen vor anderen Menschen und verwenden Sie besser kurze, prägnante Sätze und keine in sich verschachtelten Sätze.
- Bei frei gesprochenen Texten helfen kleine Notizkarten bzw. Karteikarten, auf die Sie die Kernaussagen schreiben. Das ist eine gute Gedankenstütze, wenn man mal den Faden verlieren sollte. Auch hier können Sie Situationen mit Menschen üben, die Ihnen vertraut sind.
- Seien Sie bei der Rede ausgeschlafen, tragen Sie Kleidung, in der Sie sich wohlfühlen und die zu der Situation passt. Nach wie vor gilt immer noch, dass Frauen hier eher Hosenanzüge als Röcke tragen sollten, um nicht abzulenken, auch wenn es altmodisch klingen mag.

- Prüfen Sie vorher, ob die Technik funktioniert, ob die Notizzettel oder das Manuskript in der richtigen Reihenfolge bereitliegen und ob Sie Stifte haben, um eventuell aufkommende Rückfragen zu notieren.

- Reden Sie am besten im Stehen, so lenken Sie die Aufmerksamkeit auf sich, atmen Sie tief und spüren Sie den Boden. Die Hände sollen Sie dabei ruhig halten, ganz gleich, wohin Sie diese tun.

- Fangen Sie erst an, wenn es ruhig geworden ist. Wenn Sie sich umsehen, stellt sich Ruhe meist von alleine ein.

- Versuchen Sie, immer zu jedem Zuhörer Blickkontakt zu halten. Jeder Zuhörer sollte sich angesprochen fühlen.

- Klären Sie vorher, ob Zwischenfragen erlaubt sind, oder machen Sie dazu selbst eine Vorgabe.

- Sollten Rückfragen kommen, notieren Sie sich diese und nehmen Sie sich ein, zwei Atemzüge Zeit, um zu antworten. Halten Sie Ihre Antworten kurz und bündig. Wenn Sie einmal keine Antwort parat haben, ist dies kein Untergang. Sagen Sie einfach, dass Sie im Moment keine Antwort parat haben, aber gerne Informationen nachreichen werden, und bitten Sie um Kontaktdaten.

- Bedanken Sie sich am Schluss für das Zuhören und schauen Sie den Menschen auch dann noch in die Augen.

2. Vertrags- oder Gehaltsverhandlungen

Verhandlungen zu eigenen Gunsten zu halten, fällt vielen Arbeitnehmern nicht leicht: Es setzt Menschen unter Druck, denn den eigenen Wert verkaufen kann nur, wer ihn auch kennt und sich dessen bewusst ist. Auch hier gilt: Vorbereitung ist das A und O, daher sind diese Tipps sehr hilfreich:

- Führen Sie jede Woche und jeden Monat Buch über Ihre Erfolge. Sammeln Sie positives Feedback und schreiben Sie dies möglichst wortgetreu auf.

- Halten Sie fest, was die Firma an Ihnen hat, egal, ob materiell oder ideell.

- Machen Sie, wenn Sie können, Verbesserungsvorschläge und notieren Sie diese.

- Bringen Sie Ideen für neue Projekte mit in Verhandlungsgespräche. Das zeigt Interesse und Engagement für das Unternehmen.

- Bereiten Sie sich auf mögliche Kritikpunkte vor. Überlegen Sie, welche dies sein könnten und was Sie dazu sagen könnten (z. B. wie Sie Fehler in Zukunft vermeiden).

- Wenn Sie können, wählen Sie einen günstigen Termin. Montagmorgen ist beispielsweise sicherlich kein günstiger Termin.

- Bereiten Sie einen Einstiegssatz vor, wenn Sie wissen, dass Sie gerade am Anfang sehr aufgeregt sind.

Mit dieser inhaltlichen Vorbereitung haben Sie schon viel für Ihren Erfolg getan. Genauso wichtig ist aber auch ein Selbstwerttraining. Denn nur, wenn Sie Ihren Wert kennen, können Sie auch Ihre Rechte einfordern. Wenn Sie wissen, dass Sie sich nicht so gut verkaufen können, dann sollten Sie diese Tipps beherzigen:

• Benutzen Sie die Selbswertformel: Formulieren Sie einen Satz, der Sie an der Arbeit zutreffend beschreibt. Er sollte positiv und in der Gegenwart (es interessiert nicht, was Sie vielleicht bei Ihrem früheren Arbeitgeber mal waren oder sein werden) sein.

• Eigenlob stinkt nicht: Loben Sie sich ruhig ab und zu mal selbst. Formulieren Sie dieses Lob aber auch so konkret wie möglich. Das stärkt das Selbstbewusstsein. Dies können auch kleine Dinge sein, wie etwa, „Diese E-Mail habe ich besonders gut hinbekommen", oder, „Das habe ich jetzt wirklich sehr gut gemacht".

• Eine Selbstwertliste: Notieren Sie hier jeden Tag, was Sie gut gemacht haben oder was Sie besonders gut können. Sie werden erstaunt sein, wie viele Dinge dies dann sein werden.

Bei Verhandlungen sollten Sie mit einer hohen, aber realistischen Vorstellung in das Gespräch gehen. Dann ist die Chance immer noch größer, dass das Ergebnis für Sie besser ausfällt als bei einer zu niedrigen Forderung. Dieses Prinzip nutzt man auch oft im Marketing.

3. Vorstellungsgespräch

Wenn Sie zu einem Vorstellungsgespräch geladen werden, haben Sie eigentlich schon die erste Hürde genommen, denn man möchte Sie kennenlernen. Um hier gelassener zu sein, ist Folgendes wichtig:

• Die richtige Vorbereitung: Seien Sie sich der Fragen bewusst, die bei Vorstellungsgesprächen oft gestellt werden, wie etwa, „Warum haben Sie sich für die Stelle beworben?", „Was sind Ihre Stärken und Schwächen?". Beantworten Sie diese Fragen am besten erst einmal selbst ausführlich. Sprechen Sie dann vor einer vertrauten Person und erzählen Sie, was Sie über die Firma und die ausgeschriebene Position wissen und warum Sie denken, dass Sie dafür die oder der Richtige sind.

• Seien Sie zum richtigen Zeitpunkt vor Ort: Nicht zu spät (Reisen Sie rechtzeitig an und sagen Sie bei Schwierigkeiten früh genug Bescheid) und nicht zu früh (Das stresst evtl. das Gegenüber. Schauen Sie sich lieber schon einmal in der Firma um).

• Informieren Sie sich vor dem Gespräch, wer Ihr Gesprächspartner sein wird. Es kommt immer gut an, wenn Sie gut vorbereitet sind. Achten Sie auf die Umgebung und den Ton der Gesprächspartner: Sie erfahren dadurch schon sehr viel über die Unternehmenskultur.

• Bedenken Sie, dass man alles, was Sie schon im Lebenslauf beschrieben haben, noch einmal hören möchte, und bereiten Sie konkrete Beispiele Ihrer Arbeit vor (z. B. Projekte, die Sie schon einmal geleitet haben).

• Auch Lücken im Lebenslauf sind nicht schlimm, wenn Sie gut begründet werden (Das Jahr als Au Pair hatte vielleicht nichts mit dem Job zu tun, auf den Sie sich bewerben, es hat aber Ihren Horizont erweitert und ist so eine berufliche Bereicherung).

• Eigene Fragen zum Ende des Gesprächs kommen auch immer gut an, denn Sie zeugen von guter Vorbereitung. Fragen Sie am Ende auch, wie es weitergeht (Gibt es eine zweite Vorstellungsrunde oder ein Assessment Center?).

• Bereiten Sie das Vorstellungsgespräch nach: Wenn Sie ein gutes Bauchgefühl haben, bedanken Sie sich am folgenden Tag für das gute Gespräch und Sie bleiben in guter Erinnerung.

Gelassener am Arbeitsplatz – eine Checkliste!

Nutzen Sie auch am Arbeitsplatz eine Liste, um zu dokumentieren, wie es um Ihre Gelassenheit steht. Diese Liste könnte beispielsweise folgendermaßen aussehen:

Datum	Gelassenheitsfaktor	Gelassenheitswert	Übungen	Übungserfolg	Aussicht
15.3.	Chef	7	Nein sagen	Leider erfolglos	Tagebuch führen, sonst schaffe ich das nicht
	Kollegen	4	Aktiv zuhören	Geht so...	v. a. bei Frau Schneider üben
	Arbeitsablauf	5	Bewusste Übersprungreaktionen, progressive Muskelrelaxation	Macht Freude	Weiter so
	Arbeitsvorbereitung	6	Tiefe Bauchatmung	Gut	Weiter so
	Ergebnisse	6	Eigenlob	Daran muss ich mich noch sehr gewöhnen	Tagebuch führen

Durch die Tabelle merken Sie gleich, wenn etwas nicht stimmt, und können eingreifen.

Gelassenheit in Grenzsituationen

Grenzsituationen stellen die menschliche Gelassenheit auf eine harte Zerreißprobe. Alles, was bislang als selbstverständlich betrachtet wurde, wird plötzlich auf die Probe gestellt. Es ist nicht einfach, dies hinzunehmen. Aber nicht umsonst besteht das chinesische Sprichwort für Krise aus zwei Teilen: „wei" für Gefahr und „ji" für Chance. Denn jede Krise fordert Menschen und bietet die Chance, dazu zu lernen und über sich selbst hinauszuwachsen. Grenzsituationen gibt es viele und jeder geht anders damit um. Das ist ganz individuell und es hilft oft, sich im Vorfeld schon einmal damit vertraut zu machen. Auch können Sie anderen Menschen in Grenzsituationen eine wertvolle Stütze sein. Alle hier schon erwähnten Gelassenheitsübungen helfen auch in Grenzsituationen.

Es gibt aber auch noch weitere Übungen, besonders für solche Situationen. Am wichtigsten ist hier sicher die Übung „Reise in die Zukunft", in der Sie sich in der Krise vorstellen, wie Ihr Leben in ein paar Jahren aussehen wird. Was konnten Sie aus der Krise lernen? Versuchen Sie hier, möglichst positiv zu bleiben. Atmen Sie wieder tief durch und Sie werden in der Krise schon viel mehr Kraft haben.

GELASSEN SEIN TROTZ KRANKHEIT

Niemand ist immer gesund, das wissen Sie sicher auch. Auch wenn man ein intaktes Immunsystem hat, so erwischt es dennoch irgendwann einmal jeden. Es ist also völlig normal, einmal krank zu sein. Bei jungen Menschen sind es mehr Unfälle und Infektionen, bei älteren mehr chronische Erkrankungen, Spätfolgen von Schadstoffbelastungen und Verschleißerkrankungen. Mit einem gesunden Lebensstil, Sport und wenig Alkohol und Nikotin kann man aber viel für die eigene Gesundheit tun und negativem Stress vorbeugen, das wissen Sie wahrscheinlich selbst. Der erste Schritt, gelassen mit Krankheiten umzugehen, ist tatsächlich die Akzeptanz. Keine Krankheit ist angenehm, aber akzeptieren Sie, was Sie nicht ändern können. Dann können Sie nach Lösungen suchen, um Ihre Situation zu verbessen.

Gelassener Umgang mit körperlichen Erkrankungen und Einschränkungen

Der menschliche Körper ist sehr kompliziert und viele Störungen im Körper können erst einmal ausgeglichen werden, ohne dass man dies merkt. Wenn Reparaturprozesse am Körper aber länger dauern, kommt es zu Schwellungen, Schmerzen, Rötungen, Fieber, Jucken, Übelkeit, Schwindel oder ähnlichen, zunächst unspezifischen Beschwerden.

Um gelassen zu sein, ist es wichtig, körperliche Warnsignale möglichst schnell zu erkennen. Denn je früher man diese entdeckt, desto größer ist die Chance auf eine rasche Heilung. Wenn Sie also zwei Tage oder länger unspezifische Symptome spüren, sollten Sie dies vom Arzt abklären lassen, das beruhigt ungemein.

– Mit der inneren Stimme sprechen –

Als Übung zur Gelassenheit können Sie mit Ihrer inneren Stimme in Kontakt treten. Dies ist eine wichtige Achtsamkeitsübung, die auch hier schon angesprochen wurde. Hier geht es darum, sich auf sich selbst zu konzentrieren und zu erkennen, wie es einem im Moment geht. Dabei sollte man nicht bewerten, sondern nur fühlen:

- Wie ist Ihr Gesamtbefinden? Sind Sie angespannt, nervös, ruhig, entspannt oder aufgeregt?
- Ist Ihnen warm oder kalt?
- Haben Sie Hunger oder Durst?
- Ist Ihr Bauch hart oder weich?
- Bekomme ich gut Luft?
- Schlägt mein Herz schnell oder langsam?

Gehen Sie hier Ihren ganzen Körper durch, von unten nach oben. Halten Sie bei jeder Region kurz inne und widmen Sie sich nachher möglichen Irritationen: Was ist hier anders, als es sonst der Fall ist? Und kann ich etwas tun, um diese Irritationen (z. B. schneller Herzschlag, Schmerz, Verspannungen der Muskulatur) wieder zurücknehmen? Setzen Sie sich hier aber nicht unter Druck, sondern beobachten Sie. Mit der Zeit werden Sie lernen, in Ihren Körper hineinzuhören und zu merken, wann es ernst wird und Sie einen Arzt aufsuchen sollten. Krankheiten kann man auch gut mit Gelassenheit gegenübertreten. Dazu hier die Beispiele:

1. Gegen Schnupfen, Husten und Heiserkeit kann man etwas tun!

Besonders im Winter sind grippale Infekte nicht selten und schnell werden Viren von einem auf den anderen Menschen übertragen. Meist dauern grippale Infekte auch nicht sehr lange und verschwinden bald, wenn man sich ausruht, viel trinkt und Vitamine zu sich nimmt. Bei Influenza steigt das Fieber eher schnell, aber auch hier ist bei rechtzeitigem Arztbesuch eine rasche Heilung recht wahrscheinlich.

Um bei grippalen Infekten gelassener zu sein, bietet sich die Gelassenheitsübung „Duftreise“ an. Diese verbindet Fantasiereisen mit der positiven Wirkung ätherischer Öle, die gut für die Atemwege sind und darüber hinaus Erinnerungen wachrütteln, die auch gut für die Gelassenheit sind.

- Wählen Sie Duftöle, die Ihnen besonders zusagen, wie etwa Campher, Menthol, Fichtennadel, Birkenrinde, Eukalyptus oder Minze.
- Tropfen Sie das Öl in eine Aromalampe, in ein kleines Wasserschälchen oder auf ein Taschentuch und stellen Sie es auf ein Stövchen, dass Sie mit einem Teelicht erhitzen.
- Legen Sie sich nun hin oder setzen Sie sich und atmen Sie den Duft ein. Der Duft sollte aber nicht direkt ans Auge kommen.
- Schließen Sie die Augen oder schauen Sie auf einen Punkt vor sich und atmen Sie tief durch.
- Wenn Sie zur Ruhe gekommen sind, gehen Sie mit Ihren Gedanken zu einem Ort, wo es Ihnen gut geht, beispielsweise ein schöner Urlaubsort. Malen Sie sich den Ort in

schönsten Farben aus, sehen Sie die Berge, das Meeresrauschen und das Zwitschern der Vögel vor Ihrem geistigen Auge und genießen Sie es.

• Wenn Sie mögen, können Sie Meditationsmusik auflegen oder sich über Ihren Ort etwas vorlesen lassen. Da sollten Sie aber unbedingt vorher reinhören, ob es Ihnen gefällt, oder Sie besprechen es selbst.

• Nach 10, 20 oder 30 Minuten richten Sie Ihre Achtsamkeit dann wieder langsam nach außen und konzentrieren sich auf Ihr Befinden.

2. Gelenk- und Rückenprobleme

Rückenprobleme und Verspannungen sind sehr verbreitet. Aber auch hier kann mit Gelassenheit Linderung geschaffen werden. Die Gelassenheitsübung „Starkes Kreuz“ entstammt der progressiven Muskelrelaxation, die hier schon oft erwähnt wurde.

• Legen Sie sich bequem auf eine Yogamatte oder setzen Sie sich auf einen Stuhl mit Rückenlehne. Für eine Viertelstunde sollte Sie niemand stören.

• Schließen Sie die Augen oder fixieren Sie einen Punkt und atmen Sie tief durch die Nase ein und den Mund aus.

• Spüren Sie, wie Sie liegen oder sitzen, und lassen Sie Ihre Gedanken kommen und gehen.

• Ziehen Sie die Schultern nach hinten und die Schulterblätter nach unten. Spannen Sie die Rückenmuskeln so lange an, bis Sie ein Hohlkreuz spüren, kneifen Sie die Gesäßmuskeln zusammen und ziehen Sie den Bauch ein.

• Halten Sie die Spannung drei Atemzüge lang, aber atmen Sie weiter.

• Lassen Sie beim Ausatmen die Spannung los und spüren Sie diesen Zustand mindestens 6 Atemzüge lang.

• Wiederholen Sie alles dreimal und atmen Sie dann ganz ruhig bewusst in den Rücken hinein.

• Nun öffnen Sie wieder die Augen, kehren mit Ihrer Aufmerksamkeit zurück und sagen sich, „Ich habe ein starkes Kreuz!“.

Diese Übung können Sie überall machen und auch variieren, wie etwa durch das Sitzen auf einem Gymnastikball. Diese Übungen tragen zu der Gelassenheit bei, denn Sie erfahren, dass Sie etwas für Ihren Rücken tun können.

3. Herz-Kreislauf-Erkrankungen

Diese sind in Industrieländern heute die Nummer eins der Erkrankungen. Auch hier hilft Gelassenheit neben Nichtrauchen, einer Lebensweise und guter Ernährung, das Risiko dieser Erkrankungen zu senken. Auch das Immunsystem wird so gestärkt. Besonders wirksam ist hier die Übung „Mein Herz schlägt ruhig und gleichmäßig“.

• Setzen Sie sich an einen ruhigen Ort und richten Sie Ihre Aufmerksamkeit nach Innen. Atmen Sie bewusst tief ein.

- Spüren Sie Ihren Atem und folgen Sie ihm durch den ganzen Körper. Beginnen Sie dabei mit den Zehen und gehen Sie immer weiter nach oben bis zum Kopf und dann in den Brustkorb.
- Lassen Sie Gedanken kommen und gehen, halten Sie aber an nichts fest.
- Spüren Sie beim ruhigen und gleichmäßigen Ausatmen Ihren Herzschlag.

Wenn es hilft, können Sie dabei Ihre linke Hand auf den Brustkorb legen. Verweilen Sie dort für eine Weile.

- Beobachten Sie Ihren Herzschlag, aber bewerten Sie ihn nicht.
- Kehren Sie dann langsam wieder mit Ihrer Aufmerksamkeit nach außen zurück und denken Sie dabei, „Ich habe ein starkes Herz!"-

4. Magen-Darm-Beschwerden

Gesunde Ernährung ist für einen intakten Magen-Darm-Trakt sehr wichtig. Stress führt zu Magenschmerzen, Sodbrennen und Krämpfen. Der Darm reagiert auf Stress mit Durchfall oder Verstopfung. Um hier gelassener zu werden, hilft die Gelassenheitsübung „Jeden Bissen 30-mal kauen".

- Essen Sie, was Sie mögen.
- Würzen Sie das Essen nicht zu stark.
- Lassen Sie sich Zeit zum Essen.
- Denken Sie daran: Auch das Auge isst mit. Deko ist also auch wichtig.
- Nehmen Sie eine mittelgroße Portion auf den Löffel oder die Gabel und schnuppern Sie daran.
- Nehmen Sie das Essen in den Mund und kauen Sie mindestens 30-mal vor, bevor Sie es runterschlucken.
- Lassen Sie Ihre Gedanken dabei kommen und gehen.
- Genießen Sie das Gefühl, satt zu sein, und sagen Sie dies auch zu sich.

Sie werden erstaunt sein, wie sehr die achtsame Aufnahme von Essen die Gelassenheit steigern kann. Sie sind nicht mehr so hektisch, konzentrieren sich auf sich selbst und nehmen dem Magen-Darm-Trakt etwas Arbeit ab. Versuchen Sie daher, mindestens einmal am Tag eine Mahlzeit bewusst zu genießen, und schreiben Sie auch in Ihr Gelassenheitstagebuch, wie sich Ihre Essgewohnheiten verändern.

5. Bösartige Erkrankungen

Krebserkrankungen sind auch heute noch die zweithäufigste Todesursache neben den Erkrankungen des Herz-Kreiskauf-Systems. Viele bösartige Erkrankungen lassen sich aber heute sehr gut früh erkennen. Dadurch sind sie besser heilbar oder können zumindest im Verlauf etwas aufgehalten werden. Krebs muss heute kein Todesurteil sein und dennoch löst die Diagnose Krebs immer noch Angst und Panik aus.

Eine Krebserkrankung bei Ihnen oder in der Familie stellt meist die Gelassenheit auf eine große Probe und jeder geht anders und individuell damit um. Manche möchten beispielsweise alles über die Erkrankung wissen, andere nur das Nötigste. Der eine Patient kämpft, der andere fügt sich dem Schicksal. Manche suchen viele Ärzte und Spezialisten auf der ganzen Welt auf, andere vertrauen einem Arzt. Hier gibt es kein Richtig und kein Falsch, für jeden ist es so das Beste, wie er möchte.

Aber auch hier kann man gut Gelassenheit üben mit der Vorstellungsübung „Lebensfreude“, die von dem Onkologen Carl Simonthon (1942-2009) entwickelt wurde und auch schon oft erfolgreich in der Krebstherapie eingesetzt wurde.

- Setzen Sie sich an einen ruhigen Ort oder legen Sie sich bequem hin. Richten Sie Ihren Blick nach innen und schließen Sie die Augen.

- Lassen Sie Ihre Gedanken kommen und gehen und verfolgen Sie Ihren Atem durch den Körper. Kommen Sie zur Ruhe.

- Denken Sie an das Wort „Lebensfreude“. Vielleicht sehen Sie es vor Ihrem geistigen Auge oder hören es in Gedanken.

- Geben Sie dem Wort „Lebensfreude“ nun symbolisch ein Gesicht. Denken Sie an alles, was Ihnen Lebensfreude bereitet: Düfte, Musik, Menschen, Orte, Geräusche – alles ist erlaubt, Hauptsache, es erfreut Sie.

- Bewegen Sie Ihre Gedanken durch die Bilder mit Lebensfreude und genießen Sie es.

- Beenden Sie die Übung mit dem Satz, „Alles ist gut“. Sagen Sie dies mehrmals und lassen Sie gleichzeitig Ihr Konzept von Lebensfreude vor Ihrem geistigen Auge vorbeiziehen.

- Richten Sie nun Ihre Aufmerksamkeit wieder nach außen und behalten Sie die Lebensfreude-Bilder auch im Alltag bei sich.

Natürlich hilft diese Methode nicht nur bei Krebserkrankungen, sondern generell auch bei Mutlosigkeit. Aber gerade hier kann sie Ihnen viel Kraft geben.

Seelische Erkrankungen annehmen

Seelische Erkrankungen sind sowohl für Betroffene als auch für Angehörige eine wahre Herausforderung. Oft ist es bedrohlich und verängstigend, wenn sich ein geliebter Mensch so verändert. Auch heute werden seelische Erkrankungen immer noch tabuisiert und stigmatisiert, daher fühlen sich Betroffene auch oft schuldig und als Versager. Für die Gelassenheit ist dies eine wirklich große Herausforderung.

Bei seelischen Erkrankungen kennt man zwei verschiedene Konzepte. Das erste geht davon aus, dass psychische Erkrankungen ein Lösungsversuch bei schweren Konflikten sind. Das zweite betrachtet die rein physiologischen Vorgänge, z. B. beim Hirnstoffwechsel. Beide haben wohl eine Berechtigung.

Bei psychischen Erkrankungen kann die Umdeutung (Reframing) sehr hilfreich sein. Die Erkrankung wird nicht als Leid gesehen, sondern als Lösung für einen Konflikt oder ein Problem, auch wenn sie nicht ideal ist.

In der Therapie sollen neue Lösungsmöglichkeiten gefunden werden, auch wenn der Konflikt oder das Problem vielleicht gar nicht so offensichtlich ist. Natürlich sind unter Umständen noch andere Behandlungen – etwa Medikamentengabe, Ergotherapie, körperorientierte Verfahren, Tagesstrukturierung oder Abschirmung usw. – nötig. Dennoch können Gelassenheitsübungen einen wichtigen Teil zur Verbesserung der psychischen Verfassung beitragen. Hier einmal ein paar gute Tipps für die wichtigsten seelischen Erkrankungen:

1. Burn-out und Depression

Für depressive Menschen ist es sehr schwer, ihren Alltag richtig zu bewältigen. Alles geht schwer von der Hand und scheint sinnlos. An Freude oder gesunden Schlaf ist nicht zu denken und der Kontakt zu anderen Menschen bricht auch oft ganz ab.

Bei Burn-out – einer Unterform der Depression – kommen sogar noch körperliche Symptome dazu, wie etwa Schwindel, Schmerzen, Infekte und Herzrasen.

Wichtig: Gelassenheitstraining kann hier unterstützend wirken, dennoch sollten psychische Krankheiten unbedingt ärztlich behandelt und ernst genommen werden, gerade weil Depressionen oft chronisch und in Schüben verlaufen.

Das Gefühl, dass alles schwer und sinnlos ist, können nicht Betroffene oft nicht verstehen bzw. nachvollziehen. Oft versuchen Angehörige oder Freunde dann, die Betroffenen zu Aktivitäten zu motivieren, wodurch diese aber noch mehr unter Druck geraten. Auch die Betroffenen selbst setzen sich oft unter Druck, indem sie denken, dass sie sich einfach nur zusammenreißen müssten, und dann ist alles gut.

Es kann bei Depressionen sehr hilfreich sein, die einzelnen Probleme in kleine Päckchen zu verpacken, die man nach und nach angehen kann. So können depressive Menschen alleine oder mit ihren Angehörigen gut die Gelassenheitsübung „Päckchen packen“ machen:

- Benutzen Sie hierzu ein möglichst großes Blatt Papier und notieren Sie am rechten Rand möglichst genaue Ziele. Das können auch „Wäsche waschen“, „Einkaufen“, „Blumengießen“ oder andere Aufgaben im Haushalt sein. Denn depressiven Menschen fällt dies oft sehr schwer, für sie können solche alltäglichen Aufgaben schon ein großes Hindernis sein.

- Links schreiben Sie dann auf das Papier, was dazu beitragen kann, die Aufgaben zu erledigen. Am besten geht dies auch in Einzelschritten wie etwa beim Thema Wäsche:

Da könnte etwa notiert werden: „Die Wäsche im Haus zusammensuchen und nach Farbe und Waschtemperatur trennen“, „Die einzelnen Wäscheberge zur Waschmaschine tragen“, dann „Wäsche waschen“ und schließlich „Wäsche in den Trockner geben oder zum Trocknen aufhängen“, „getrocknete Wäsche bügeln oder zusammenlegen“ und „Wäsche in den Schrank räumen“.

- Überlegen Sie, was Sie alleine tun können und wo Sie Hilfe benötigen. Setzen Sie sich ein klares Ziel, bis wann die Aufgabe erledigt sein soll (beispielsweise Wäschewaschen bis zum Wochenende etc.). Bedenken Sie aber auch hier, dass depressive Menschen unter Umständen für die Aufgaben länger brauchen.

- Verteilen Sie die Unteraufgaben sinnvoll auf mehrere Tage. Auch ein Tag Pause ist in Ordnung.

- Sind Unteraufgaben erledigt, markieren Sie dies als Erfolg. Wenn Sie es in der Zeit nicht geschafft haben, ist dies auch nicht schlimm. Dann ändern Sie einfach Ihren Zeitplan. Hauptsächlich geht es hier ja um die Erfahrung, dass Aufgaben unterteilt werden können und man so nicht vor einem Berg ungelöster Aufgaben sitzt.

2. Psychosomatische Erkrankungen

In vielen Fällen haben Menschen Symptome, die nicht zu erklären sind – zumindest können keine organischen Krankheitsursachen festgestellt werden. Man nennt diese Krankheiten psychosomatisch. Hier ist die Seele die Ursache für die körperlichen Symptome (im Griechischen heißt die Seele psyche und der Körper soma).

Psychosomatische Erkrankungen kann man psychotherapeutisch behandeln. Da hier oft Stress im Spiel ist, sind Übungen zur Gelassenheit sehr gut als Unterstützung geeignet. Aber auch hier sollte unbedingt ein Arzt aufgesucht werden.

Bei psychosomatischen Krankheiten sollten Sie versuchen, Ihren Körper verstehen zu lernen. Denn in der Regel lassen sich auch aus einer psychosomatischen Krankheit Rückschlüsse ziehen, wo Sie beispielsweise etwas in Ihrem Leben ändern sollten. Das könnte beispielsweise dies sein:

- Kopfschmerzen: Sie haben zu viele Dinge im Kopf.
- Halsschmerzen: Ich habe einen dicken Hals, ärgere mich über etwas.
- Hörsturz: Ich habe zu viel um die Ohren.
- Durchfall: Ich kann alles nicht verdauen.
- Asthma: Die Luft bleibt mir weg.
- Beschwerden im Rücken: Das war ein Schlag ins Kreuz.
- Herzrasen: Ich nehme mir alles zu sehr zu Herzen.
- Nierenprobleme: Mir geht das alles an die Nieren.

Natürlich sind immer auch körperliche Ursachen möglich. Dennoch lohnt es sich, auch einmal an diese Ursachen der Beschwerden zu denken. Denn es macht auch gelassener, wenn man weiß, woher die Beschwerden kommen und wie man etwas dagegen tun kann.

3. Psychosen: Im Leben fehlt der Bezug zur Realität

Der Begriff „Psychose“ beschreibt alle Arten von psychischen Störungen, bei denen der Bezug zur Wirklichkeit verloren gegangen ist. Am bekanntesten ist hier wahrscheinlich die Schizophrenie, eine wahnhafte Störung, bei der Betroffene auch an Ich-Verlust, formalen Denkstörungen und oft auch an Halluzinationen leiden. Aber auch bei hirnorganischen Erkrankungen, manischen Erkrankungen oder schweren Depressionen können schwere Psychosen auftreten. Die Ursachen der Psychosen sind noch nicht vollständig erforscht und reichen von Veränderung des Hirnstoffwechsels über erbliche Faktoren bis hin zu erworbenen Veränderungen im Gehirn.

Akute psychotische Erkrankungen sollten immer in einem Krankenhaus behandelt werden, bei chronischem Verlauf genügt meist eine ambulante Begleitung durch einen Psychiater. Medikamente sollte man auch nur nach Absprache mit dem Arzt absetzen.

Gelassenheitsübungen, die mit Vorstellungen oder Umdeutung arbeiten, können hier eher schädlich sein, da die Betroffenen oft den Bezug zur Realität verloren haben. Besser ist es hier, das Ganze therapeutisch anzugehen, etwa mit dem sogenannten metakognitiven Training. Hier diskutiert man in Gruppen über die verschiedenen Deutungsmöglichkeiten einer Situation. Gelassenheitsübungen wie „Raum der Gelassenheit" oder Entspannungsübungen können jedoch auch sehr nützlich für Angehörige von Patienten mit psychosomatischen Krankheiten sein. Schließlich ist der Umgang mit einem psychosomatischen Patienten nicht leicht. Auch eine Selbsthilfegruppe kann helfen, da die Erfahrung, dass man in der Situation nicht alleine ist, ebenfalls sehr die Gelassenheit fördern kann.

4. Suchterkrankungen – sie belasten sowohl Betroffene als auch Angehörige

Man kann von vielen Dingen abhängig sein, etwa Alkohol, Nikotin, illegale Drogen, Koffein, Medikamente, aber auch z. B. von der Arbeit oder dem Glücksspiel. Laut Weltgesundheitsorganisation sind dies die Anzeichen einer Sucht:

- Stetig steigende Dosis, um die gleiche Wirkung zu bekommen.
- Unbezwingbares Verlangen, körperliche und psychische Abhängigkeit.
- Unkontrollierbares Verlangen.
- Schaden für den Einzelnen und die Gesellschaft.

Bei Patienten mit einer Suchterkrankung dreht sich alles um den Suchtstoff. Suchtkarriere und die Bekämpfung der Sucht dauern oft sehr lange, in der Regel kämpft man ein ganzes Leben gegen die Sucht. Menschen, die ihre Sucht bekämpfen wollen, brauchen ein hohes Maß an Eigenmotivation und müssen gewillt sein, abstinent zu leben und professionelle Hilfe in Anspruch zu nehmen.

Die Gelassenheitsübung „Innerer Tresor" kann hier neben professioneller Unterstützung dabei helfen, den Fokus vom Suchtstoff auf ein gesünderes Leben zu lenken:

- Setzen Sie sich an einem ungestörten Ort bequem hin. Schließen Sie die Augen und atmen Sie tief in den Bauch. Ihre Aufmerksamkeit richten Sie nach innen.
- Lassen Sie Ihre Gedanken ziehen und folgen Sie dem Fluss Ihres Atems. Kommen Sie zur Ruhe.
- Stellen Sie sich nun vor, dass Sie Ihren Suchtstoff in einen bombensicheren Tresor verschließen.
- Wenn Sie Ihren Tresor für gut befinden, legen Sie Ihren Suchtstoff dort hinein und schließen Sie ihn. Stellen Sie sicher, dass er nicht von anderen geöffnet werden kann und niemand die Zahlenkombination für den Tresor kennt.
- Entfernen Sie sich nun von Ihrem Suchtstoff und stellen Sie sich Ihr Leben ohne die Sucht in den buntesten Farben vor. Verweilen Sie dort für eine Weile.
- Richten Sie nun Ihre Aufmerksamkeit wieder nach außen. Öffnen Sie die Augen und recken Sie sich.
- Diese Übung können Sie immer wieder durchführen, wenn Sie Verlangen nach dem Suchtstoff haben.

Auch als Angehöriger kann es sinnvoll sein, Gelassenheit zu üben, denn oft ist die Situation für Angehörige ebenfalls sehr belastend. Manchmal sind sie sogar „co-abhängig", d. h., sie unterstützen beispielsweise die Abhängigkeit noch, um vermeintlich

Konflikten aus dem Weg zu gehen. Sie sind also auch von den Suchtkonsequenzen betroffen (z. B. Kinder, wenn Eltern sich nicht um sie kümmern können, andere Familienangehörige, die immer wieder Ausreden erfinden müssen). Selbsthilfegruppen können ihnen auch helfen.

Gelassen am Ende des Lebens

Heute steigt die Lebenserwartung immer mehr. Es ist nicht mehr ungewöhnlich, ein Alter von 80 Jahren zu erreichen. Forscher schätzen zwar, dass es eine natürliche Grenze von 130 Jahren gibt, da dann viele Reparaturmechanismen im Körper nicht mehr funktionieren, dennoch werden Menschen immer älter. Erfahrungsgemäß sind im Alter viele Menschen krank. Nur wenige sterben plötzlich und unerwartet und scheinbar gesund. Für den Menschen selbst erspart ein solcher Tod viel Leid, die Angehörigen erfahren das allerdings anders. Man muss sehr gelassen sein, um sich damit abzufinden, dass die geistigen und körperlichen Fähigkeiten im Alter (langsam) abnehmen.

Den Spruch „Carpe diem" (lat. für Genieße den Tag) sollten Sie sich in jedem Lebensalter zu Ihrem Lebensmotto machen. Versuchen Sie, zur Ruhe zu kommen und tief einzuatmen. Richten Sie Ihre Aufmerksamkeit nach innen. Was ist Ihnen tatsächlich wichtig? Mit welchen Menschen möchten Sie sich umgeben? Was tut Ihnen gut? Versuchen Sie, sich auf das Schöne im Leben zu konzentrieren und jeden Tag intensiv zu erleben. Das macht Sie gelassen.

– Fitnesstraining im Alter und Gehirnjogging fördern Ihre Gelassenheit! –

Auch im hohen Alter, und wenn man Rente bezieht, ist niemand stressfrei: Man muss den Alltag bewältigen, neue Techniken lernen, die Lebensentwürfe der jüngeren Generation akzeptieren und anerkennen, dass die geistigen und körperlichen Fähigkeiten abnehmen. Dazu braucht man viel Gelassenheit.

Bis zu einem gewissen Grad kann man durch Sport und Gehirnjogging die Abbauprozesse im Alter aufhalten oder zumindest hinauszögern. Daher ist Fitnesstraining und Gehirnjogging für die Gelassenheit absolut empfehlenswert. Nehmen Sie sich am besten jeden Tag eine körperliche und geistige Übung vor und führen Sie Buch darüber. Wie fühlen Sie sich dabei? Was macht Ihnen besonders Spaß und Freude? Hier sind ein paar Tipps, um durch geistige und körperliche Fitness gelassener zu sein:

- Ausdauersportarten wie Wandern, Radfahren, Schwimmen, Tanzen, Gymnastik oder Krafttraining fördern die Ausdauer und steigern Ihre Leistungsfähigkeiten.

- Gespräche und Diskussionen fördern die geistige Fitness. Auch Rätsel, Zeitungslektüre, Fremdsprachen lernen, Puzzeln oder das Erlernen neuer Kommunikationstechniken sind gut für die geistige Fitness.

- Treten Sie jeden Tag aktiv in Kontakt mit anderen Menschen und warten Sie nicht, bis diese sich melden. Denn jeder Tag ohne Kontakt zur Außenwelt verstärkt die Einsamkeit und fördert Gefühle der Einsamkeit, was wieder ein gelassenes Leben verhindert.

- Achten Sie auf Ihre Gesundheit und Körperpflege. Die Wohnung und sich selbst sollten Sie nicht vernachlässigen. Essen Sie abwechslungsreich und trinken Sie genug. Wenn es nötig ist, erinnern Sie sich auch immer aktiv daran. Achten Sie auf die Signale Ihres Körpers und gehen Sie, wenn nötig, auch zum Arzt.

• Suchen Sie sich eine Aufgabe, bei der Sie das Gefühl haben, gebraucht zu werden. Das kann auch ein Ehrenamt, das Aufpassen auf Enkel, Nachbarschaftshilfe oder eine Tätigkeit im Verein sein.

• Genießen Sie es, nun mehr Zeit für sich und Ihre Hobbies zu haben. Lernen Sie eine neue Sprache, ein Instrument oder Ähnliches. Vielleicht wollen Sie schneidern lernen? Vielleicht einmal nach Australien reisen? All das fördert Gelassenheit.

– Palliativmedizin: Jeden Tag bewusst genießen –

Viele Erkrankungen schränken uns ein und manchmal sind Erkrankungen auch mit der modernsten Medizin nicht heilbar. Hier ist Linderung besonders wichtig und steht im Vordergrund. Die Palliativmedizin legt dabei einen schützenden Mantel (lat. pallium) über den Erkrankten und sorgt dafür, dass er auch im fortgeschrittenen Stadium seiner Krankheit die Schmerzen noch gelassen ertragen kann. Wer immer unheilbar an Krebs, neurologischen Erkrankungen, schweren Herz- oder Lungenerkrankungen leidet und dabei Schmerzen, Auszehrung, körperlichen Verfall und Luftnot verspürt, sollte eine Palliativstation in Erwägung ziehen.

Ein Beispiel: Marina Behrens leidet an einem terminalen Karzinom und auch eine Chemotherapie und mehrere Operationen konnten die Krebserkrankung nicht aufhalten. Sie kann kaum noch atmen und hat ständig Schmerzen. Nachts schläft sie nicht mehr ein. Schließlich lässt sie sich auf eine Palliativstation verlegen und bekommt eine bessere Schmerzbehandlung. Daher schläft sie jetzt nachts durch und sie sieht allem auch gelassener entgegen. Nachdem sie nochmal ihren Geburtstag gefeiert hat, schläft sie sanft im Beisein ihrer Angehörigen ein und ihre letzten Worte sind „Das Leben ist schön!".

Wenn die körperlichen Beschwerden weniger werden, kann man auch besser abschalten. Man kann seine Angelegenheiten ordnen, Konflikte lösen und Kontakt zu Menschen aufnehmen, die man aus den Augen verloren hat: Eben alles, was den Abschied leichter macht. Manchmal können Schwerkranke auch palliativ zu Hause gepflegt werden, so dass sie nicht aus der gewohnten Umgebung gerissen werden und so schon gelassener sind.

– Hospize, um nicht alleine zu sterben –

In Hospizen können unheilbar Kranke die letzten Tage in Würde verbringen. Hier kann der Tag individuell gestaltet werden und oft sieht man, dass Sterbende dort viel gelassener sind und sie diese Gelassenheit auch auf die Angehörigen übertragen. Auch die Prioritäten verschieben sich, denn Zeit miteinander verbringen ist hier ein hohes Gut. Oft halten Menschen hier auch Rückblick auf ihr Leben und nehmen so ihr Lebensende gelassener hin. Gehen zu müssen ist zwar schmerzhaft, letztendlich muss den Weg aber jeder selbst gehen.

Tipp: Es kann die Gelassenheit sehr fördern, wenn man sich früh mit dem Thema Tod auseinandersetzt und sich überlegt, wie man sterben möchte. In unserer Gesellschaft wird der Tod oft nicht angesprochen und ausgeklammert, aber er gehört nun mal zum Leben dazu. Wer es schafft, dies zu akzeptieren, wird auch gelassener.

UMGANG MIT VERLUSTEN

Schon am Beginn unseres Lebens müssen wir Verluste hinnehmen, denn mit der Geburt verlieren wir Wärme und Schutz des Mutterleibes. Diesem ersten Verlust werden im Laufe des Lebens viele weitere folgen und mit jedem Verlust muss man fertig werden und die Gelassenheit nicht verlieren. Da können Gelassenheitsübungen helfen, das innere Gleichgewicht wiederherzustellen.

Abschied nehmen lernen

Ein Abschied ist immer schmerzhaft, auch wenn man sich vielleicht auf das Neue sehr freut, was vor einem liegt. Jeder Abschied ist ein Verlust, aber auch gleichzeitig ein Neuanfang. Mal trauert man hier dem Verlorenen mehr nach, mal steht die Freude auf einen Neuanfang im Vordergrund. Gelassen Abschied nehmen kann man lernen, indem man jedes Mal diese beiden Aspekte eines Abschieds würdigt.

Wenn Sie sich jeden Abend von dem Tag verabschieden, üben Sie das gelassene Abschied nehmen. Atmen Sie dazu tief ein und richten Sie Ihre Aufmerksamkeit nach innen. Erinnern Sie sich nun an fünf Situationen des Tages, die schön waren, und anschließend an drei weniger schöne Momente dieses Tages. Dann erinnern Sie sich nochmal an fünf glückliche Tagesmomente. Verabschieden Sie sich freundlich von dem Tag. Vielleicht schlafen Sie so auch besser ein.

– Freude und Trauer zulassen –

Zu jedem Abschied gehören Trauer und Freude. Mal überwiegt die Trauer, mal die Freude. Je unerwarteter, unerwünschter oder unbeeinflussbarer ein Abschied ist, desto schmerzlicher ist er meist auch. Doch auch in jedem Abschied lässt sich irgendwie noch ein positiver Aspekt finden, auch wenn dies oft sehr schwer ist. Denken Sie hier einmal an einen Abschied, der länger her ist, vielleicht fünf bis sechs Jahre. Vielleicht mussten Sie sich von einem Traum verabschieden, haben Ihre Arbeitsstelle verloren oder ein geliebter Mensch ist gestorben. Nehmen Sie sich dann ein Blatt Papier und schreiben Sie oben auf die linke Hälfte des Papiers das Wort „Freude" und auf die rechte Hälfte das Wort „Trauer". Lassen Sie dabei Ihren Erinnerungen freien Lauf. Dies könnte etwa so aussehen:

Tod der Mutter: Freude	Tod der Mutter: Trauer
Gemeinsame Erlebnisse	Sie starb viel zu früh
Erinnerung an gemeinsame Urlaube	Ihr Tod kam unvorbereitet
Sie hat dafür gesorgt, dass ich stark werde.	Ich konnte mich nicht verabschieden.
Ich habe noch Kontakt zu Freunden von ihr.	Viele Dinge blieben leider ungeklärt. Ich wollte ihr noch so viel sagen.
Regelmäßige Treffen der Familie am Todestag.	Ihre Lücke kann niemand füllen.
Sie musste nicht leiden und hatte einen sanften Tod.	

Ich musste nicht mit ansehen, wie die Krankheit ihr mehr und mehr Fähigkeiten nahm.	

Schauen Sie auf die Liste und überlegen Sie, zu welchem Stichwort Ihnen am meisten eingefallen ist. Was bringt Sie trotz des Abschieds zum Lachen? Fokussieren Sie sich auf die Aspekte des Abschieds, die Sie als positiv empfinden. Verbinden Sie diese Gedanken an positive Aspekte des Abschieds mit einer Körperbewegung wie etwa das Streichen mit dem linken Arm über den rechten Arm. Wenn Sie dann wieder traurig sind, vollführen Sie diese Bewegung und denken an die positiven Aspekte des Abschieds. So werden Sie gelassener, auch bei anderen Abschieden.

– Sich auf den Abschied vorbereiten –

Wenn wieder ein Abschied ansteht und Sie davon wissen, können Sie sich darauf vorbereiten und so gelassener werden. Machen Sie auch hier eine Tabelle mit Stichworten zu den positiven und negativen Aspekten des Abschieds. Füllen Sie die Liste immer mehr und lenken Sie dabei Ihre Aufmerksamkeit auf die positiven Aspekte des Abschieds. Lassen Sie die negativen Aspekte nicht außer Acht, aber betten Sie einen negativen Aspekt immer in zwei positive Aspekte ein. Überlegen Sie sich also erst einen positiven, dann einen negativen und schließlich wieder einen positiven Aspekt. So ist Trauer bei einem Abschied besser zu ertragen.

Meist sind Sie bei einem Abschied auch nicht alleine, sondern andere Menschen trauern genauso wie Sie. Sprechen Sie mit diesen Menschen, auch wenn es Ihnen vielleicht schwerfällt. Es wird Ihnen helfen, die Situation gelassener hinzunehmen, denn: Geteiltes Leid ist halbes Leid.

Sprechen Sie mit anderen auch darüber, was Ihnen an dem Abschied so schwerfällt. Berichten Sie, auf was Sie sich freuen und wo es Ihnen schwerfällt, loszulassen. Im Austausch mit Ihrem Gegenüber ist es oft leichter, über eigene Sorgen zu reflektieren. Wenn Sie nicht Menschen in Ihrem Umfeld ansprechen möchten, hilft vielleicht auch die Seelsorge am Telefon (kostenlos erreichbar unter 0800 1110111 oder 1110222) bzw. im Chat oder per E-Mail oder eine andere professionelle Stelle. Lassen Sie sich nicht von der Trauer überwältigen, sondern werden Sie aktiv.

– Unvorbereitetes Abschiednehmen –

Kommt ein Abschied unvorbereitet, reagieren Menschen hier meist mit dem „Kampf- oder Flucht-Programm" des vegetativen Nervensystems. Der Puls steigt und die Aufmerksamkeit ist ganz auf die vermeintliche Bedrohung gerichtet. Atmen Sie hier tief ein und aus und stoppen Sie dieses Programm. Atmen Sie bewusst in den Bauch und warten Sie, bis Ihr Puls wieder unten ist. Nun schauen Sie in der Vogelperspektive auf die Situation: Was ist genau geschehen? Wie können Sie handeln? Wo gibt es Unterstützung und Hilfe? Kennen Sie vielleicht Menschen in ähnlicher Lage, die Ihnen helfen könnten, oder waren Sie selbst schon einmal in einer solchen Lage? Befreien Sie sich von dem Druck der aktuellen Situation, um gelassen handeln zu können. Beispiele für unvorhergesehene Verluste können z. B. sein:

- Plötzliche Todesfälle
- Unfälle
- Überfälle
- Schockierende Geständnisse
- Abmahnungen oder Kündigungen
- Plötzliche Trennungen
- Mitteilungen von schweren Krankheitsdiagnosen

All dies sind Einschnitte, die es manchmal wirklich schwer machen, gelassen zu bleiben. Doch ein Blick aus der Vogelperspektive auf die eigenen Bewältigungsstrategien und Ressourcen eröffnen Ihnen vielleicht ganz neue Möglichkeiten.

Wenn Sie nach einer gewissen Zeit etwas ruhiger geworden sind, werden Sie sehen, dass das Leben auch so weitergeht. Vielleicht hilft Ihnen dabei die Gelassenheitsübung „Lenkrad“. Stellen Sie sich hierzu vor, dass Sie Ihr Leben wie ein Auto lenken. Sie sitzen dabei am Steuer und bestimmen, wohin die Reise gehen soll. Wenn Sie in einer Sackgasse landen, können Sie jedoch wenden und eine andere Route nehmen. Lenken Sie hier Ihre Aufmerksamkeit auf die Lebensbereiche, in denen Sie sich sicher fühlen. Was lernen Sie aus diesen Bereichen in Bezug auf die aktuelle Verlustsituation? Welche Ressourcen haben Sie? Welche Menschen, Techniken und Hilfen können Sie bekommen, die Ihnen helfen, weiter auf dem Weg zu bleiben? Lenken Sie Ihr Leben auch in schweren Situationen weiter, denn hinter der nächsten Kurve könnte schon eine schöne Situation auf Sie warten.

– Wachhalten von Erinnerungen –

Je länger der zeitliche Abstand zum Verlust ist und je mehr gute Erfahrungen Sie bei der Bewältigung des Abschieds gemacht haben, desto leichter wird es Ihnen auch fallen, sich auf gute Erinnerungen zu konzentrieren. Halten Sie Erinnerungen wach, nutzen Sie Fotos, Musik oder Gerüche dazu und sprechen Sie über Ihre Erinnerungen. Gönnen Sie sich dazu auch ruhig einmal Tagträume. Jeder Abschied bedeutet auch neue Erfahrungen, neue Kontakte, neue Lebensumstände, neue Chancen und Sichtweisen.

Gelassener Umgang mit Todesfällen und Trennungen

Verliert man einen geliebten Menschen oder zerbricht eine Beziehung, so bedeutet dies oft viel Schmerz, schwere Verletzung oder tiefe Kränkung. Todesfälle und Trennungen können meist noch schwerer ertragen werden als etwaige materielle Verluste. Hier ist Gelassenheit besonders wichtig, um nicht daran zu zerbrechen.

– Wichtige Menschen verschwinden –

Führen Sie sich einmal die ganzen Menschen vor Augen, mit denen Sie Kontakt hatten: Menschen in Ihrer Kindheit, in der Schule, in der Ausbildung oder im Studium. Denken Sie nun an die Städte, in denen Sie schon einmal gelebt haben, an Urlaubsbegegnungen und an Arbeitsplätze. Machen Sie sich klar, wie viele Freunde und Freundesfreunde Sie schon hatten.

Stellen Sie sich hier einmal ein Bild mit Menschen vor, die Sie vor Ihrem inneren Auge sehen. Sie stehen in der Mitte und rechts und links neben Ihnen stehen die Menschen, die Ihnen zurzeit am wichtigsten sind. In den hinteren Reihen stehen Menschen aus vergangenen Lebensabschnitten. Was empfinden Sie dabei? Verweilen Sie einige Zeit hier und reflektieren Sie.

Manche Menschen aus dem Gruppenbild sind vielleicht verstorben, zu anderen haben Sie keinen Kontakt mehr oder diese Menschen haben den Kontakt abgebrochen. Manche Beziehungen sind plötzlich auseinandergegangen, bei anderen hat man sich einfach schlicht und ergreifend auseinandergelebt. Immer, wenn sich ein Mensch aus Ihrem Leben verabschiedet, hinterlässt er eine Lücke. Wie groß diese Lücke ist, hängt ganz davon ab, wie intensiv die Beziehung zu diesem Menschen war. Wie haben Sie solche Leerstellen bisher gefüllt oder haben Sie diese Stellen einfach leer gelassen?

Nutzen Sie die Erfahrungen mit dem Abschied von wichtigen Personen, um daraus Ressourcen für künftige Verluste zu gewinnen. Wenn ein Mensch aus Ihrem Leben verschwindet, stellen Sie ihn in die letzte Reihe des Gruppenbildes. Was denken Sie dabei? Gibt es Menschen, mit denen Sie darüber reden können? Mit wem könnten Sie die Beziehung intensivieren, um über den Verlust hinwegzukommen?

Akzeptieren Sie alle Gefühle, die Sie bei dem Abschied haben, ganz gleich, ob Zorn, Angst, Erschöpfung, Trauer und Verzweiflung, aber auch Erleichterung (endlich muss ich diesen Menschen nicht mehr jeden Tag sehen!), Neugier oder Freude. Geben Sie Ihren Gefühlen einen Raum und verdrängen oder leugnen Sie die Gefühle nicht. Schöpfen Sie Kraft aus den Erlebnissen und denken Sie daran, dass Sie in der ersten Reihe des Gruppenbildes immer noch wertvolle Menschen haben.

– Beziehungen gelassen beenden –

Es kann vorkommen, dass man im Leben von anderen Menschen hintergangen, enttäuscht, verletzt, verraten oder hintergangen wird. Manche Menschen kämpfen dann um die Beziehung, anderen wird vielleicht schnell klar, dass es ihnen ohne diesen Menschen vielleicht besser, mindestens aber genauso gut geht. Manchmal kommt hier die Erkenntnis, dass man sich von diesen Menschen trennen sollte, sofort, manchmal erst nach und nach.

Eine Beziehung zu beenden bedeutet meist starke Emotionen. Vielleicht fühlen Sie sich schuldig, vielleicht befürchten Sie, Dritte könnten Ihnen Vorwürfe machen (warum hast du nicht um diese Ehe gekämpft?) oder sogar mitbetroffen sein (wenn man beispielsweise einen gemeinsamen Freundeskreis hat, den man regelmäßig sieht). Oder Sie empfinden Wut und Enttäuschung, möchten sich rächen und freuen sich auf die neue Freiheit. Auch hier sollten Sie Ihren Gefühlen freien Raum lassen, tief durchatmen und versuchen, alles aus der Vogelperspektive heraus zu beurteilen. Wenn Sie bemerken, dass Sie eine Trennung so sehr mitnimmt, dass Sie flach atmen, konzentrieren Sie sich auf die Bauchatmung. Atmen Sie langsam und tief durch die Nase in den Bauch, halten Sie kurz inne und atmen Sie durch den leicht gespitzten Mund langsam wieder aus. Nach drei bis vier Atemzügen werden Sie schon gelassener sein. Man kann eine Beziehung gelassen auf ganz unterschiedliche Weise beenden, etwa einen Brief schreiben, ein persönliches Gespräch führen oder einen Vermittler um Hilfestellung bitten. Oder Sie melden sich einfach nicht mehr bei der betreffenden Person. Was passt am besten zu der momentanen Situation? Seien Sie da so authentisch wie möglich. Wenn Sie ein klärendes Gespräch führen wollen, so tun Sie dies. Wenn Sie aber eine persönliche

Auseinandersetzung vermeiden wollen, so haben Sie ebenfalls das Recht dazu. Denken Sie dabei zuerst an sich und nicht daran, was andere vielleicht denken könnten. Seien Sie da egoistisch! So werden Sie gelassener.

Wenn Sie fair sein können, fördert dies auch die Gelassenheit bei einem Beziehungsende. Denn bekanntlich ist eigentlich nie nur einer Schuld am Beziehungsende. Jeder Beteiligte hat seinen Anteil daran. Wenn Sie sich das eingestehen, werden Sie auch gelassener.

– Trotz Verlassenwerdens gelassen bleiben –

Von dem Partner, dem Kind oder einer guten Freundin verlassen zu werden bedeutet auch immer, dass man gekränkt ist. Man hat sich vielleicht zu sicher in der Beziehung gefühlt und Warnzeichen nicht richtig wahrgenommen. Ist es Ihnen dennoch möglich, gelassen zu bleiben? Die Übung „Sonnenaufgang“ kann bei einer solchen Kränkung helfen. Wenn Sie am Abend schlafen gehen, können Sie sich sicher sein, dass am nächsten Tag wieder die Sonne aufgeht. Entwickeln Sie ein solches Gefühl auch in Bezug auf das Verlassenwerden: Sie fühlen sich vielleicht heute allein, aber bald (morgen, spätestens übermorgen) werden Sie neue Menschen kennenlernen und wieder Sicherheit und Geborgenheit erfahren. Stellen Sie sich den Sonnenaufgang in den buntesten Farben vor und haben Sie Vertrauen darauf, dass auch die Sonne bald wieder für Sie scheint.

Ein Beispiel: Daniela Schick wird noch in der Schwangerschaft von ihrem Ex-Mann verlassen, da er das Kind nicht anerkennen möchte, und lebt danach 8 Jahre lang mit Bernd Schuster zusammen. Plötzlich eröffnet Bernd Schuster ihr, dass er eine andere Frau kennengelernt hat und beabsichtigt, mit ihr zusammenzuziehen. Daniela Schuster fällt in ein tiefes Loch, aber ihre Freundin Anne steht ihr bei. Sie muntert Daniela auf, verbringt viele Abende mit ihr und passt auch mal auf ihre Tochter auf. Daniela erkennt, wie kostbar die Beziehung zu Anne ist und welche schönen Momente die beiden Freundinnen schon hatten. Langsam lernt sie, die Liebesbeziehung zu Bernd loszulassen, und gewinnt wieder an Gelassenheit.

So, wie Sie erwarten, dass man Ihnen das Recht eingesteht, Beziehungen zu beenden, so steht es auch anderen Menschen zu. Das ist zwar schwer zu akzeptieren, hilft aber dabei, dies alles zu verarbeiten. Sie können schließlich niemanden zwingen und Gelassenheit heißt, dass man auch Dinge geschehen lässt und loslässt.

– Wenn plötzlich jemand stirbt –

Viele Menschen wünschen sich, einfach im Schlaf zu sterben und nicht vorher ernsthaft krank zu sein. So ein plötzlicher Tod mag für den Betroffenen, der so nicht leiden muss, gnädig sein, für Angehörige und Freunde ist er aber schwer zu verkraften. Schließlich bleiben viele Fragen unbeantwortet, Konflikte ungelöst und das letzte Gespräch war definitiv das letzte, das diese Menschen mit dem Verstorbenen geführt haben.

Gelassenheit ist bei einem plötzlichen Trauerfall schwer, jedoch spendet das gemeinsame Durchleben der Situation und der Beistand der Angehörigen Trost. Stärken Sie sich hier gegenseitig, lachen und weinen Sie mit den anderen. Totenwache oder andere Rituale können auch dabei helfen, solche Situationen besser durchzustehen. Beschäftigen Sie sich mit organisatorischen Dingen, reden Sie im Geiste mit dem Verstorbenen, aber vermeiden Sie es, nach dem Warum zu fragen.

Es kann helfen, das Trauerjahr nach dem plötzlichen Todesfall bewusst und intensiv zu erleben: Decken Sie hier vielleicht bei Feierlichkeiten noch einen Platz am Tisch für den Verstorbenen und tauschen Sie sich mit anderen im Familien- und Freundeskreis aus. Mit Trauer ist niemand alleine. Sind keine Angehörigen da oder möchte man mit ihnen nicht darüber reden, so haben viele Städte auch Angebote für Trauernde. Auch bieten viele Krankenhäuser und Hospize, aber auch Beratungsstellen und Psychologen Trauergruppen für Angehörige an. Betroffene werden hier professionell begleitet und lernen so wieder Gelassenheit

– Übungen zur Gelassenheit bei Trauer –

Meist führt der Schmerz über den Tod eines Angehörigen erst einmal zum Erstarren der Gefühle. Das ist normal, hier sollten Betroffene sich zu nichts zwingen. Betroffene sollten sich bei der Bewältigung der Trauer die Zeit lassen, die sie brauchen, ganz gleich, wie lange der Zeitraum dazu sein mag.

Ein Abschiedsritual kann Menschen in einer solchen Situation dabei helfen, ganz persönlich Abschied zu nehmen (besonders wenn dies nicht möglich war) und wieder gelassener zu werden. Betroffene können beispielsweise einen Brief schreiben und verbrennen oder sie besprechen ein Band und begraben es. Ein Abschiedsfest oder eine Abschiedsreise können ebenfalls bei der Trauerarbeit helfen. Auch ein Abschiedsalbum oder ein Abschiedsaltar sind Möglichkeiten, ganz individuell Abschied zu nehmen. Dabei sollte nicht auf andere Menschen Rücksicht genommen werden, denn man ist niemandem Rechenschaft schuldig.

Wer seinen Schmerz nicht in Worte fassen kann, dem hilft auch Malen, Musizieren, Kneten, Tanzen oder im Wald bzw. am Meer spazieren gehen – Hauptsache, man fühlt sich wohl dabei. Das wird beim Abschied helfen und so Gelassenheit fördern.

Geld, Wohnung und Arbeit verlieren

Auch finanzieller Verlust wirkt sich auf die Gelassenheit aus. Wer Wohnung, Arbeit, Besitz oder viel Geld verliert, der hat oft große Sorgen und kommt aus dem inneren Gleichgewicht. Solche Situationen zu meistern ist eine wahre Herausforderung, Sie können dann aber auch wirklich stolz auf sich sein.

– Hinterfragen der eigenen Ansprüche –

Wenn Sie denken, dass Sie Ihren jetzigen Lebensstandard nicht mehr halten können, sollten Sie zuerst einmal die eigenen Ansprüche hinterfragen. Was brauchen Sie wirklich zum Leben und auf was können Sie leicht verzichten? Ein Einnahme-Ausgaben-Tagebuch verschafft Ihnen da den nötigen Überblick.

Ein Beispiel: Herr Walter hat über 10 Jahre bei der Stadtverwaltung gearbeitet, sein Arbeitsplatz wurde nach einer Umstrukturierung jedoch gestrichen. Zuerst war er sehr geknickt und wusste nicht mehr weiter. Beim Jobcenter half ihm Frau Schmidt sehr. Sie erstellte für ihn ein Jobprofil, analysierte seine Fähigkeiten, unterstützte ihn bei Bewerbungen und half ihm dabei, eine Umschulung zu bekommen. Über eine Zeitarbeitsfirma fand Herr Walter schließlich trotz seines Alters eine neue Einstellung. Dass Herr Walter so gelassen war, verdankt er vor allem seinen Ressourcen, die von Frau Schmidt noch gefördert wurden, weil diese immer an ihn geglaubt hat.

Lassen Sie sich bei einem materiellen Verlust nicht entmutigen, denken Sie daran, dass es gerade in Deutschland viele Hilfestellungen in Notsituationen gibt und dass man sich auch nicht schämen muss, Hilfe anzunehmen.

- Die Sache mit dem Neid -

Man verliert schnell seine Gelassenheit, wenn man sich ständig mit anderen Menschen vergleicht, denen es vermeintlich besser geht als einem selbst. Schauen Sie nicht voller Neid auf andere, sondern schauen Sie gelassen auf das, was vor Ihnen liegt. Was benötigen Sie tatsächlich zum Leben? Wie bereichern Sie zwischenmenschliche Beziehungen? Sind Sie einigermaßen gesund und kraftvoll? Dann werden Sie sich aus den allermeisten Notlagen selbst befreien können. Wenn Sie sehr neidisch sind, versuchen Sie es doch einmal mit der Übung „Nachbargarten“.

Stellen Sie sich im Geiste Ihren Traumgarten vor. Zaubern Sie sich Blumen, eine Hängematte, einen Pool, einen Grill und viel Sonne in den Garten. Ihrer Phantasie sind keine Grenzen gesetzt. Wenn Sie nun wieder voller Neid auf den Nachbargarten schauen, denken Sie an Ihren eigenen Traumgarten. Vielleicht ist der Nachbargarten bunter, aber denken Sie lieber an Ihren eigenen Traumgarten, in dem es Ihnen gut geht und der perfekt für Sie ist.

- Weniger ist manchmal mehr -

Viele Menschen merken im Laufe ihres Lebens, dass sie immer weniger Güter brauchen. Andere Dinge, wie gute Gespräche, wichtige Menschen in der Nähe zu wissen, gute Gespräche, Geborgenheit und Verlässlichkeit, sind ihnen dann wichtiger geworden. Fragen Sie sich bei materiellen Verlusten, wie Sie die Beziehungen zu Ihren Mitmenschen stärken können oder ob sich irgendwo sinnvoll engagieren können. Fragen Sie sich, wer Ihnen helfen könnte und wem Sie helfen können. Denken Sie darüber nach, wem Sie so gerne mal sagen würden, dass Sie ihn gern haben und Ähnliches.

Tipp: „Jeden Tag eine gute Tat“ ist eine sehr gute Gelassenheitsübung. Dies muss nicht zwangsläufig etwas Großes sein. Schon einen einsamen Menschen mit einem netten, kurzen Gespräch glücklich zu machen kann so etwas sein. Genießen Sie hier das Gefühl, gebraucht zu werden, und nutzen Sie es, um Ihre Gelassenheit zu stärken, die dadurch jeden Tag wächst.

Einen Neubeginn wagen

Ein Verlust bedeutet auch immer, dass etwas Neues beginnt. Ein solcher Neubeginn birgt nicht nur viele „Gefahren“, sondern bietet Ihnen vor allem viele neue, oft ungeahnte Möglichkeiten und Chancen. Ein Neubeginn ist immer möglich, ganz gleich, was passiert ist. Schließlich leben Sie ja noch! Gehen Sie so an Ihren Neubeginn heran, werden Sie merken, wie die Gelassenheit zunimmt.

- Ein beruflicher Neustart -

Haben Sie den Arbeitsplatz verloren oder gar selbst gekündigt? Bei einem beruflichen Neuanfang ist man immer unsicher. Man weiß nicht, was einen erwartet, wie die neuen Kollegen und der Chef bzw. die Chefin sein werden und ob man der neuen Arbeit gewachsen ist. Um schon vor dem beruflichen Neustart gelassener zu sein, machen Sie sich bewusst,

- wo Sie in letzter Zeit schon Probleme gut lösen konnten.
- wann Sie das letzte Mal stolz auf sich waren.
- auf welche Ihrer Stärken Sie sich auch in Krisensituationen verlassen können.
- was Sie tun können, wenn es mit dem Neustart doch nicht klappt.
- auf welche Ziele Sie Ihr besonderes Augenmerk richten.

Schreiben Sie alles auf und überlegen Sie sich, wie Sie Ihre Stärken für einen beruflichen Neustart nutzen können. Auch hier kann es helfen, Freunde oder gute Bekannte dazu um Rat zu bitten. Wenn Sie wollen, dann können Sie es auch, machen Sie sich das immer bewusst! Die ersten Tage in einem neuen Unternehmen sollten Sie dazu nutzen, erst einmal den Betrieb zu erkunden, sich Namen und Tätigkeitsbereiche zu merken und, wenn möglich, auch schon einmal etwas über Besonderheiten und Vorlieben der neuen Kollegen und des Chefs oder der Chefin zu erfahren. Knüpfen Sie erst einmal mit zwei oder drei Kollegen Kontakt, um sich in das Arbeitsumfeld hineinzufinden. So erfahren Sie die Umgangsregeln im Betrieb am schnellsten und finden sich am besten in Ihr neues Team ein.

Wenn Sie eher zurückhaltend und introvertiert sind, ist dies auch nicht schlimm. Konzentrieren Sie sich hier erst einmal auf inhaltliche Aspekte. Überlegen Sie, was Sie neu lernen können und wo Sie Ihre Fähigkeiten am besten einbringen können. Wenn Sie etwas neu erlernen müssen, versuchen Sie nicht, dies auf einmal zu tun. Teilen Sie sich das Lernen lieber in einzelne Teilschritte auf. So werden Sie schnell viel gelassener und die Angst vor dem Neuen scheint nicht mehr unüberwindbar.

- Umziehen und sich neu einleben -

Bei einem Umzug sind besonders im Alter auch viele Ängste und Sorgen mit im Spiel, gerade, wenn man als Senior oder als Seniorin in eine Altersresidenz zieht. Die Umgebung und die Nachbarn sind neu, das neue Heim muss erst wohnlich gemacht werden usw.

Gehen Sie nach einem Umzug immer freundlich auf die Nachbarn zu, stellen Sie sich vor, laden Sie die Nachbarn ein und kommen Sie ins Gespräch. Wenn Kinder in den Familien sind, fällt ein Kennenlernen meist sowieso leichter. Wenn Sie eher zurückhaltend sind, können Sie zum Vorstellen auch eine Karte schreiben, diese in den Briefkasten der neuen Nachbarn werfen und auf die Reaktionen warten. Um Ihrer alten Heimat nicht nachzutrauern, hilft es manchmal, etwas vom alten Heim mitzunehmen, etwa etwas Erde, eine Fotokollage oder einen Stein.

Wenn Sie es sich einrichten können, können Sie auch erstmal noch Ihre alte Heimat regelmäßig besuchen, beispielsweise zu Ihrem alten Friseur gehen usw. Sie werden merken, dass diese Abstände immer länger werden, je besser Sie sich in Ihrer neuen Umgebung eingelebt haben. Dann werden Sie auch gelassener werden.

- Ein neuer Lebensabschnitt beginnt -

In unserem Leben gibt es immer neue Einschnitte - sei es ein Geburtstag, eine Heirat, Eltern oder Großeltern werden, ein neuer Job, die Rente oder andere Dinge. Markieren Sie einen neuen Lebensabschnitt immer mit einem kleinen Ritual. Das kann z. B. ein gutes Essen, eine Auszeit oder ein kleines Fest sein. Schauen Sie zurück auf den

Lebensabschnitt und freuen Sie sich darüber, was Ihnen dort alles Gutes widerfahren ist. Schauen Sie nach vorne und vertrauen Sie auf Ihre Ressourcen, dann werden Sie gelassener in den neuen Lebensabschnitt gehen.

Ein Beispiel für den Beginn eines neuen Lebensabschnittes wäre z. B. der Kauf eines Mehrfamilienhauses mit mehreren befreundeten Paaren, um dort im Alter zusammen zu leben und niemandem zur Last zu fallen. So kann man sich gegenseitig helfen und hat dennoch die nötige Privatsphäre. Diese Wohnform bietet den Ehepaaren Geborgenheit und Schutz, so dass sie nun gelassen in diesen neuen Lebensabschnitt gehen.

Unsicherheit ist bei neuen Lebensabschnitten normal, dafür brauchen Sie sich nicht zu schämen. Die Übung „Das innere Kind“ hilft Ihnen da vielleicht auch, gelassener in den neuen Lebensabschnitt zu gehen. Stellen Sie sich hierzu vor, wie Sie als Kind in einen neuen Lebensabschnitt, beispielsweise in den Kindergarten oder in die Schule, gegangen sind. Hatten Sie da Angst oder waren Sie aufgeregt? Haben Sie davor schlecht geträumt?

Nehmen Sie nun in Gedanken das innere Kind in den Arm oder auf den Schoß und trösten Sie es. Versichern Sie ihm, dass Sie bei ihm sind, und übertragen Sie die tröstenden Worte auf Ihre aktuelle Lage. So stärken Sie sich selbst, denn auf sich selbst können Sie sich am besten verlassen.

GELASSENHEIT – TROTZ ANGST UND SORGEN

Armut galt bei Mönchen früher als Gelassenheitsgarantie. Denn wer nichts hat, der braucht auch an nichts festzuhalten. Heute haben arme Menschen aber mehr und mehr Angst vor dem sozialen Abstieg und geraten mehr und mehr in die Stressspirale. Man denkt nur noch daran, wie arm man ist, und verspannt den ganzen Körper. Aber gerade in einer solchen Situation ist es wichtig, neue Wege aus der Situation zu finden und mit neuer Hoffnung in die Zukunft zu schauen. Wenn Sie betroffen sind, lassen Sie also Ihre Sorgen los und konzentrieren sich auf das Hier und Jetzt.

Neue Perspektiven bei Arbeitslosigkeit

Gründe, arbeitslos zu werden, gibt es viele: Stellenabbau bei wirtschaftlich schlechter Lage, Betriebsschließungen, Fusionen, Krankheit, Alter, Über- oder Unterqualifikation, Mobbing und viele andere Dinge können Ursachen für Arbeitslosigkeit sein.

Arbeitslosigkeit bedeutet in der Regel immer Stress, der wiederum der Gesundheit schadet. Besonders, wenn die Arbeitslosigkeit länger andauert, wird es schwierig, gelassen zu bleiben. Nicht selten machen sich hier Hoffnungslosigkeit und Enttäuschung breit. Gelassenheit kann hier hilfreich sein, um sich immer wieder neu bei der Jobsuche zu motivieren.

Arbeit sichert nicht nur unser Überleben, sondern stärkt auch unser Selbstwertgefühl. Menschen brauchen einfach das Gefühl, gebraucht zu werden. Besonders wichtig ist eine gelassene Haltung, wenn Arbeitslosigkeit droht. Denn nur so können Sie in Ruhe darüber nachdenken, was als Nächstes zu tun ist.

– Drohende Arbeitslosigkeit –

Oft kommt der Verlust des Arbeitsplatzes nicht von einem Tag auf den anderen, sondern es gibt eine Reihe Anzeichen dafür, dass man bald den Arbeitsplatz verlieren könnte, wie z. B.:

- Zusammenlegen von Abteilungen
- Abmahnungen
- Wechsel des Vorgesetzten
- Schlechte wirtschaftliche Situation des Unternehmens
- Mobbing durch Kollegen oder den Chef
- Stellenstreichungen
- Weniger Einbindung in Projekte

Halten Sie hier immer die Augen und Ohren offen und sprechen Sie auch Kollegen oder den Betriebsrat an. Versuchen Sie, nach Möglichkeit so viele Informationen zu bekommen, wie Sie können: Ist Ihre Sorge, den Arbeitsplatz zu verlieren, begründet oder nicht?

Droht wirklich ein Arbeitsplatzverlust, so hilft Ihnen vielleicht die Gelassenheitsübung „Sicherer Hafen“:

- Schließen Sie die Augen und atmen Sie tief ein. Konzentrieren Sie sich auf Ihren Atem und verfolgen Sie Ihre Atemzüge bis in die Zehen- und Fingerspitzen hinein.
- Lassen Sie Ihre Gedanken kommen und gehen.
- Stellen Sie sich vor, Sie sind auf einem Segelboot, das bei schönem Wetter an einem sicheren Hafen vor Anker liegt. Sie spüren den Wellengang, die Luft und die Sonne auf Ihrer Haut und hören die Stimmen der Menschen dort um Sie herum. Malen Sie sich die Szene in allen bunten Farben aus und verweilen Sie dort für eine Weile.
- Kehren Sie mit Ihrer Aufmerksamkeit nun zurück, strecken Sie sich und öffnen Sie die Augen. Sagen Sie zu sich, „Ganz gleich, was passiert, ich habe einen sicheren Hafen“.
- Sobald Sie nun Angst um Ihren Arbeitsplatz haben, stellen Sie sich vor, dort auf Ihrem Segelboot im sicheren Hafen zu sein, und konzentrieren Sie sich auf Ihre Gelassenheit.

Lassen Sie sich auch arbeitsrechtlich beraten, wenn Sie denken, dass Ihr Arbeitsplatz in Gefahr ist. Wenn Sie eine Rechtsschutzversicherung haben, werden die Kosten für eine Vertretung durch einen Fachanwalt auch von der Versicherung übernommen. Erstgespräche sind meist sowieso umsonst. Auch Gewerkschaften bieten die Möglichkeit, mit einem Fachanwalt zu reden.

– Mit Arbeitslosigkeit gelassen umgehen –

Keine Arbeitsstelle zu haben macht oft mutlos und krank. Überlegen Sie sich hier einmal Ihre Situation aus der Vogelperspektive:

- Was fehlt Ihnen wirklich und was vermissen Sie am meisten? Das Geld? Die Teamarbeit? Eine feste Tagesstrukturierung? Oder das Gefühl, gebraucht zu werden?

• Wovor genau haben Sie Angst? Keinen neuen, adäquaten Job mehr zu finden? Vor der Ausgrenzung und der Abwertung durch die Familie? Vor dem Gefühl, nutzlos zu sein?

• Was würden Sie einem Freund raten, der in diese Situation gerät?

Wenn Sie hier beispielsweise merken, dass Ihnen vor allem das Geld fehlt, setzen Sie alles daran, jede mögliche finanzielle Unterstützung und so schnell es geht einen neuen Job zu bekommen. Schreiben Sie alle Ausgaben auf und überprüfen Sie, worauf Sie verzichten können. Wenn Sie merken, dass Sie eine feste Tagesstruktur brauchen, stehen Sie morgens immer um die gleiche Zeit auf, ziehen sich an und erledigen den Haushalt. Suchen Sie sich sinnvolle Beschäftigungen (beispielsweise ehrenamtliche Hilfe, vielleicht knüpfen Sie da sogar wertvolle Kontakte und Sie merken, dass Sie in Ihrer Situation nicht alleine sind. Oder Sie helfen Freunden und Bekannten, passen auf die Kinder auf, mähen Rasen etc.). Machen Sie auch hier Tages- und Wochenpläne und schieben Sie unangenehme Aufgaben nicht vor sich her. Auch Sport tut gut. Hilfreich für die Gelassenheit ist hier die Übung „Kristallkugel“:

• Legen Sie Musik auf, die Sie besonders mögen.

• Schließen Sie die Augen, atmen Sie tief durch und konzentrieren Sie sich ganz auf Ihren Atem, den Sie in Ihrem Körper bis in die Finger- und Zehenspitzen verfolgen.

• Lassen Sie Ihre Gedanken kommen und gehen.

• Stellen Sie sich nun vor, Sie besitzen eine Kristallkugel und können in die Zukunft schauen. Malen Sie sich diese Zukunft nun so schön wie möglich aus. Umgeben Sie sich mit lieben Menschen, tun Sie Dinge, die Ihnen Spaß machen, und versetzen Sie sich an einen schönen Ort, den Sie mögen.

• Nach einer Weile richten Sie Ihre Aufmerksamkeit wieder nach außen, öffnen die Augen und sagen zu sich, „Alles wird gut, komme, was da will“.

• Immer, wenn Sie angespannt sind, legen Sie nun diese Musik auf und denken an Ihre imaginäre Kristallkugel.

– Die Suche nach einem neuen Job und das Finden einer neuen Beschäftigung –

Seien Sie bei Ihrer Jobsuche möglichst professionell. Schreiben Sie Ihre Stärken, Ihre Erfahrungen und Ihre berufliche Perspektive auf. Überlegen Sie sich, was Sie beruflich erreichen möchten, und nutzen Sie alle Ihre vorhandenen Kontakte (Freunde oder durch ehemalige Arbeitsstellen) für eine Jobsuche. Bringen Sie Ihre Bewerbungsunterlagen auf den aktuellen Stand, lassen Sie ein nettes Bewerbungsfoto von sich machen, schreiben Sie einen ausführlichen Lebenslauf und stellen Sie Ihre Zeugnisse zusammen.

Hatten Sie schon eine Führungsposition inne oder streben eine an, kontaktieren Sie Personalberatungsfirmen und lassen Sie sich in deren Kartei aufnehmen. Auch Leiharbeitsfirmen sind oft das Tor zu einer dauerhaften Einstellung.

Um Ihre Lebensfreude bei der Arbeitssuche zu erhalten, machen Sie am besten jeden Tag eine Genussübung: Richten Sie Ihre Aufmerksamkeit nach innen und versuchen Sie, beispielsweise ein Stück Schokolade mit allen Sinnen zu genießen. Lassen Sie es sich auf der Zunge zergehen. Oder Sie benutzen ein Duftöl und genießen den Geruch, der sich dadurch im Raum verbreitet. Sie können auch mit Ihren Fingern über ein Stück Samt streichen oder

Ihr Lieblingslied hören. Dann kehren Sie mit Ihrer Aufmerksamkeit wieder ins Hier und Jetzt zurück.

Seien Sie bei der Arbeitssuche mutig und machen Sie deutlich, warum genau Sie die oder der Richtige für den Job sind. Das ist nichts Schlimmes! Nutzen Sie auch Bewerbungstrainings und zeigen Sie Ihre Bewerbungsunterlagen Freunden, die Sie um eine sachliche Beurteilung bitten. Mit Freunden können Sie auch die Bewerbungssituation durchspielen, damit Sie sich im Ernstfall sicherer fühlen.

– Langzeitarbeitslosigkeit und Gelassenheit –

Etwa eine Million Menschen in Deutschland sind langzeitarbeitslos und haben seit über einem Jahr keine feste Einstellung. Vor allem für ältere Menschen sinken hier die Chancen auf einen guten Job. Oft bedeutet Langzeitarbeitslosigkeit auch Armut (wenn man nicht gerade reich geheiratet oder etwas geerbt hat). Auch wenn es in der Situation schwerfällt, versuchen Sie, jeden Tag eine Gelassenheitsübung durchzuführen. Füllen Sie Ihren Tag und nehmen Sie jede Unterstützung an.

Hilfreich kann hier die Gelassenheitsübung „ich bin Gold wert" sein:

• Schließen Sie die Augen, atmen Sie tief durch und konzentrieren Sie sich ganz auf Ihren Atem. Verfolgen Sie die Atemzüge in Ihrem Körper bis in die Finger- und Zehenspitzen.

• Lassen Sie Ihre Gedanken kommen und gehen.

• Denken Sie an die Dinge, die Sie in Ihrem Leben schon erreicht haben und auf die Sie stolz sein können. Vielleicht haben Sie oft Mitmenschen geholfen, Ihre Kinder gut großgezogen oder schon besondere berufliche Erfolge vorzuweisen. Machen Sie von dieser Situation ein imaginäres Foto, das Sie immer vor Augen haben können und auf das Sie immer mit Stolz blicken können.

• Nach einer Weile richten Sie die Aufmerksamkeit wieder nach außen, öffnen die Augen und sagen zu sich „ich bin Gold wert."

• Verbinden Sie diese Situation nun mit einer Körperbewegung, beispielsweise dem Streichen des rechten Armes mit der linken Hand. Oder sie legen z. B. den Kopf auf Ihre Schulter. Wenn Sie nun an Ihrer Situation verzweifeln, machen Sie mindestens dreimal hintereinander diese Körperbewegung und sagen zu sich, „ich bin Gold wert".

Einsamkeit und Alleinsein

Einsamkeit kann oft auch schleichend daherkommen. Ist man im Beruf sehr eingespannt, merkt man vielleicht erst einmal gar nicht, dass Kontakte nach und nach abbrechen. Man stellt es dann erst fest, wenn die Kinder aus dem Haus sind oder wenn man pensioniert wird. Wer dann auch noch wenig Interesse an seinen Mitmenschen zeigt, vergrault vielleicht die letzten Menschen, die Interesse an einem zeigen.

Natürlich kann man auch auf einen Schlag einsam werden, etwa durch einen Umzug, Krankheit oder Trennung. Aber ganz gleich, wie man einsam wird, es kann Menschen sehr belasten und für diese Menschen beginnt eine Abwärtsspirale: Denn Einsamkeit macht unsicher (man hat ja weniger Ressourcen) und diese Unsicherheit führt zu noch weiterem sozialem Rückzug. So verliert man immer mehr den Kontakt zu anderen Menschen. Vielleicht wissen Sie aus eigener Erfahrung, wie sehr wir Menschen das Gefühl brauchen, gebraucht und gemocht zu werden. Selbst auf andere Menschen zugehen ist aber nicht immer einfach. Fühlen Sie sich einsam? Dann hilft vielleicht die Gelassenheitsübung „Bunte Reihe":

- Schließen Sie die Augen, atmen Sie tief durch und konzentrieren Sie sich auf das Ein- und Ausatmen.
- Lassen Sie Ihre Gedanken kommen und gehen.
- Versammeln Sie nun im Geiste alle Menschen um sich, die Ihnen wichtig sind oder wichtig sein könnten. Stellen Sie diese Menschen in Ihrer Vorstellung in einer Reihe auf und stellen Sie sich selbst in die Mitte der Reihe. Fassen Sie die Menschen links und rechts von Ihnen an der Hand und lächeln Sie den Menschen in der Reihe freundlich zu.
- Nach einer Weile richten Sie Ihre Aufmerksamkeit wieder nach außen. Recken und strecken Sie sich, öffnen Sie die Augen und sagen Sie zu sich, „Ich bin Teil der bunten Reihe".
- Verbinden Sie nun diese Selbstsuggestion mit einer Körperbewegung, etwa mit dem Verschränken der Hände oder dem Berühren der linken Wange mit der rechen Hand. Immer, wenn Sie sich einsam fühlen, können Sie nun diese Bewegung durchführen und zu sich selbst sagen, „Ich bin Teil der bunten Reihe".

Sie werden merken, wie Sie sicher wieder etwas gelassener werden. Denken Sie auch daran, dass es viele verschiedene Möglichkeiten gibt, andere Menschen kennen zu lernen, beispielsweise Nachbarschaftstreffs, Vereine, ehrenamtliche Tätigkeiten, Selbsthilfegruppen, das Internet, Stammtische oder Ähnliches. Oft gibt es in Bürgerbüros oder Büchereien Listen über die Vereine im Ort, in Städten auch nach Bezirken sortiert. Versuchen Sie, selbst auf andere Menschen zuzugehen, und verkriechen Sie sich nicht selbst im Haus. Das wird Ihr Selbstwertgefühl stärken und wenn Sie sich selbst mögen, werden auch andere Menschen eher auf Sie zukommen. Jede neue Bekanntschaft bringt zudem andere Bekanntschaften mit. So erweitern Sie stetig Ihren Freundes- und Bekanntenkreis.

Geldmangel: Gelassenheit, auch wenn Sie sich nicht alles leisten können
Geld alleine garantiert natürlich kein glückliches Leben und dennoch brauchen wir Geld zum Leben. Leider haben nicht alle Menschen immer genug zum Leben, beispielsweise in kinderreichen Familien, bei Krankheit oder Trennung, als Rentner oder Rentnerin oder alleinerziehendes Elternteil. Hier kann es in manchen Phasen schon zu viel Stress kommen und man verliert dadurch schnell den Überblick und vor allem die Gelassenheit.

Überdenken Sie erst einmal all Ihre finanziellen Mittel und ob Sie auch wirklich alle Möglichkeiten ausgeschöpft haben. Es gibt Beratungshilfen der Stadt, des Jobcenters, der Arbeiterwohlfahrt oder kirchliche Stellen (Diakonie, Caritas), bei denen Sie sich über Ihre Ansprüche beraten lassen können. Auch Selbsthilfegruppen, die Tafeln oder andere Hilfeeinrichtungen können beraten. Die nakos-Datenbank bietet unter www.nakos.de eine Auflistung der Hilfeeinrichtungen, bei denen Sie sich beraten lassen können. Um Ihre Situation besser zu überschauen, sollten Sie erst einmal alle Ihre Ausgaben und Einnahmen gegeneinander auflisten. Hierbei sollten Sie nichts vergessen, was unbedingt bezahlt werden muss (etwa Miete, Essen, Versicherungen, Heizung, Wasser, Telekommunikation, Mobilität usw. Am besten, Sie orientieren sich hier am Warenkorb bzw. Regelbedarf der staatlichen Grundsicherung, aufgelistet auf www.bamas.de). Wenn Sie merken, dass sich hier ein Defizit auftut, sollten Sie etwas dazu verdienen oder einige

Ausgaben streichen. Vielleicht haben Sie ja auch Rücklagen oder können sich durch Nachbarschaftsdienste etwas dazu verdienen.

– Wie brauchen vor allem Gelassenheit! –

Man braucht vor allem Gelassenheit, wenn man mit eingeschränkten Mitteln auskommen muss, denn mit Gelassenheit können auch Mangelsituationen besser ertragen werden. Durch Gelassenheit lernt man schließlich, besser loslassen zu können. Gut geeignet ist hier die Übung „Weniger ist mehr“:

- Schließen Sie Ihre Augen, atmen Sie tief durch und konzentrieren Sie sich auf Ihren Atem.
- Lassen Sie die Gedanken kommen und gehen, so, wie Sie Ihnen in den Sinn kommen. Halten Sie die Gedanken nicht fest.
- Denken Sie an eine Umgebung, an der Sie mit keinem oder nur wenig Geld auskommen könnten, etwa eine Insel, ein Kloster, eine Berghütte oder ähnliche Dinge.

Vielleicht kennen Sie ja schon so einen Ort und haben erfahren, dass man dort nicht so viel Geld benötigt. Richten Sie sich in der Umgebung gut ein. Mit wem sind Sie da? Wie fühlen Sie sich dabei? Genießen Sie die Unbeschwertheit Ihres imaginären Ortes.

- Kommen Sie nach einer Weile wieder zurück, öffnen Sie die Augen und sagen Sie sich: „Weniger ist mehr“.
- Verbinden Sie diese Vorstellung mit einer Bewegung Ihres Körpers, etwa dem Tippen mit der Hand auf die Schulter oder den Blick in den Himmel. Immer, wenn Sie sich mutlos und verzweifelt fühlen, sagen Sie mindestens dreimal „weniger ist mehr“. Merken Sie dabei, dass Sie gelassener werden?

Denken Sie auch darüber nach, welche Fähigkeiten, Fertigkeiten oder Kenntnisse Sie haben, für die man keine finanziellen Mittel benötigt. Vielleicht können Sie ja gut zuhören, spielen wunderbar ein Instrument oder lernen besonders schnell Fremdsprachen? Vielleicht können Sie sich auch Dinge sehr gut merken und haben einen guten Orientierungssinn? Seien Sie stolz darauf und ziehen Sie daraus eine Wertschätzung für sich heraus. Sie werden merken, dass Sie schon viel gelassener sein werden.

– Es gibt Hilfe und Unterstützung! –

Hilfe annehmen fällt vielen Menschen schwer und dennoch gibt es Situationen, in denen man manchmal nicht ohne fremde Hilfe auskommt. Viele Menschen möchten anderen Menschen nicht zur Last fallen und fühlen sich minderwertig, wenn Sie Unterstützung annehmen müssen. In dieser Situation stellen Sie sich am besten diese Fragen:

- Wem haben Sie bisher schon geholfen?
- Was haben Sie in Ihrem Leben schon Besonderes geleistet und welche besonderen Talente haben Sie?
- Haben Sie Freude daran, anderen Menschen zu helfen?
- Was hält Sie davon ab, Hilfe von außen anzunehmen?
- Was würde im schlimmsten Fall geschehen, wenn Sie Hilfe annehmen?

- Welche Konsequenz wäre schlimmer: Alles zu verlieren oder Hilfe anzunehmen?
- Können Sie die Hilfe, die Sie jetzt bekommen, vielleicht irgendwann wieder gut machen (indem Sie anderen helfen oder Geld zurückzahlen)?

So fällt es Ihnen vielleicht leichter, Hilfe anzunehmen.

– Eine Gelassenheitsübung in Mangelsituationen –

Bei Notsituationen könnte Ihnen die Gelassenheitsübung „Das Füllhorn" helfen:

- Schließen Sie die Augen, atmen Sie tief und konzentrieren Sie sich auf Ihren Atem. Verfolgen Sie den Atemfluss durch Ihren Körper.
- Lassen Sie Ihre Gedanken kommen und gehen.
- Stellen Sie sich vor, dass es Sommer ist und Sie unter einem Baum auf einer grünen Wiese liegen. Genießen Sie die warme Sonne, die frische Luft, das Vogelgezwitscher und den herrlichen Blumenduft. Stellen Sie sich nun vor, dass Sie dort eine gute Fee, ein Freund, ein lieber Mensch oder ein Zauberer besucht. Dieses Wesen bringt Ihnen ein Füllhorn, in dem alle Dinge sind, von denen Sie der Meinung sind, dass Sie diese für ein erfülltes Leben brauchen. Das Füllhorn gehört nun Ihnen und die Dinge darin sind nur für Sie bestimmt. Lassen Sie sich von dem Wesen nun nach und nach alles geben, was Sie gerade benötigen. Nehmen Sie es dankbar an und genießen Sie es.
- Nun kehren Sie ins Hier und Jetzt zurück und sagen sich, „Ich nehme gerne Hilfe an".

Dieses Füllhorn stellen Sie sich nun auch dann vor, wenn Sie andere Menschen um Hilfe bitten müssen. Versuchen Sie auch, dabei ein Glücksgefühl zu empfinden. Übertragen Sie dieses Gefühl nun auf die Menschen, die Ihnen helfen: Diese Menschen meinen es gut mit Ihnen!

Gerade in Grenzsituationen kann man auch lernen, dass das Leben immer weitergeht und sich auf sich selbst zu konzentrieren. Das Leben ist nicht immer leicht, es kann manchmal sehr anstrengend sein und uns prüfen, aber irgendwann geht auch die Grenzsituation wieder vorbei und Sie werden merken, dass Sie daraus etwas gelernt haben und Sie gestärkt daraus hervorgehen.

Die Top 10 der Gelassenheit!

Gelassenheit – das ist nicht nur der Schlüssel zu mehr Gesundheit, sondern auch zu mehr Erfolg und Lebensfreude. Wer gelassen ist, klammert sich nicht an Menschen oder Güter. Er verkrampft nicht unter Druck und akzeptiert Situationen und Menschen, wie Sie eben sind. Gelassenheit stärkt das Immunsystem, senkt den Stresslevel und eröffnet bisher nicht gekannte Ressourcen.

10 VORTEILE

Gelassenheit hat viele Vorteile, sowohl für Sie als auch für Ihre Umgebung. Alle profitieren davon. Wenn Sie anderen zu einem gelasseneren Lebensstil verhelfen wollen, dann zählen Sie am besten die Vorteile auf, die eine gelassenere Lebenseinstellung mit sich bringt.

Gelassenheit fördert die Entspannung
Druck erzeugt immer Stress, ganz gleich, ob er von außen kommt oder Sie sich selbst unter Druck setzen. Stress bedeutet auch immer Anspannung und mit einer gelassenen Lebenseinstellung meistern Sie den Alltag besser.

Denken Sie einmal an eine Situation, in der Sie sich geärgert haben. Schon der Gedanke wird wahrscheinlich dafür sorgen, dass Sie Ihre Muskeln anspannen. Vielleicht ballen Sie die Hand zu Fäusten, ziehen die Schultern hoch oder verkrampfen die Kiefermuskeln. Vielleicht schlägt Ihr Herz schneller und Ihnen wird heiß.

Denken Sie nun an etwas Angenehmes, eine Situation, wo Sie sich wohlgefühlt haben. Ihr Gesicht wird nun viel entspannter sein und Sie lachen. Auch Ihr Atem vertieft sich und Sie werden locker und Ihre Muskeln entspannen. Wenn Sie krampfhaft an etwas festhalten, können Sie nicht gelassen sein. Wenn Sie beispielsweise nicht schlafen können, weil Ihnen einfach zu viele Gedanken durch den Kopf gehen, helfen Gelassenheitsübungen, besser ein- und durchzuschlafen. Die Dinge selbst können Sie nicht ändern, wohl aber Ihre Sichtweise.

Gelassenheit gegen den Stress
An- und Entspannungsphasen müssen sich bei Menschen abwechseln, damit der Körper in einem vernünftigen Gleichgewicht ist. Bei zu viel Anspannung können Stresshormone (Kortisol, Adrenalin) vom Körper nicht abgebaut werden. Die Folge: Die Stressspirale gerät außer Kontrolle, das Immunsystem und somit die Krankheitsabwehr wird geschwächt, es kommt vermehrt zu Stoffwechsel- sowie Herz-Kreislaufstörungen und Nervenkrankheiten. Gelassenheit stoppt die auf „Kampf und Flucht“ gedrillte Stressspirale. Mit Gelassenheitsübungen kann man gegen diese Stressspirale ankämpfen. Mit Ihren Gedanken können Sie hier Ihren Körper positiv beeinflussen. Gelassen sein bedeutet also aktive Gesundheitsvorsorge. Es beugt Krankheiten vor und fördert bei bestehenden Krankheiten – ob körperlich oder seelisch – den Heilungsprozess.

Gelassenheit für klares Denken
Durch Gelassenheit öffnen sich viele verschiedene Türen, mit denen man gar nicht mehr gerechnet hätte. Die ursprüngliche „Kampf und Flucht“-Reaktion erlaubt Ihnen nur zwei

Möglichkeiten: Entweder Sie kämpfen oder Sie laufen weg. Manchmal kann das durchaus hilfreich sein, oft aber auch nicht. Wenn Sie zum Beispiel Ärger mit dem Chef haben, ist es sehr sinnvoll, außer Schreien, Brüllen oder Türen schlagen noch andere Möglichkeiten zum Dampf ablassen zu haben, hier beispielsweise eine sachliche Diskussion oder das Suchen von Verbündeten. An der Arbeit bringt Ihnen das viel mehr.

Durch Gelassenheit betrachten Sie Konflikte sachlich und nüchtern und können die einzelnen Handlungsmöglichkeiten besser gegeneinander abwägen. Atmen Sie einmal tief ein und treten Sie innerlich einen Schritt zurück, dann können Sie schon klarer denken. Mit dem Satz, „Darüber muss ich noch einmal nachdenken“, verschaffen Sie sich zudem Zeit, um alle Handlungsmöglichkeiten gegeneinander abzuwägen.

Mit Gelassenheit fühlen Sie intensiver

Unter Stress sehen Menschen Situationen im übertragenen Sinne oft nur in schwarz oder weiß. Es ist keine Farbe vorhanden! Gelassenheit hilft Ihnen, sich selbst und Ihr Umfeld besser und intensiver wahrzunehmen. Entspannt (etwa im Urlaub) werden Sie viel mehr fühlen, riechen, schmecken und fühlen als sonst. Das ermöglicht es Ihnen, offener für andere Gefühlseindrücke zu sein, denn Ihr Nervensystem ist im „Entspannungs-Modus“. Im Alltag steht leider oft die Anspannung im Vordergrund, so dass Sie gar nicht alles um sich herum wahrnehmen. Anspannung filtert Sinneseindrücke und sucht nur nach den Eindrücken, die Ihr Überleben sichern würden. Bei Gelassenheitsübungen empfindet man häufig mehr. Man spürt angenehme Wärme und sieht schöne Bilder vor dem inneren Auge. Mit einer gelassenen Lebenseinstellung empfinden und erleben Sie also viel mehr.

Gelassenheit fördert die Gesundheit

Dauerstress macht krank, es ist sogar die häufigste Krankheitsursache am Arbeitsplatz. Jede Gelassenheitsübung sorgt hier für Ausgleich und ein besseres Immunsystem. Es ist sozusagen „Balsam für die geplagte Seele“. Halten Sie es wie ein Bambusstab: Stemmen Sie sich nicht gegen Wind und Wetter, sondern gehen Sie mit den Stürmen und zerbrechen Sie dabei nicht.

Gelassenheit zur Vorbeugung eines Burn-outs

Wer ständig über seine Grenzen hinaus geht, verbissen an eigenen Zielen festhält und sich Dauerstress aussetzt, brennt irgendwann aus. Chronische Erschöpfung ist die Folge, die auch Schlaf und Urlaub nicht ausgleichen können. Man empfindet dann einfach nichts mehr, keine Freude und kein Leid, und kann oft noch nicht mal weinen. So kommt es zu immer wiederkehrenden Infekten, Kopfschmerzen, Magen- Darm-Problemen, Schwindel, Schlafstörungen, Hautausschlägen und diffusen Schmerzen.

Durch Gelassenheitsübungen kann man lernen, Dinge leichter zu akzeptieren. Man erkennt, was einem schadet und was einem guttut. Man lernt, schädliche Dinge loszulassen und Gutes zu genießen. Und Sie schützen sich gleichzeitig davor, Sklave Ihrer inneren Antreiber und Ihrer eigenen Ansprüche zu sein. Ein gutes Anspannungs -Entspannungs-Verhältnis sorgt dafür, dass Sie sich wohlfühlen. Pausen haben auch ihre Berechtigung!

Gelassenheit zur Vergrößerung der Handlungsspielräume

Durch Gelassenheit können Sie kritische Situationen oder Rituale besser betrachten und hinterfragen. Dies vergrößert Ihre eigenen Handlungsspielräume enorm. Gelassen können Sie oft zwischen verschiedenen Handlungsmöglichkeiten wählen und über Konsequenzen Ihres Handelns nachdenken. Gelassen sein bedeutet aber auch, Menschen so zu akzeptieren, wie diese nun mal sind. Nur Sie können dabei Ihren Handlungsspielraum erweitern. Probieren Sie einfach mal andere Verhaltensweisen aus und schauen Sie, was passiert und wie sich Ihr geändertes Verhalten auf Ihre Umgebung auswirkt. Sie werden oft überrascht sein! Sogar bei Katastrophen, Schicksalsschlägen oder dramatischen Ereignissen hilft Ihnen eine gelassene Einstellung weiter: Sie akzeptieren es und finden Ihren eigenen Weg aus der Krise. So sind Sie offen für Neues und können stolz darauf sein, wie Sie die Situation gemeistert haben. Vielleicht können Sie der Situation sogar etwas Positives abgewinnen: Durch eine schwere Krankheit gewinnt man vielleicht eine ganz andere Sicht auf das Leben und genießt kleine Freuden mehr.

Gelassenheit zur Förderung der Toleranz
Gelassener Umgang mit Menschen bedeutet, sie so zu nehmen, wie sie eben sind, und niemanden verändern zu wollen. Gelassenheitsübungen tragen daher dazu bei, die Einzigartigkeit eines jeden Menschen anzunehmen. Man regt sich dann weniger über die kleinen und störenden Eigenarten auf, sondern richtet sein Augenmerk auf positive Eigenschaften. Wenn Sie merken, dass es Ihnen nicht gelingt, Menschen gelassen gegenüberzutreten, sollten Sie lieber gelassen Abschied nehmen. Toleranz ist nicht nur gut für den eigenen Seelenfrieden, sondern fördert auch das gute Miteinander.

Toleranz zur Verstärkung von Achtsamkeit und Lebensfreude
Wer gelassen ist, sieht das Schöne im Leben eher, denn gelassene Menschen nehmen alles achtsam an und sind nicht voreingenommen. Sie nehmen auch kleine Details wahr und genießen sie. Momente der Achtsamkeit sind es, die Menschen Lebensfreude spüren lassen. Da ist etwa das schöne Essen, das Lächeln, der Sonnenstrahl, die berührende Musik, die duftende Blume und mehr. All diese Kleinigkeiten geben uns Kraft und Zuversicht. Gelassenheitsübungen helfen dabei, diese Momente des kleinen Glücks wahrzunehmen und zu genießen.

Toleranz fördert Humor
Wer gelassen ist, hat oft auch eine gelassene Lebenseinstellung. Wenn Sie Menschen so sein lassen, wie diese eben sind, sehen Sie auch eher die schönen und heiteren Seiten an ihnen. Sie lernen, andere Menschen wertzuschätzen und zu akzeptieren, was sich auch auf das Umfeld überträgt. Bedenken Sie: Jedes Lachen, das Sie anderen schenken, kommt doppelt zu Ihnen zurück. Kritikern nehmen Sie damit zudem den Wind aus den Segeln. Gelassene Menschen können auch meist gut über sich selbst lachen und ihre eigenen Antreiber hinterfragen. Das erleichtert und befreit. Wer über sich selbst lachen kann, kann auch widrige Umstände und Kritik besser annehmen.

10 ÜBUNGEN FÜR MEHR GELASSENHEIT

Gelassenheit kann geübt werden, schon mit wenigen, regelmäßig durchgeführten Einheiten. Mit diesen Übungen können Sie Ihren persönlichen Trainingsplan zusammenstellen und so merken, wie Sie im Alltag und auch in schwierigen Situationen immer gelassener werden. All die Übungen wurden schon einmal vorgestellt, aber hier nochmal bewusst aufgezählt, um Ihnen noch einmal aufzuzeigen, wie diese Ihnen zu mehr Gelassenheit verhelfen.

Gelassenheit durch tiefes Bauchatmen

Dies ist die einfachste und effektivste Gelassenheitsübung. Diese Übung wurde Ihnen schon ausführlich vorgestellt und Sie können sie im Sitzen, Liegen oder im Stehen ausüben.

- Legen Sie Ihre Hand auf den Bauch und atmen Sie bewusst tief durch die Nase ein. Ihre Hand wird durch die Bauchdecke angehoben, die sich bewegt. Durch den leicht gespitzten Mund atmen Sie wieder aus, so dass sich Ihre Bauchdecke und so auch Ihre Hand sich wieder senken.
- Atmen Sie erst wieder ein, wenn Sie einen inneren Impuls zum Atmen bekommen. Wiederholen Sie alles zehnmal und spüren Sie, wie sich Gelassenheit in Ihrem Körper ausbreitet.
- Sie sollten sich ganz auf die Atmung konzentrieren und sagen, „Ich atme tief und ruhig“.

Je öfter Sie es schaffen, dies zu üben, umso besser ist es.

Gelassenheit durch die Vogelperspektive

Wenn Sie Ihre unreflektierten Gedanken und Verhaltensweisen bewusst durchbrechen, schaffen Sie sich Distanz und gewinnen mehr Überblick. Dadurch werden Sie sehr wahrscheinlich gelassener und sehen andere Lösungsmöglichkeiten.

- Wenn Sie merken, dass sich Ihre Gedanken im Kreis drehen, atmen Sie einige Male tief in den Bauch.
- Betrachten Sie die Situation von oben: Wie nehmen Sie sich selbst wahr? Was passiert genau um Sie herum? Welche Menschen sind – aktiv oder passiv – beteiligt?
- Stellen Sie sich vor, Ihr bester Freund würde statt Ihnen handeln. Was würden Sie ihm raten?
- Verschaffen Sie sich Zeit, wenn Sie diese brauchen, und sagen Sie, „Ich muss mir das erst noch einmal genau ansehen“, oder, „Ich muss erst noch einmal eine Nacht darüber schlafen“.

Gelassenheit durch Reframing

Durch Umdeutung können Sie es schaffen, Situationen in einen neuen Zusammenhang zu stellen und Ihnen so eine neue Bedeutung zu geben. So gewinnen Sie gegebenenfalls neue Erkenntnisse und andere Eindrücke.

- Wenn Sie denken, dass sich alle gegen Sie verschworen haben, stellen Sie sich vor, dass diese Menschen Ihre Freunde sind. Vielleicht sorgen sich diese Menschen um Sie und kritisieren Sie deshalb, um Ihnen andere Handlungsmöglichkeiten aufzuzeigen? Vielleicht soll ein Verbot Sie schützen? Wahrscheinlich werden Sie die Situation dann schon mit anderen Augen sehen.
- Wenn etwas anders läuft, als Sie hofften, stellen Sie sich vor, dass dies zu Ihrem Besten geschieht. Dadurch erreichen Sie möglicherweise eines Ihrer höheren Ziele oder Ihre Wünsche erfüllen sich. Fragen Sie sich, wie Sie mit der neuen Situation umgehen können.
- Wenn Sie beschimpft, angegriffen oder kritisiert werden, stellen Sie sich vor, dass Ihr Gegenüber Sie um Hilfe bittet. Was würden Sie dann tun?
- Wenn Sie vor einer wichtigen Entscheidung stehen, stellen Sie sich zwei Tage vor, dass Sie „Ja“ zu der Entscheidung sagen, und überdenken Sie die Konsequenzen. Dann stellen Sie sich zwei Tage lang ein „Nein“ vor. Überlegen Sie, was sich besser anfühlt.

Gelassenheit durch Wechsel der Perspektive

Nehmen Sie bei Konflikten einmal die Perspektive des Gegenübers ein: Wie denken Sie nun über die Situation? Welche Bedürfnisse, Wünsche und Ziele hätten Sie? Was würden Sie erwarten? Bei Konfliktgesprächen können Sie dieses schon vorher einmal mit einer vertrauten Person durchspielen und schauen, wie sich das Konfliktgespräch entwickelt. Fragen Sie Ihre Vertrauensperson, wie Sie die Situation gesehen hat. Was können Sie daraus lernen? Durch den Perspektivwechsel werden Sie andere Menschen viel besser verstehen können.

Gelassenheit durch Vorstellungsübungen

Durch Gelassenheit können Sie sich an einen anderen Ort versetzen. Die Macht der Gedanken können Sie wunderbar für Gelassenheitsübungen nutzen:

- Stellen Sie sich einen Ort vor, an dem Sie vollkommen sicher und geborgen sind. Immer, wenn Sie unter Druck sind, können Sie diesen Ort aufsuchen und Kraft tanken.
- Stellen Sie sich vor, dass eine warme Decke Sie einhüllt, und spüren Sie die Wärme und das Wohlwollen, die davon ausgehen. Diese Decke wird Sie in Ihrer Imagination trösten, wenn Sie traurig und enttäuscht sind.
- Stellen Sie sich Lebensenergie als farbige, pulsierende Energieströme vor. Wenn Sie sich kraftlos und leer fühlen, laden Sie Ihre inneren Batterien damit auf.

Gelassenheit durch Achtsamkeit

Sie werden gelassener, wenn Sie aufmerksam und ohne Bewertung die Dinge wahrnehmen, die in Ihrem Körper und Ihrem Geist vor sich gehen. Spüren Sie Ihre Gedanken, Gefühle, Körperempfindungen, Stimmungen und Sinneseindrücke. Es senkt Ihren inneren Druck, wenn Sie Dinge so hinnehmen, wie sie sind. Seien Sie ein aufmerksamer Betrachter und lernen Sie sich dadurch viel besser kennen. So üben Sie das Loslassen. Am besten geht dies mit dem Body Scan, der die Grundübung des Achtsamkeitstrainings ist.

- Setzen oder legen Sie sich an einem ungestörten Ort hin. Atmen Sie tief ein und richten Sie Ihren Blick nach innen.
- Wandern Sie mit Ihrer Aufmerksamkeit in Ihrem Körper von unten nach oben: Von den Füßen zu den Beinen, dem Bauch, der Brust, den Armen, dem Rücken, dem Hals bis hin zu Ihrem Kopf und Scheitel. Nehmen Sie Entspannung und Anspannung wahr, ohne dies zu bewerten.
- Spüren Sie Atem und Herzschlag und lassen Sie Ihre Gedanken kommen und gehen.
- Akzeptieren Sie alle Wahrnehmungen ohne Bewertung, freundlich und interessiert.
- Nun kehren Sie langsam nach außen zurück, öffnen die Augen und genießen die neue Gelassenheit.

Gelassenheit durch Routinetätigkeiten

Im Laufe des Tages verrichten Sie vieles aus Routine. Nutzen Sie diese Tätigkeiten für bewusste Gelassenheitsübungen. Konzentrieren Sie sich auf die einzelnen Handgriffe und atmen Sie dabei tief ein und aus. Verändern Sie einmal einen Teil der Routinetätigkeiten, indem Sie beispielsweise einmal die Dauer der Tätigkeiten verändern. Das kann zum Beispiel sein:

- Bewusst und langsam Müsli mit einem kleinen Löffel essen.
- Tanzen Sie beim Hausputz zu Musik.
- Lochen Sie bei Ablagen jeden Zettel einzeln und nehmen Sie sich bewusst mehr Zeit.
- Versuchen Sie als Rechtshänder einmal, die Computermaus links zu bedienen und umgekehrt. Auch das entschleunigt.

Gelassenheit beim Warten und im Auto
Wenn Sie mit dem Auto unterwegs sind, versuchen Sie, immer 10 Minuten vorher loszufahren. So können Sie bei der Fahrt gelassener auf unvorhergesehene Ereignisse reagieren. Halten Sie sich an Verkehrsregeln und lächeln Sie anderen Verkehrsteilnehmern (z. B. an der Ampel) zu. Wartezeiten – ganz gleich, ob beim Arzt, bei der Bahn, im Auto oder an anderen Orten – können Sie für die tiefe Bauchatmung nutzen. Denken Sie dabei, „Ich bin ruhig und gelassen", und versetzen Sie sich an Ihren Lieblingsort. Lassen Sie Ihre Gedanken schweifen und genießen Sie die unvorhergesehene Auszeit, anstatt sich darüber zu ärgern.

Gelassenheit durch progressive Muskelentspannung
Progressive Muskelentspannung, kurz auch PMR genannt, beruht auf der Beobachtung, dass man durch bewusste Spannung und Entspannung einzelner Muskelgruppen den ganzen Körper in einen Zustand tiefer Entspannung bringen kann. Dies geht sowohl im Liegen als auch im Stehen.

- Werden Sie ruhig und schließen Sie Ihre Augen oder fixieren Sie einen Punkt.
- Spannen Sie bewusst eine Muskelgruppe an (z. B. Arm: Zur Faust ballen und zur Schulter ziehen; Beine: Gesäß und Oberschenkel anspannen, Zehenspitzen in Richtung Knie ziehen; Rücken: ins Hohlkreuz gehen und Schulterblätter nach unten ziehen. Bauch: Nabel einziehen; Kopf: Augen zusammenkneifen, Stirn runzeln, Mund spitzen). Halten Sie die Spannung drei Atemzüge lang und entspannen Sie dann bewusst. Atmen Sie nun mindestens sechsmal ein und aus und wiederholen Sie alles zweimal je Muskelgruppe.
- Spüren Sie die Ausbreitung der Entspannung in Ihrem Körper.
- Wenn Sie mit allen Muskelgruppen durch sind, genießen Sie das Gefühl der Entspannung noch ein paar Minuten lang.
- Atmen Sie tief durch.

Am besten lernen Sie progressive Muskelrelaxation in einem Kurs oder mit Hilfe einer CD.

Gelassenheit durch autogenes Training
Autogenes Training basiert auf Selbsthypnose. Die meisten Menschen erreichen nur durch Ihre Vorstellungskraft einen Zustand tiefer Entspannung. Das autogene Training kann im Sitzen oder im Stehen durchgeführt werden.

- Kommen Sie zur Ruhe, schließen Sie Ihre Augen oder fixieren Sie einen festen Punkt.
- Konzentrieren Sie sich auf einen Bereich des Körpers (Beine, Arme, Rücken, Bauch oder Kopf) und denken Sie dabei an das Gefühl der Wärme und Schwere. Nutzen Sie

einfache Sätze der Selbstsuggestion, wie etwa, „Mein rechtes Bein ist schwer, ganz schwer. Mein rechtes Bein ist warm, ganz warm". Lassen Sie sich dabei Zeit und atmen Sie tief.

- Gehen Sie einmal ganz durch Ihren Körper und genießen Sie die Auszeit.
- Kehren Sie mit Ihrer Aufmerksamkeit nun wieder zurück und öffnen Sie die Augen.
- Wenn Sie autogenes Training machen oder dadurch einschlafen wollen, erfolgt diese Rücknahme nicht. Am besten besuchen Sie einen Kurs für autogenes Training oder holen sich eine gute CD:

10 SELBSTVORSCHLÄGE FÜR EINEN ALLTAG VOLL GELASSENHEIT

Auch wenn Sie mittlerweile schon viel Übung in Gelassenheit haben, so wird es doch immer wieder Situationen geben, wo Sie Ihre Gelassenheit verlieren werden. Dann atmen Sie tief durch und konzentrieren sich für einen Moment auf sich selbst. Sammeln Sie Kraft, indem Sie diese Sätze einige Male (mindestens dreimal) wiederholen. Gerne können Sie hier auch eigene Sätze formulieren, solange sie positiv sind. Dann richten Sie Ihre Aufmerksamkeit wieder nach außen und blicken nun gestärkt auf die Situation, die Sie so gestresst hat. Wenn Sie nun eine andere Einstellung haben, dann hat sich Ihre Einstellung geändert und Sie sind gelassener.

Ich bin ruhig und gelassen
Ruhe und Gelassenheit helfen, innere Kraft zu tanken und sich auf sich selbst verlassen zu können. In Ruhe können Sie klarer denken und erkennen besser Ihre Ressourcen und Möglichkeiten. Wann immer Sie also unter Druck sind, sollten Sie diesen Satz zu sich sagen.

Ich lasse die Gedanken ausschweifen
Die Gedanken kommen und gehen zu lassen hilft sehr, wenn man gelassen leben möchte. Vergleichen kann man dies vielleicht mit Schönwetterwolken, die über den Himmel ziehen. Diese Selbstsuggestion hilft immer dann, wenn Sie zu viele Gedanken im Kopf haben und Sie es dadurch nicht wirklich schaffen, Probleme gut zu lösen.

Ich fühle mich geborgen und sicher
Sicherheit und Geborgenheit sind Grundbedürfnisse des Menschen. Daher hilft diese Übung immer dann, wenn Sie den Boden unter den Füßen zu verlieren drohen. Diesen Satz können Sie auch gut mit der Imaginationsübung „Sicherer Ort" verbinden. Stellen Sie sich hierzu einen Ort vor, an dem Sie sich besonders sicher und wohl fühlen. Dieser Ort gehört Ihnen ganz alleine und niemand kann ihn Ihnen nehmen. Sie können an diesen Ort zurückgehen, wann immer Sie wollen. Begeben Sie sich in Gedanken an diesen Ort und sagen Sie dabei dreimal „Ich bin sicher und geborgen".

Ich bin entspannt und froh
Wenn Sie gelassen sind, sehen Sie auch die komischen und skurrilen Dinge im Alltag. Jedes Lachen kehrt doppelt zu Ihnen zurück und wird Sie dadurch gelassener machen. Dieser Satz eignet sich daher besonders gut, wenn Sie der Mut verlässt.

Mein Herzschlag ist gleichmäßig und ruhig
Ihr Herz ist Ihr Lebensmotor. Mit Gelassenheit können Sie also jederzeit Ihren Puls beruhigen. Wenn Sie sich etwas zu sehr zu Herzen nehmen, hilft Ihnen dieser Satz am besten.

Ich liebe meine Welt
Jeder Mensch erschafft sich seine eigene Welt und steht in deren Mittelpunkt. Wer in Einklang mit dieser Welt lebt, ist gelassener. Wer an sich arbeitet und sich hinterfragt, wird so den eigenen Weg zur Gelassenheit finden. Sagen Sie diesen Satz und nehmen Sie die Welt um sich herum bewusst wahr. Dann sehen Sie automatisch mehr Lösungswege, Sie übernehmen Verantwortung für Ihr Handeln und Sie gehen gelassen jede Herausforderung an.

Ich bin von Wärme umgeben
Menschliche Wärme annehmen und menschliche Nähe genießen zu können sind ebenfalls Voraussetzungen für ein gelassenes Leben. Sagen Sie diesen Satz, wenn Sie harte Kritik oder Ablehnung fürchten. Auch in sozialer Kälte, Mangelsituationen oder Isolation kann dies hilfreich sein. So fühlen Sie sich nicht kalt und ausgegrenzt. Geben Sie anderen Menschen auch etwas von dieser Wärme ab!

Ich besitze, was ich benötige
Um zu überleben, braucht jeder Mensch Nahrung, Wärme, Ruhe, Liebe, Schutz und Geborgenheit. Alles andere ist angenehm, aber Luxus. Wenn Sie ehrlich zu sich sind, werden Sie feststellen, dass Sie dies eigentlich schon alles haben. Wenn Sie meinen, dass niemand Sie liebt, dann schenken Sie sich einfach selbst einmal etwas Liebe und Wärme. Dieser Satz ist besonders wichtig, wenn Sie Gier, Neid, Eifersucht oder Missgunst empfinden.

Selbstliebe – natürlich auch bei mir!
Nehmen Sie sich selbst an, wie Sie sind, und Sie werden viel gelassener sein. Reflektieren und hinterfragen Sie sich und versuchen Sie, jeden Tag etwas Neues über sich zu erfahren. Finden Sie einen Weg, mit Ihren Unzulänglichkeiten umzugehen, und befreien Sie sich von Ihren inneren Zwängen. Wenn Sie sich selbst mögen, wird sich dies auch auf andere übertragen. Denn wenn Sie sich mögen, dann werden auch andere Sie mögen. Sagen Sie diesen Satz immer dann, wenn Sie an sich zweifeln.

Alles ist gut!
Wer sich akzeptiert, hat auch in schwierigen Situationen eine gute Hilfe. Auch wenn Sie denken, dass sich alle gegen Sie verschworen haben und alles schiefgeht: Akzeptieren Sie dies. Lernen Sie Krisen als Chance kennen und schauen Sie nach vorne. Nehmen Sie die Vogelperspektive ein und schauen Sie so auf die Dinge. Dann werden Sie immer etwas Gutes sehen können!

Zusammenfassung

Es ist erwiesen, dass gelassene Menschen gesünder und länger leben. Gelassene Menschen kommen auch bei ihren Mitmenschen sehr gut an und gehen besser mit Druck und Stress um. Sie sind auch in der Regel am Arbeitsplatz produktiver und können Krisensituationen besser meistern. Wichtig ist es, den Blick auf sich selbst zu richten, wenn man gelassener werden möchte. Denn hier kann man aktiv etwas ändern, wohingegen es schwer ist, andere Menschen zu ändern.

Die wichtigste Übung zur Gelassenheit, die eigentlich überall praktiziert werden kann, ist die tiefe Bauchatmung. Es gibt verschiedene körperliche und geistige Übungen zur Gelassenheit. Eine halbe Stunde Gelassenheitsübung kann dabei helfen, hinterher viel produktiver zu sein. Und es kann helfen, Stressfaktoren früh zu erkennen und diesen so entgegenzuwirken. Auch die richtige Kommunikation ist wichtig für die Gelassenheit. Hat man gelernt, anderen Menschen aktiv zuzuhören und richtig zu kommunizieren, schafft das schon viele Stressfaktoren aus dem Weg. Selbst im Alter kann man durch Fitnesstraining und Gehirnjogging viel für die Gelassenheit tun. Es ist nie zu spät.

Gelassenheit ist lernbar, in jedem Alter und in jeder Situation!

Quellen

Elke Nürnberger: Gelassenheit lernen

Eva Kalbheim: Gelassenheit lernen für Dummies
Gelassenheit lernen (Hörbuch Download) von Tim Winter | Audible.de: Gelesen von Patrick Khatrao

Gelassenheit lernen: 15 Tipps und Übungen für mehr Ausgeglichenheit

7Mind | Gelassenheit lernen: SOS-Tipps für innere Ruhe

Mehr Gelassenheit lernen: Wie du gelassener wirst (Anleitung) (healthyhabits.de)

Gelassenheit lernen - Wie du durch innere Ruhe deine Beziehungen meisterst - YouTube

Kognitive Verhaltenstherapie: Techniken zur Stressbewältigung (butterseite.net)

Gelassenheit lernen - 5 entscheidende Tipps, um ruhiger und souveräner zu werden. - YouTube

Gelassenheit lernen (Die wichtigste Grundlage) - YouTube

Wir danken Ihnen für Ihr Interesse und Ihr Vertrauen. Als Dankeschön dafür, haben wir eine besondere Überraschung. Wir haben ein **exklusives 30-Tage-Tagebuch für mehr Selbstbewusstsein** für Sie. Und dieses erhalten Sie vollkommen kostenlos. Das klingt wunderbar? Dann warten Sie nicht lange und holen Sie sich Ihr Gratis-Geschenk.

Hier geht es zu Ihrem Gratis-Geschenk:

https://forms.gle/1FgoVRPyfmn7Pd7E7

1. **Öffnen Sie die Kamera-App auf Ihrem Smartphone und richten Sie die Kamera auf den QR-Code.**
2. **Klicken Sie auf den Link, der Ihnen angezeigt wird und schon werden Sie zur Website weitergeleitet.**

Impressum

Herausgeber: Pegoa Global Media GmbH / Am Sandtorkai 27 / 20457 Hamburg
Kontakt: kontakt@pegoamedia.de
Coverbild: Shutterstock

Haftungsausschluss:
Die Nutzung dieses Buches und die Umsetzung der enthaltenen Informationen, Anleitungen und Strategien erfolgt auf eigenes Risiko. Der Autor kann für etwaige Schäden jeglicher Art aus keinem Rechtsgrund eine Haftung übernehmen. Haftungsansprüche gegen den Autor für Schäden materieller oder ideeller Art, die durch die Nutzung oder Nichtnutzung der Informationen bzw. durch die Nutzung fehlerhafter und/oder unvollständiger Informationen verursacht wurden, sind grundsätzlich ausgeschlossen. Rechts- und Schadenersatzansprüche sind daher ausgeschlossen. Dieses Werk wurde sorgfältig erarbeitet und niedergeschrieben. Der Autor übernimmt jedoch keinerlei Gewähr für die Aktualität, Vollständigkeit und Qualität der Informationen. Druckfehler und Falschinformationen können nicht vollständig ausgeschlossen werden. Es kann keine juristische Verantwortung sowie Haftung in irgendeiner Form für fehlerhafte Angaben vom Autor übernommen werden. Die bereitgestellten Analysen, Vorschläge, Ideen, Meinungen, Kommentare und Texte sind ausschließlich zur Information bestimmt und können ein individuelles Beratungsgespräch nicht ersetzen. Alle Informationen dieses Buches entsprechen dem Kenntnisstand zum Zeitpunkt des Verfassens dieses Buches. Eine Haftung für mittelbare und unmittelbare Folgen aus den Informationen dieses Buches ist somit ausgeschlossen.
Informieren Sie sich weitläufig aus unterschiedlichen Quellen und bedenken Sie, dass am Ende nur Sie für die Entscheidungen verantwortlich sind.

Haftung für externe Links:
Unser Angebot enthält Links zu externen Websites Dritter, auf deren Inhalte wir keinen Einfluss haben. Deshalb können wir für diese fremden Inhalte auch keine Gewähr übernehmen. Für die Inhalte der verlinkten Seiten ist stets der jeweilige Anbieter oder Betreiber der Seiten verantwortlich. Die verlinkten Seiten wurden zum Zeitpunkt der Verlinkung auf mögliche Rechtsverstöße überprüft. Rechtswidrige Inhalte waren zum Zeit-punkt der Verlinkung nicht erkennbar.